दिव्य कृपा के जादू का लाभ उठाये कैसे?

भाग - 1

देवेन्द्र दत्त शर्मा

अध्याय

खण्ड – 1

खण्ड – 2

खण्ड – 3

खण्ड – 4

खण्ड – 5

नित्य प्रार्थना

परम शक्ति की असीम कृपा बरस रही है। परम शान्ति है। परम आनन्द है। परम प्रसन्नता है। परम प्रफुल्लता है। परम साहस है। परम जोश–जुनून है। परम आरोग्य है। परम सुख सम्पत्ति है। परम सहयोग है। परम सौंदर्य है व परम माधुर्य है।

हम असीम कृपा के लिये ह्रदय से कृत–कृत है, कृतज्ञ है।

सभी को शुभेच्छा व आर्शीवाद।

टीम 360 ग्रुप

प्रस्तावना–1

मेरे द्वारा पूर्व में लिखी गई पुस्तकें यथा (1) 'कृतज्ञता की संजीवनी', (2) 'कहानी पढ़ें और अमीर बनें', (3) 'करोड़पति कैसे बनें'?, (4) 'माइंडसेट बदले और करोड़पति बनें', (5) बहु करोड़पति कैसे बनें?', (6) 'अरबपति बनना हर भारतीय का हक है' को पाठकों ने बहुत पसंद किया है। कई पाठको ने तो मुझें व्हाट्सअप पर मैसेज भी भेजें है कि इस पुस्तक को पढ़कर हमारे जीवन में परिवर्तन करने हेतु हम प्रेरित हुए है।

डॉ0 जगवीर सिंह (एम.एस.सी. केमिस्ट्री, पी.एच.डी.) ने 'करोड़पति कैसे बनें?' पुस्तक को पढ़ा और तहेदिल से शुक्रिया अदा किया है। इस पुस्तक ने मेरी आंखे खोल दी कि मैं अमीर नही बन पा रहा हूं, इसके पीछे मैं ही कारण हूं। मैनें यह पुस्तक पढ़ने के बाद निर्णय किया है कि इस पुस्तक में दिये गये सिद्धांतो को जीवन में उतारूंगा और छठी इन्द्री को जाग्रत कर उपयोग में लेते हुए करोड़पति बनूंगा। मैं अन्य लोगों को इस पुस्तक को पढ़ने हेतु प्रेरित करूंगा ताकि वो भी अपने जीवन में इसको पढ़कर सकारात्मक रूपांतरण करें।

इसी तरह से 'कहानी पढ़े और अमीर बने' के बारे में संजीव मलिक (जीनियस माइंड) जैसे अन्तर्राष्ट्रीय ख्याति प्राप्त मोटिवेशनल स्पीकर ने भी मुझें अवगत कराया है कि यह पुस्तक बेजोड़ है। मैनें भी इस पुस्तक से कुछ बातों के नोट्स लिये है और अपने जीवन में उतारने हेतु संकल्पित हूं।

इनसे प्रोत्साहित होकर मैनें अदृश्य शक्तियाँ जिनमे कि विशेषकर दैविक शक्तियाँ है, उनके द्वारा जो कृपा हर वक्त बरसती रहती है, उनका किस प्रकार से इंसान लाभ उठा सकता है? ताकि पाठक अपनी सफलता को कई गुणा बढ़ा सकता है।

अतः दैविक कृपाओं का किस प्रकार से व्यक्ति अपने हित में उपयोग कर सकता है। इसी बात को ध्यान में रखते हुए 30 कहानियाँ जो कि

व्यक्ति के दिमाग में स्वीकृति के भाव जगा दे, ताकि वो दैविक कृपाओं को स्वीकार करने में सक्षम हो जायें, लिखी गई है।

31वें अध्याय में मैनें मेरे निजी अनुभवों को शेयर किया है, ताकि लोगों को और अधिक विश्वास हो सके कि दैविक शक्तियों का प्रयोग करके हर व्यक्ति अधिक सफलता प्राप्त कर सकता है, प्रसन्नचित रह सकता है, समाज को योगदान दे सकता है और प्रतिष्ठा प्राप्त कर सकता है।

अतः इस पुस्तक का शीर्षक 'दिव्य कृपा के जादू का लाभ उठायें कैसे?

(भाग—1)' रखा गया है तथा यह कई भागों में क्रमशः लिखी जा रही है। प्रथम भाग आपके पठन हेतु प्रस्तुत है।

मुझें आशा ही नही, पूर्ण विश्वास है कि पाठक इस पुस्तक को न केवल पसंद करेंगे बल्कि इसको जीवन में उतारकर अपने जीवन को सकारात्मक रूप से रूपान्तरित करेंगे।

मैं इस पुस्तक के लेखन में सबसे पहले 'राजेश शर्मा' का शुक्रगुजार हूं कि उन्होनें समय रहते टाईप आदि का कार्य पूर्ण किया। इसके अलावा टीम 360 की अंजली अजाडीवाल (प्रबन्ध निदेशक), अंजु जांगिड़ (परियोजना निदेशक) व टीम के अन्य सभी सदस्यों का तहेदिल से शुक्रगुजार हूँ। टीम 360 के सहयोग के बिना यह पुस्तक लिखा जाना सम्भव नही होता। डॉ0 कौशल का भी मैं शुक्रगुजार हूं कि उन्होनें इस पुस्तक का यथा समय प्रुफ रिडिंग का कार्य पूरा कर मुझें सहयोग किया।

मैं उन सभी गुरूजनों को व परमात्मा को ह्दय से आभार व्यक्त करना चाहूंगा जिनसे मैनें ज्ञान व अनुभव प्राप्त किया है। उनकी कृपा के लिए मैं अभिभूत हूं व आंतरिक रूप से प्रफुल्लित हूं तथा पाठकों को उक्त पुस्तक प्रस्तुत करते हुए अति प्रसन्नता महसूस हो रही है।

साभार,

दिनांकः 30 जून, 2022

(गुप्त नवरात्रा आरम्भ)

देवेन्द्र दत्त शर्मा

CEO Team 360

प्रस्तावना–2

मैं **विपुल शर्मा** (अर्न्तराष्ट्रीय प्रशिक्षक आकर्षण का सिद्धांत व डी.एम. आई. टी., मिड़ब्रेन एक्सपर्ट) **श्री डी.डी. शर्मा** द्वारा लिखी गई पुस्तक **'दिव्य कृपा के जादू का लाभ उठायें कैसे? (भाग–1)'** को पढ़ा है। मुझें पूरा विश्वास है कि पाठक लोगों में सकारात्मक परिवर्तन हेतु यह पुस्तक बड़ी सहयोगी होगी। क्योंकि इसमें जो भी बातें लिखी है **श्री डी.डी. शर्मा** ने अपने अनुभव के आधार पर लिखी है। अतः लोगो के गले उतरने में पर्याप्त सुगमता रहेगी।

इनके द्वारा लिखी गई अन्य आधा दर्जन से अधिक पुस्तको को मैनें सरसरी तौर पर पढ़ा है। इनकी पुस्तक **'अरबपति बनने का हर भारतीय को हक है, अब समय आ गया है, इसे प्राप्त करें'** तो बेजोड़ है। यह पुस्तक तो मुझें विश्वास है कि देश में क्रान्ति ला देगी। इतनी बड़ी बात मैनें किसी भी बड़े नेता, संत महात्मा, समाज सुधारक के मुंह से भी नही सुनी है, जो **श्री डी.डी. शर्मा** ने कही है कि **'अरबपति बनना हर भारतीय का हक है, अब समय आ गया है, इसे प्राप्त करें'**।

अतः मैं **श्री डी.डी. शर्मा** को इस पुनीत एवं विलक्षण कार्य हेतु साधुवाद देना चाहूंगा।

सादर

विपुल शर्मा

सहलेखक

प्रस्तावना—3

'दिव्य कृपा के जादू का लाभ उठायें कैसे? (भाग—1)' पुस्तक जो कि **श्री डी.डी. शर्मा** द्वारा लिखी गई है को मैनें ध्यान से पढ़ा है तथा मैनें पाया कि **श्री डी.डी. शर्मा** ने सभी बातें अपने अनुभवों के आधार पर लिखी है। **श्री डी. डी. शर्मा** ने कई प्रकार के वर्कशॉप्स आयोजित किये है जैसे कि '**अर्धचेतन मस्तिष्क पुर्नविन्यास करना**' (Reconstitution of Subconscious Mind) भी शामिल है।

आधा दर्जन से अधिक पुस्तको को इन्होनें लिखा है तथा हमने **टीम 360** की 700 से अधिक फ्रेन्चाईजियां दे रखी है। उनको हमने वेबनार के जरिये इन पुस्तको का सार बतलाया तो सभी ने कहा कि ये तो बहुत ही क्रान्तिकारी कार्य किया है। आप हमें इनकी प्रति अवश्य भिजवाए। हम पुस्तकों के पैसे आपके अकाउंट में डाल देंगे। कईयों ने तो यहां तक कहा है कि पूरा सैट हमें भिजवा दीजियें।

कुछ लोगों ने यह भी निवेदन किया है कि प्रत्येक पुस्तक के आधार पर वर्कशॉप तैयार किया जाकर ऑनलाईन वर्कशॉप करायें तो हम और हमारा परिवार वर्कशॉप अटेंड करेंगे और पूरा लाभ उठायेंगे तथा जीवन में सफल होने के सपने को हम भी साकार कर पायेंगे।

मैं **विनीत शर्मा** सभी पाठको से आग्रह करता हूं कि इस पुस्तक को इस उद्देश्य से पढ़े कि आप इसकी विषय सामग्री को 48 घंटे के अंदर किसी अन्य व्यक्ति को पढ़ाओगें, सीखाओगें। पुस्तक की विषय सामग्री की कई बातें आपके ह्रदय को छूएगी। इसलिए उन बातों को प्रत्येक अध्याय के आगे रिक्त पृष्ठ दिये हुए है, उन पर लिख ले और एक—एक कर अपने जीवन में उतारें।

मैं सभी पाठको का ह्रदय से आधार प्रकट करना चाहूंगा।

सादर

विनीत शर्मा

सहलेखक

आखा तीज समृद्धि दायक त्योहार – एक कहानी

आखा तीज – इसे **अक्षय तृतीया** भी कहते है। इस दिन को महाभारत काल से ही समृद्धि का दिन माना जाता है। एक गरीब याचक किस तरह से अमीर बना।

सुदामा नाम का एक ब्राह्मण था। उसकी पत्नी और दो बच्चे थे। गरीबी ने सुदामा के परिवार को बूरी तरह घेर रखा था। प्रयत्न करने के बावजूद भी आमदनी नही हो पाती थी।

इस गरीबी के हालात से सुदामा, पत्नी, बच्चे व्यथित हो उठे। एक दिन बच्चों को भोजन के लिए तड़पते हुए जब सुदामा की पत्नी ने देखा तो उससे न रहा गया। उसने अपने पति सुदामा से कहा कि आप भूखे रह सकते हो। आपको उपवास करने का अभ्यास है। मैं

भूखी रह सकती हूं, लेकिन मेरे बच्चे भूखे रहे, यह मुझसे सहन नही होता।

आज तो सुदामा की पत्नी दो–दो हाथ ही करने वाली थी। क्योंकि वो बूरी तरह तंग हो चुकी थी और उसने अंतिम व्यंग्यबाण चलाया और बोली कि तुम कहते हो कि द्वारिका के महाराज श्रीकृष्ण आपके बचपन के साथी है। ऐसी झूंठी व बढ़चढ़ कर बाते करने को मैं ही मिली। सुदामा ने समझाया कि मैं और श्रीकृष्ण सांदीपन ऋषि के आश्रम में बचपन में पढ़े है

और वो मेरा सबसे अच्छा मित्र रहा है। वो खुद भूखा रह जाता था लेकिन मुझें अपने हिस्से का खाना भी दे देता था। उस जैसा परम मित्र तो कोई और मेरा हो ही नही सकता।

पत्नी गुस्साई और बोली कि क्यों देरी करते हो? जाओं अपने मित्र के पास और कुछ आर्थिक सहायता ले आओं, ताकि इस गरीबी से छुट्टी मिले व बच्चों को भरपेट खाना मिले।

सुदामा बोला पगली मांगना ठीक नही है। मांगने से आदमी की ईज्जत चली जाती है। पत्नी बोली कि तुम्हे ईज्जत की पड़ी है। बच्चों की तो भूख के मारे जान निकली जा रही है। सुदामा पढ़ा–लिखा था वो त्रियाचरित्र को जानता था। उसने सोचा कि मैं कृष्ण से मिलकर आता हूं। मैं उससे कुछ नही मांगूगा। मेरा अपना भी स्वाभिमान है।

पत्नी बोली जाओं तो सही। मिलकर तो आ जाओं। सुदामा बोला कि मेरे मित्र कृष्ण की भी शादी हो गई होगी। उनके भी बच्चे होंगे। मैं उनके लिए कुछ भेंट लेकर तो आऊ।

सुदामा की पत्नी पड़ौसी के घर गई। वहां से चार मुट्ठी चावल लेकर आई और एक पोटली में बांधकर दे दिये। सुदामा द्वारिका के लिए पैदल ही चल दिये। महिनों हो गये। चलते–चलते पांवो में छाले पड़ गये। द्वारिका पहुंचे तो द्वारपालों से कहा कि श्रीकृष्ण से कहों कि उनका बचपन का मित्र सुदामा आया है।

द्वारपालों ने कहा अभी महाराज रनिवास में व्यस्त है। वहां पर एक वरिष्ठ द्वारपाल था। उससे सुदामा ने निवेदन किया कि मेरा समाचार तो श्रीकृष्ण तक पहुंचा दो। वरिष्ठ द्वारपाल ने कहा कि वो महारानी के कक्ष में है। ज्योंही वे बाहर आयेंगे, मैं उन्हें सूचित कर दूंगा।

कृष्ण जब बाहर लोगों से मिलने के लिए बैठे तो वरिष्ठ द्वारपाल ने कहा कि एक गरीब ब्राह्मण जिसका नाम सुदामा है, कहता है कि वो आपके बचपन का मित्र है और आपसे मिलना चाहता है। सुदामा पेड़ के नीचे बैठकर पंचांग देख रहा था कि अचानक उसने देखा कि आज तो **अक्षत तृतीया** है। आज के दिन तो समृद्धि बरसती है। बस यह देख ही रहा था कि कृष्ण की स्वंय की आवाज आई कि क्या, सुदामा आया है? वो नंगे

पांव ही सुदामा को लेने चल पड़े उसे देखकर गले लगा लिया और ससम्मान सुदामा को अपने महल में लेकर आये। अपने खुद के हाथों से ही सुदामा के पांवो को धोया।

रूक्मणी ने भोजन तैयार करवाया और सुदामा को भोजन करवाया। कृष्ण से पूछा कि सुदामा आपने शादी तो कर ली होगी। सुदामा ने कहा कि शादी तो कर ली और दो बच्चे भी है। कृष्ण ने कहा कि मेरी भाभी ने मेरे लिए कोई भेट तो भेजी ही होगी।

सुदामा कृष्ण के ठाठ–बाठ, महल, गुम्बज देख कर हैरत में था। इसलिए उसने चावलों को पोटली को अपने पीछे छुपा लिया और सोचा कि ऐसे महान सम्राट को क्या चावल पेश करू? लेकिन कृष्ण कहा रूकने वाले थे। उन्होनें पोटली छीन ली और चावल खाने लगे।

सुदामा दो दिन कृष्ण के पास रहा। पुरानी बातें वापिस दोहराई गई। दूसरे दिन सांयकाल सुदामा बोला कि अब मैं वापिस चलूंगा। आपने मेरा बहुत स्वागत व सम्मान किया। मैं बहुत कृतज्ञ हूं। कृष्ण सुदामा को बाहर तक छोड़ने आये। सुदामा अपने घर के लिए रवाना हुआ।

सुदामा को घर पहुंचने में काफी समय लग गया। रास्ते में उसने सोचा कि कृष्ण ने स्वागत में कोई कमी नही रखी। मान–सम्मान करना तो कोई कृष्ण से सीखे। लेकिन उन्होनें कुछ दिया नही। मैं अपनी पत्नी को क्या जवाब दूंगा?

इन खयालात में खो ही रहा था कि अचानक गांव आ गया। वहां पर एक हिरोईन जैस छरहरी नवयोवना ने आवाज दी कि इधर आ जाओं। उसे

सुदामा पहचान ही नही पाया। उस नवयोवना ने कहा कि मैं आपकी पत्नी हूं, यह आपके बच्चे है, यह आप ही का घर है। आपके मित्र कृष्ण की कृपा से हमारे पूरी समृद्धि आ गई है।

आध्यात्म के लिहाज से कृष्ण ने अपने मित्र दीन–हीन सुदामा पर कृपा की। ज्योतिष के हिसाब से अक्षय तृतीया का दिन था। इसलिए सुदामा समृद्ध बना। मनोवैज्ञानिकों के अनुसार सुदामा जब घर से निकला, तब से कृष्ण के वैभव, उनका ऐश्वर्य को विचारता हुआ, चिंतन करता हुआ, वह महिनों में द्वारिका पहुंचा था।

इस समृद्धि के निरंतन चिंतन से सुदामा के सबकोन्सियस में वैभव व ऐश्वर्य के पैटर्न बन गये। परिणामतः सुदामा की वित्तीय चेतना जागृत होकर उच्च स्तर की हो गई। मनोवैज्ञानिकों का यह मत अधिक यर्थाथ व सत्य प्रतीत होता है।

यह कहानी यह शिक्षा देती है कि आप अपने मस्तिष्क में समृद्धि का चिंतन कायम करें ताकि आपके सबकोन्सियस में समृद्धि के बीजारोपण (पैटर्न) रूप में हो सके और आपकी वित्तीय चेतना उच्च स्तर की हो जाए।

जिसकी जितनी ऊंची वित्तीय चेतना, उतनी ही अधिक उसके पास समृद्धि व अमीरी।

जब प्रथम रचना मानसिक रूप से ब्ल्यू प्रिंट के रूप में इंसान के द्वारा समृद्धि की बना ली जाती है तो, यह चेतना स्वंय उस व्यक्ति से जो आवश्यक कार्य होते है, वो करवा लेती है।

भगवान कृष्ण ने गीता में इस बाबत् एक श्लोक कहा है–

ईश्वरः सर्वभूतानां हृद्देशेऽर्जुन तिष्ठति।
भ्रामयन्सर्वभूतानि यन्त्रारुढानि मायया॥

इस श्लोक का मनोवैज्ञानिक दृष्टि से कहा जा सकता है कि जब ऐश्वर्य का चिंतन इंसान के सबकोन्सियस में अंकुरित हो जाता है तो वो सब कार्य करवा लिये जाते है जो कि धनाढ्य व्यक्ति बनने के लिए जरूरी होते है।

कैसे करा लिये जाते है? जैसे कि कोई यंत्र हो, यानी कि यंत्रवत।

एक बार मैं पुनः दोहरा दू कि हर वस्तु व घटना की दो स्तर पर रचना होती है। प्रथम मानसिक/चिंतन के स्तर पर व दूसरी भौतिक स्तर पर। जो रचना मानसिक/चिंतन स्तर पर होती है, वो प्रथम रचना है। यही ब्ल्यू प्रिंट है। अतः जैसा ब्ल्यू प्रिंट होगा, वैसी ही भौतिक रचना होगी।

आप यदि पर्याप्त धनाढ्य व्यक्ति नही है, तो सम्भव है कि आपके प्रयासों में कोई कमी ना हो। आप समर्पित रूप से प्रयास कर रहे हो। लेकिन हो सकता है कि आपने प्रथम रचना यानी ब्ल्यू प्रिंट बनाने पर ध्यान नही दिया। यदि आप अपना ब्ल्यू पिंट अपनी जिम्मेदारी लेकर नही बनाया तो परिवेश के लोग बना देते है अथवा आपके भूतकाल की घटनाओं पर कुदरत चुनाव करके आपका ब्ल्यू प्रिंट बना देती है।

कड़ी मेहनत करने पर भी इंसान अमीर क्यो नही होता?

अमीर होने के लिए दोनों स्तर पर कार्यवाही की जिम्मेदारी लेनी होगी। पहला मानसिक रचना अमीरी के लिए करनी होगी। यानी कि अमीरी का ब्ल्यू प्रिंट बनाना होगा। उसके बाद आप जो मेहनत करोगे, वो आपको अमीर बनाने में मददगार होंगे। यदि आपकी प्रथम रचना आपने स्वंय ने जिम्मेदारी लेकर नही बनाई और उसमें अमीरी के पैटर्न नही पिरोये तो आप कितनी ही मेहनत करों, आप अमीर नही बन सकते।

सीधी सरल देशी भाषा में कहूं तो नीम के बीज बोने से आम के पेड़ की उम्मीद नही की जा सकती। चाहे आप कितना ही खाद–पानी दो, कितनी ही रखवाली करो। प्रथम रचना बीज है और वो बीज आपको समृद्धि का ड़ालना पड़ेगा।

कुछ लोग इत्तेफाकन अमीर बन जाते है। उनको ईश्वर की या ब्रह्मांडीय शक्तियों की कृपा कहा जा सकता है।

इस सम्बंध में मैं एक कहानी और बतलाना चाहूंगा।

सुदामा गरीब क्यों बना?

सुदामा एक निर्धन परिवार में पैदा हुआ था। ब्राह्मण परिवार था। इसलिए वहां पर अमीरी की भत्सर्ना की जाती थी और सरस्वती की पूजा की जाती

थी। सुदामा के माता–पिता विद्वता को महत्व देते थे। यानी सुदामा के पास धन की चेतना के बजाय विद्या की चेतना थी।

सुदामा को भी संदीपन ऋषि के यहां शिक्षा हेतु भेजा गया। वो कई बरसों से सांदीपन ऋषि के यहां शिक्षा ले रहे थे। वहीं पर कृष्ण और उनका भाई बलराम भी शिक्षा के लिए पहुंचे। सांदीपन ऋषि की पत्नी ने कहा कि सुदामा तुम बड़े हो, इसलिए इन दोनों का ख्याल तुम ही रखोगे।

सुदामा ने सोचा कि मुश्किल से तो भीक्षा मांग लाते थे। अब उसमें से भी इन दोनों को देना पड़ेगा। यानी अभाव की मानसिकता सुदामा को घेरने लगी।

एक दिन आश्रम में सूखी लकड़ियों की कमी हो गई। इसलिए बलराम और कृष्ण गुरू मां ने लकड़ियां काटने के लिए जंगल में भेजा। लेकिन रात्रि हो गई और वो दोनो लकड़ियां लेकर नही आये। गुरू मां ने सुदामा से कहा कि तुम जाओं, देख कर आओं कि कोई मुसिबत तो नही आ गई। सुदामा ने कहा कि मुझें तो भूख लगी है। मैं भूखा नही जा सकता। तब गुरू मां ने उसे एक पोटली में चने दिये। उससे कहा कि अपने हिस्से के चने तुम खा लेना और उनके हिस्से के उन्हें दे देना।

सुदामा उन दोनों को ढूंढने के लिए जंगल में चल दिये। उन्हें भूख लगी तो अपने हिस्से के चने खा लिये। वो जंगल में जाकर उन दोनो को पुकारने लगा। बारिश होने लगी थी। बलराम ने कहा कि सुदामा भूखा होगा। मैं इसके लिए जंगल में से कुछ खाने के लिए ले आता हूँ। कृष्ण ने कहा कि नही–नही गुरू मां ने सुदामा के लिए व हमारे लिए खाने के लिए कुछ ना कुछ भेजा होगा। गुरू मां तो अन्नपूर्णा का अवता है।

कृष्ण ने सुदामा को देखा कि वह तो चने खा रहा था। इतने में बारिश तेज हो गई। कृष्ण ने सुदामा से कहा कि सुदामा क्या खा रहे हो? तुम्हारे दांत किटकिटा रहे है। सुदामा ने कहा कि कहां खा रहा हूं, दांत तो सर्दी के कारण किटकिटा रहे है। सुदामा कृष्ण और बलराम के हिस्से के चने भी खा गया।

कृष्ण बोले, सुदामा बरसात बंद हो गई। चलों घर चलते है। हमने सूखी लकड़ियां पेड़ के नीचे रख रखी है। उन्हें ले लेते है।

सुदामा बोला कि नही। पहले वादा करों कि आपके हिस्से के चने मैं खा गया। यह आप दोनों गुरूमाता को नही बतावोंगे। कृष्ण ने कहा कि दोस्ती का वास्ता है, जिक्र ही नही करेंगे। तुम चलो तो सही।

सुदामा का अध्ययन पूरा हो गया। गुरूदेव ने उन्हें कहा कि जाओं गृहस्थी में प्रवेश करों। तब सुदामा ने नही रहा गया। वो अपने गुरु से बोला कि एक दिन मैंने कृष्ण और बलराम के हिस्से के चने खा लिये थे। मुझें कोई पाप तो नही लगेगा। सांदीपन ने कहा कि यह तो चोरी होती है। लेकिन कोई बात नही। गरीबी में भी कई अच्छे रत्न होते है। तुम गरीब ही रहोंगे। तुम्हें उनका लाभ मिलेगा। इतने में गुरूमाता दौड़ते हुए आई और कहा कि मैं कृष्ण से इसे माफ करवा देती हूं। सांदीपन बोले कि वो तो अब तक यहां से काफी दूर तक जा चुके होंगे।

कोई बात नही। तुम कृष्ण के यहां चले जाना। वो तुम्हे माफ कर देंगे और मालामाल कर देंगे।

यह कहानी बतलाती है कि किसी दूसरे के हक को छीन लेने से गरीबी घेर लेती है।

मनोवैज्ञानिकों के अनुसार अभाव की मानसिकता ने सुदामा को गरीब बनाया और समृद्धि स्वरूप कृष्ण के समक्ष प्रस्तुत हुए। दो दिवस उनके पास रहे तो सुदामा के सबकोन्सियस में से गरीबी के परमाणु तिरोहित हो गये व समृद्धि के परमाणुओं का पैटर्न बन गया।

जो भी व्यक्ति बीलिनियर बनना चाहता है। वो इन दिव्य कृपाओं का सहयोग लेगा। अदृश्य दिव्य नियमों की पालना में कार्य करेगा तो कितना ही गरीब हो वो बीलिनियर बन सकता है।

दिव्य कृपा तो हर वक्त बरसती रहती है। बस इंसान का फोकस कृपा पर हो। लेकिन आम तौर पर कृपा के बजाय कमियों पर, शिकायतों पर फोकस बना रहता है। परिणामतः जीवन में गरीबी, निर्धनता, अभाव व आर्थिक तंगी बनी रहती है।

अच्छी बात यह है कि फोकस बदला जा सकता है। जिस समय फोकस बदल दोगे, उसी दिन से अमीरी के पथ पर चल पड़ोगे।

NOTES (जो बातें आपके हृदय को छू गई है)

1. ____

2. ____

3. ____

4. ____

5. ____

6. ____

7. ____

8. ____

9. ____

10. ____

11. ____

12. ____

13. ____

14. ____

15. ____

16. ____

17. ____

18. ____

19. ____

20. ____

21. ____

22. ____

23. ____

24. ____

25. ____

NOTES (जो निर्णय आपने अपने जीवन में लेने हेतु तय किये है)

26. ____

27. ____

28. ____

29. ____

30. ____

31. ____

32. ____

33. ____

34. ____

35. ____

36. ____

37. ____

38. ____

39. ____

40. ____

41. ____

42. ____

43. ____

44. ____

45. ____

46. ____

47. ____

48. ____

49. ____

50. ____

अध्याय – 2

कृतज्ञता से अभिभूत – एक कहानी

एक छोटे बच्चे की मां का दुर्घटना में देहांत हो गया। बच्चा 4–5 साल का होगा। बच्चे का पिता उसे गोद में लिये हुए जा रहा था कि अचानक बारिश होनी आरम्भ हो गई। पास के ही बाजार में एक छतरी बनी हुई थी, जिसके नीचे लोग बारिश से बचने के लिए खड़े होने लगे।

15–20 मिनट हो गई और बारिश रूकने का नाम नही ले रही थी। इतने में एक बुजुर्ग महिला बोली कि बेवक्त की बारिश ने किचड़ ही किचड़ कर दिया है। इतने में छाता लिये हुए एक आदमी आया और छतरी के नीचे खड़े होकर बोला कि यह बारिश किसानों की तैयार हुई फसलों को खराब कर देगी।

बच्चे का पिता भी बोल पड़ा कि मैनें तो गेहूं की बोरिया खरीदी थी, जो घर में बाहर ही पड़ी हुई है। वो सारी भीग जायेगी। इतने में एक नवयौवना आई और बोली कि बारिश से सब जगह मच्छर ही मच्छर हो जायेंगे।

वो 4–5 साल का बच्चा। उसने पहली बार बारिश होते हुए देखी। उसे बड़ा सुहावना लगा। उसने अपना हाथ फैलाया और पानी की बूंदे अपने हाथ में लेने लगा। पानी की बूंदो से खेलने लगा। बच्चे के हाव–भाव से ही लग रहा था कि वह बारिश की बूंदो से बड़ा आनन्दित हो रहा है। बच्चे का पिता उसे अंदर की तरफ खींच रहा था। ताकि कही बारिश की बूंदे बच्चे पर ना गिर जाये जबकि बच्चा बारिश में नहाना चाहता था।

आखिर बारिश रूक गई। सभी लोग अपने–अपने गन्तव्य की और निकले। बच्चे ने अपने पिता से पूछा कि यह बारिश रोजाना क्यों नही होती?

बारिश हुई उस पर अनेक लोगों के अनेक प्रकार की टिप्पणियां हो रही थी। लेकिन अधिकांश टिप्पणियां निगेटिव थी। वो बच्चा बारिश को ईश्वर की कृपा मानकर स्वीकार कर रहा था, जबकि और लोग बारिश को सजा के तौर पर देख रहे थे।

जैसे पानी की बूंदे बरसती है, वैसे ही परमात्मा की रहमत की बूंदे भी बरसती है।

ईश्वर बारिश करता है तो कुछ लोग इसे ईश्वर की कृपा समझते है तो कुछ लोग सजा। कभी धूप निकलती है तो कुछ लोग धूप को ईश्वर का उपहार समझते है तो कुछ लोग सजा। रात्रि में चन्द्रमा की रोशनी शीतलता प्रदान करती है, तो कुछ लोग इसे ईश्वर का प्रसाद समझते है तो कुछ सजा।

ईश्वर की और से अनेक रहमते इंसान के जीवन में बरसती रहती है। लेकिन जिस व्यक्ति में ईश्वर की कृपा को ग्रहण करने की ग्रहणशीलता है, वही ईश्वर की कृपा को महसूस कर पाता है, समझ पाता है।

महत्वपूर्ण यह नही है कि कृपा हो रही है या नही हो रही है। वो तो सदैव होती रहती है। महत्वपूर्ण यह है कि इंसान की ग्रहणशीलता किस तरफ है। यदि वो दुखों को ग्रहण करने का आदि हो गया है, तो ईश्वर उसे निराश नही करेगा। उसके जीवन में दुखों का अम्बार लगा दिया जायेगा। कई लोग कहते है कि मैं अभागा हूं, मेरे नक्षत्र ठीक नही है। जिस काम में हाथ डालता हूं, उसी में गड़बड़ हो जाती है। लोग भी मेरी अनदेखी करते है। यानी कि उसकी ग्रहणशीलता नेगेटिव बातों को ग्रहण करने ही है। उसको ईश्वर निराश नही करता। वो उसको अनेक प्रकार की नेगेटिव बातें परोसता है।

नीचें की तरफ गिरना या नकारात्मकता के प्रति ग्रहणशील होना

कुदरत का यह सामान्य सिद्धांत है कि नीचें की तरफ गिरना आसान है। नकारात्मक बातों को ग्रहण करना हमारी आदतों में है। कुदरत ने अनेको वस्तुएं, अनेको संसाधन, अनेको मनोरम दृश्य दिये है। अनेको प्रिय घटनायें दी है। लेकिन यदि हम प्रयास नही करेंगे तो कुदरत नेगेटिव बातों को हमे परोस देगी।

कृतज्ञ होने के लिए प्रो एक्टिव होना जरूरी है।

व्यक्ति को बीलिनियर बनाने वाला मात्र एक गुण ही चुना जाये तो वो कृतज्ञता महसूस करना व प्रकट करना होगा। लेकिन इस हेतु व्यक्ति को अपने आपको प्रशिक्षित करना होगा।

सामान्य व्यक्ति का मन एक चंचल बंदर की तरह है। मन में जो विचार उठते है, जो आंतरिक संवाद चलता है। उसी के अनुसार जीवन में घटनाये घटती रहती है। मन के दो स्वरूप बताये जाते है।

1. **जागृत मन**

2. **अर्द्ध जागृत मन**

दोनों ही प्रकार के मनों को अगर खुला छोड़ दिया जायेगा तो यह चंचल बंदर की तरह होंगे और कुदरत चंचल बंदरों को कृतज्ञ नही रहने देती। कृतज्ञता का गुण उचित प्रशिक्षण के बाद ही प्राप्त होता है।

चंचल बंदर घूमता–फिरता रहता है। वो व्यक्ति के किसी काम नही है। इसके विपरीत व्यक्ति को कई तरह की तकलीफे भी दे देता है। उसकी वस्तुओं को तोड़फोड़ देता है। इंसान के घरों में गंदगी फेला देता है। लेकिन जब इसी बंदर को धीरे–धीरे प्रशिक्षित कर दिया जाता है, तो इन बंदरो में कई गुण विकसित हो जाते है।

आज से 20–25 साल पहले तक प्रशिक्षित बंदरो के जरीये लोग अपनी आमदनिया और अपना घर चलाते थे। सर्कस में भी प्रशिक्षित बंदर अनेक प्रकार के करतब दिखाते थे।

अप्रशिक्षित बंदर का कोई मूल्य नही और प्रशिक्षित बंदर मूल्यवान है

चूंकि हमारा मन भी एक बंदर है, इसलिए इसको भी प्रशिक्षण देना जरूरी है। यदि हम किसी प्रशिक्षण वर्कशॉप के जरिये अपने मन को प्रशिक्षित करें तो दोनों ही प्रकार के मनों **जागृत व अर्द्ध जागृत** का प्रशिक्षण हो जायेगा।

कृतज्ञता का प्रशिक्षण किस प्रकार से मन को दिया जावें?

कृतज्ञता एक दिव्य गुण है। इसका प्रशिक्षण देने से मन में दिव्यता विकसित होती है। इसके प्रशिक्षण हेतु निम्न प्रोग्राम जीवन में आजमाये जा सकते है।

1. सर्वप्रथम अपने जीवन का एक मिशन स्टेटमेन्ट बनाये। यानी कि आप जीवन में कौन–कौन से मूल्यों को प्राप्त करना चाहते है? यह समझ होना जरूरी है। जो कि सामान्य व्यक्ति भी समझता है कि उसके जीवन में कौनसी बातें अच्छी है, जो होनी चाहिये?

2. रात्रि में सोने से पहले 10 मिनट के लिए यह ख्याल किया जाये कि दिनभर में कौन–कौन सी अच्छी बाते हुई है? उनको याद किया जाये। उन हेतु खुशी प्रकट की जाये और कृतज्ञता के भाव प्रकट किये जाये। ऐसा करते–करते नींद में चला जाना चाहिये। इससे निद्रामय स्थिति में सबकोन्सियस में आपके लक्ष्यों को पूरा करने हेतु प्रोसेसिंग होना आरम्भ हो जाती है।

3. सप्ताह में किसी छुट्टी के दिन आधा घंटे के लिए बैठे और कम से कम 10 बातों को लिखे जो कि प्रकृति ने आपको विशेष उपहार के रूप में दी है और इसके लिए कृतज्ञता प्रकट करें, प्रसन्नता व्यक्त करें।

4. महिने में एक दिन का पूरा समय निकाले। उस दिन छुट्टी ले–ले और प्रातःकाल से सांयकाल तक एक ही कार्य करे कि आपके जीवन में कौन–कौन सी अच्छी बातें घटित हुई है? उनकी एक लम्बी लिस्ट बना ले। हो सकता है कि कोई व्यक्ति अभ्यास करेगा

तो 50 अच्छी बातों की लिस्ट बना ले, कोई 100 की लिस्ट बना ले। अगर हर महिने मात्र एक दिन के लिए यह एक्सरसाईज की जाये तो 12 महिने की 12 एक्सरसाईज हो गई। इसी तरह से साप्ताहिक जो एक्सरसाईज की जाती है वो भी 12 महिने में 52 हो गई। इसी तरह से नित्य रात्रि में सोते समय कृतज्ञता हेतु एक्सरसाईज की जाये तो वर्ष भर में 365 एक्सरसाईज होगी।

इन एक्सरसाईजेज से आपके मन को पूरे साल भार प्रशिक्षण मिलेगा और कृतज्ञता के प्रति संवेदनशील हो जायेगा और जो सुखद घटनायें घटती है, उनके प्रति ग्रहणशील हो जायेगा।

सुखद घटनाओं हेतु प्रशिक्षित ग्रहणशील मन

जब मन को सुखद घटनाओं हेतु प्रशिक्षित किया जाता है, तो धीरे–धीरे मन सुखद घटनाओं पर फोकस्ड़ हो जाता है और उसे सुखद घटनायें बार–बार होती दिखने लगती है। उसे लगने लगता है कि सुखद घटनाओं की उसके जीवन में बारिश हो रही है। आध्यात्मिक लोग इसे ही परमात्मा की बारिश होना कहते है।

धीरे–धीरे संवेदनशीलता व ग्रहणशीलता इतनी बढ़ जाती है कि व्यक्ति न केवल भौतिक वस्तुएं बल्कि आध्यात्मिक मूल्यों, जैसे कि निष्ठा, सेवा, प्रेम व करूणा आदि को भी ग्रहण करने लगता है, महसूस करने लगता है।

जब मन इतना प्रशिक्षित हो जाता है तो उसे अंतर्ज्ञान होने लगता है कि कौन–कौन सी सुखद घटनायें भविष्य में आने वाली है? योग की भाषा में ऐसे मन को एकाग्र व निश्चल मन कहा जाता है। पातंजलि ऋषि ने मन की इस दशा को निरोधावस्था कहा है। यानी कि मन में अपनी कोई बड़बड़ नही है। जब मन की अपनी बड़बड़ बंद हो जाती है तो उसे भविष्य में होने वाली घटनाओं का ज्ञान होने लगता है।

पातंजलि ने एक सूत्र दिया है – **योग: चित्त-वृत्ति निरोध**

यानी कि **चित्त वृत्तियों का योग ही, निरोध है।** इस अवस्था में मन की चंचलता दूर हो जाती है और मन प्रशिक्षित हो जाता है।

इसी को 6ठीं इन्द्री का जागरण कहते है। 6ठीं इन्द्री जागरण के कई अन्य तरीके भी है, लेकिन कृतज्ञता का अभ्यास करना एक सुखद, सरल एवं अनुभूत तरीका है।

दृष्टा भाव व साक्षी भाव

जब मन की बड़बड़ बंद हो जाती है, तब इंसान की आत्मा के दो भाग हो जाते है। एक भाग जीवन में जरूरी कामों हेतु क्रियाशील हो जाता है तथा दूसरा भाग दृष्टा बनकर उसे देखता रहता है।

बीलिनियर बनने वाले व्यक्तियों को 6ठीं इन्द्री के जागरण से लाभ

जो लोग अभी सामान्य अवस्था में है, लेकिन बीलिनियर बनना चाहते है, तो वो अपनी अन्य बुद्धी के अनुसार कार्यों को करें। लेकिन मेरा उन्हें एक सुझाव है कि वो कृतज्ञता के अभ्यास को आरम्भ कर दे। मैनें जो–जो उपरोक्त तरीके कृतज्ञता वृद्धि हेतु बताये है, वो अनुभूत है तथा आपके मन को कृतज्ञता हेतु प्रशिक्षित करने के लिए कारगर है।

जब छठीं इन्द्री का जागरण हो जायेगा, तब बीलिनियर बनने वाले व्यक्ति को दिव्य शक्तियों का लाभ मिलने लग जायेगा।

वैसे तो दिव्य शक्तियों का लाभ, प्रेरणाएं सामान्य रूप से तो बरसती ही रहती है। लेकिन उन कृपा की लहरियों को सिर्फ संयमित मन ही पकड़ पायेगा। अतः छठीं इन्द्री के जागरण से जो दिव्य मार्गदर्शन, दिव्य सहयोग मिलता है। बीलिनियर बनने वाले व्यक्ति को सहज में ही दिव्य मार्गदर्शन व सहयोग प्राप्त होने लगेगा।

उपनिषदों में लिखा है कि मन ही व्यक्ति का मित्र है और मन ही दुश्मन। इसका सीधा सा तात्पर्य है कि जिसने मन को प्रशिक्षित कर लिया उसके लिए मन परम मित्र है। जिसने मन को खुला छोड़ रखा है, उसके लिए मन सबसे बड़ा दुश्मन है।

अतः कृतज्ञता के अभ्यास को जीवन में अपनाये। अपने मन को कृतज्ञता हेतु प्रशिक्षित करें और बीलिनियर बनने हेतु जो अपने देश में जो अनुकूल माहौल बना है, उसका लाभ उठावें।

आप यदि 12 महिने कृतज्ञता का अभ्यास नित्य कर लेंगे तो जो खुशियां आपके जीवन में आयेगी, उससे आप अभिभूत हो जायेंगे।

NOTES (जो बातें आपके हृदय को छू गई है)

1. _______________________________________
2. _______________________________________
3. _______________________________________
4. _______________________________________
5. _______________________________________
6. _______________________________________
7. _______________________________________
8. _______________________________________
9. _______________________________________
10. _______________________________________
11. _______________________________________
12. _______________________________________
13. _______________________________________
14. _______________________________________
15. _______________________________________
16. _______________________________________
17. _______________________________________
18. _______________________________________
19. _______________________________________

20. ____

21. ____

22. ____

23. ____

24. ____

25. ____

NOTES (जो निर्णय आपने अपने जीवन में लेने हेतु तय किये है)

26. ____

27. ____

28. ____

29. ____

30. ____

31. ____

32. ____

33. ____

34. ____

35. ____

36. ____

37. ____

38. ____

39. ____

40. ____

41. ____

42. ____

43. ____

44. ____

45. ____

46. ____

47. ____

48. ____

49. ____

50. ____

अध्याय – 3

मैं माफ करने वाली नही हूँ – एक कहानी

एक लड़की ने बी.ए. किया, फिर धीरे–धीरे स्वयंपाठी के रूप में एम.ए. कर ली। आगे बी.एड. में एडमिशन नही हुआ तो बी.एस.टी.सी. कर ली। घरवालों ने उस लड़की की शादी के लिए सुयोग्य वर देखने आरम्भ किये। एक लड़का घरवालों को पसंद आया। लड़की ने भी अपनी रजामंदी दे दी और सगाई कर दी गई।

सगाई के बाद लड़के ने लड़की से मोबाइल पर बातचीत करनी आरम्भ कर दी। बातों ही बातों में पता चला कि लड़का कोई कोचिंग इंस्टीट्यूट चलाता है, सरकारी नौकरी में नही है। लड़के ने एप्पल का महंगा मोबाइल भी लड़की को गिफ्ट किया। लेकिन लड़की तो स्थायी नौकरी वाला दुल्हा चाहती थी। अतः उसने अपने माता–पिता को कहा कि मैं इस लड़के से शादी नही कर सकती।

लड़के ने भी अपने माता–पिता के जरिये दबाव बनाया। शादी से महिने भर पहले शादी में क्या खर्चा किया जायेगा, इसको लेकर दोनो परिवारों में मतभेद हो गया।

लड़की तो गुस्साई हुई थी ही। इसलिए उसने सबके सामने मना कर दिया कि मैं इस लड़के से शादी नही करूंगी, अतः सगाई की रस्म को तोड़ दिया गया। आनन–फानन में एक अन्य लड़का देखा गया जो अपने को पोस्ट ग्रेज्युएट बतलाता था तथा अपने पिता को स्कूल में प्रिंसिपल। लड़का कहीं किसी चार्टेड अकाउंटेन्ट के यहां नौकरी करता था।

बात वहीं फिर अटकी कि लड़का कोई सरकारी नौकरी में नही है, अतः लड़की ने फिर अपना विरोध दर्ज करवाया। लेकिन सभी ने कहा कि लड़का

कम्पीटिशन एग्जाम दे रहा है, वह जरूर सरकारी नौकरी में लग जायेगा। इसलिए सभी ने मिलकर लड़की को मना लिया।

शादी के बाद लड़की को मालूम चला कि लड़के में इतनी प्रतिभा नही है कि वो कम्पीटिटिव एग्जाम पास कर सके। लड़की यदा–कदा कह देती कि यदि तुम कम्पीटिटिव एग्जाम में पास नही होवोगें, तो मैं तुम्हे माफ करने वाली नही हूं।

लड़की ने भी शिक्षा विभाग में नौकरी करने हेतु रीट की परीक्षा दी, लेकिन उसका चयन नही हुआ। लड़के ने भी कई परीक्षाएं दी, लेकिन उसका कही चयन नही हुआ। इसी तरह दो साल हो गये।

लड़की ने फिर याद दिलाया कि मैं माफ करने वाली नही हूं। मेरे साथ धोखा किया गया है। एक दिन लड़की को उसका भाई लेने आया। वो पीहर चली गई। फिर लौट कर नही आई। दो साल बाद लड़की की ओर से कोर्ट का नोटिस आया कि आप मुझें तंग और परेशान करते है। महिला अत्याचार अधिनियम के तहत लड़की ने लड़के, लड़के के पिता, मां, बहिन व उसके भाई के खिलाफ मुकदमा दर्ज करवा दिया।

मुकदमा चल रहा है, तारीखें पड़ रही है। वकीलों को हर तारीख पेशी पर मेहनताना मिल जाता है। कब फैसला होगा? पता नही।

माफ करना ईश्वरीय गुण है

बाईबिल में लिखा है कि ईश्वर हमें हमारी गलतियों के लिए माफ कर देता है। इसलिए हमारा भी फर्ज बनता है कि हम भी अपने आपको माफ कर दे तथा दूसरों को भी उनकी गलतियों के लिए माफ कर दे।

सर्वेक्षण के आधार पर पाया गया है कि इस विश्व में दो तरह के लोग होते है। एक तो वो जो स्वयं की जीत में विश्वास रखते है, चाहे दूसरा हार जाये, चाहे दूसरा कुचला जाये। ऐसे लोग दूसरे के ऊपर पांव रखकर विजय प्राप्त करते है।

ऐसे लोग किसी के भी आगे झूंकना नही चाहते। यह अहंकारी लोग होते है। यह अपने काम को निकालने में दृढ़तापूर्वक लगे रहते है। ऐसे लोगों को Win/Loose Mentality के कहा जाता है।

दूसरी तरह के वे लोग है जो अपने आपको भला कहलाना पसंद करते है। ऐसे लोगों को लोग सज्जन कहते है। यह लोगों के बीच में लोकप्रिय भी होना चाहते है। इनकी मानसिकता होती है कि तुम उन्नति कर लो, हमारे ऊपर पांव रखकर चल दो। यह अपने अधिकार को लेने हेतु प्रयास नही करते। अगर इनके अधिकार कोई छीन लेता है, तो चुपचाप सहन कर लेते है और अपने को भला कहलाने का खिताब लेना पसंद करते है। ऐसे लोगों को Loose/Win Mentality के कहा जाता है।

यह लोग जिंदगी में दूसरे व्यक्तियों के द्वारा प्रताड़ित होते रहते है, शिकार होते रहते है। इनके जख्म पर जख्म लगते रहते है। यह झेलतें रहते है। इस प्रकार के Loose/Win Mentality के लोगों को ठगना भी आसान होता है और इनको ड़राना व धमकाना भी। पदध्स्ववेम डमदजंसपजल के लोग इन लोगों को अपना शिकार बनाते रहते है।

कहानी में बताई गई युवती माफ नही कर पा रही है और लम्बे अरसे से यातनाएं झेल रही है। अपने आपको प्रताड़ित कर रही है, व्यथित कर रही है। मैं आपको माफ करने के बारे में एक और कहानी सुनाना चाहूंगा।

एक बार एक बड़े भाई ने छोटे भाई के लिए कुछ अवांछित शब्द अपने पिता को कह दिये। जब छोटे भाई को पता चला तो उसे बहुत बुरा लगा और उसने घर से निकल जाना ही उचित समझा तथा कहीं दूर जाकर नौकरी करने लग गया।

मुझें वो व्यक्ति 20 वर्ष बाद मिला। मैनें उससे पूछा तो उसे वो बात इतनी ताजा याद थी जैसे कि कल की ही घटना हो। मैनें उससे कहा कि आपने अभी तक इन्हे याद कर रखा है। यह बार—बार आपके दिल को कटोचटी होगी। उसने कहा बिल्कुल मैं अपने भाई को कभी माफ नही करूंगा। यह बाते कहते— कहते वो क्रोधित हो जाता।

उसने कहा कि मैं भूल जाना चाहता हूं, लेकिन भूल नही पाता। यानी कि 20 वर्षो पहले एक बार कोई घटना घटी, उस समय दुःख होना वाजिब

था, दिल को चोट लगना लाजमी था। लेकिन अब उसे बार–बार याद करके बार–बार चोटिल होना, कहां की समझदारी है। बड़े भाई ने तो एक बार चोट करी और अब खुद अनेक बार चोटें खा रहा है।

Loose/Win Mentality के लोगों के द्वारा विरोध भी नही किया जाता और बात को भूला भी नही जाता। वो बार–बार याद करते है और दुःखी होते है तथा अपने जख्मों को और गहरा करते है।

माफ करने की विधि को सीखा जा सकता है

मैं आपको एक क्रिया बता सकता हूं जिससे आप लोगों को माफ कर सकेंगे, स्वंय को माफ कर सकेंगे। विधि सरल है व प्रभावकारी है। चूंकि Loose/Wing Mentality के लोग संवेदनशील होते है। अतः उन्हें बातें चुभती ज्यादा है और प्रतिकार करने की उनकी मानसिकता नही होती। अतः स्वंय ही अपने आपको कष्ट देते रहते है।

प्रक्रियाः– एक सामान्य आसन से कुर्सी पर बैठ जाए। आंख बंद कर ले और उन घटनाओं को याद करें जिनमें लोगों ने आपको जख्म दिये है। यदि जख्म गहरे हो और बहुत ज्यादा हो तो आंख बंद रखने की जरूरत नही है। एक नोट–बुक व पेन ले और उन जख्म देने वाली घटनाओं को लिखना आरम्भ करें। आप आज की तारीख से आरम्भ कर सकते है कि आज किन–किन लोगों ने आपको क्या–क्या जख्म दिये? उसकी सूची बना ले। कल किस–किस ने जख्म दिये थे? उनकी सूची बना ले। परसों किस–किस ने जख्म दिये थे? उसकी भी सूची बना ले। इस तरह से करीबन तीन माह की सूची बना ले।

इस सूची को बनाने का तत्काल लाभ तो यह होगा कि आप तनाव मुक्त हो जायेंगे और आपको जख्म देने वाली 70 प्रतिशत बातें Release हो जायेंगी। 30 प्रतिशत बातें जो कि गहरे जख्म दे चुकी है, वो मौजूद रहेंगी। लेकिन जो बातें Release हो गई, वो आपको इतनी ऊर्जा दे देंगी कि आप इन 30 प्रतिशत को सम्भाल सकेंगे।

अब इन 30 प्रतिशत को एक–एक करके ले तथा इन पर गौर करें कि जो परिस्थितियां थी। उनमें यह घटनाएं घटी, वो भूतकाल के गर्भ में चली गई। उनका अब कोई वजूद नही है और जो इनसे सम्बंधित व्यक्ति है, उन्होनें भावावेश में कोई बात कह दी होगी, इसलिए माफ करना खुद के हित में उचित है। यह समझ की बातें कोन्सियस ब्रेन में जो जख्म है, उन पर मरहम का काम करेंगी। लेकिन जो बातें सबकोंसियस में चली गई, उसके लिए मैं आपको दूसरी प्रभावकारी टेक्निक बताता हूं।

चेतना के स्तर को ऊंचा करें

मैनें **'कहानी सुने और अमीर बने'** पुस्तक में चेतना को उच्च करने हेतु अनेक तरीके बताये है। जब तक चेतना का स्तर ऊंचा नही होगा, तब तक माफ करना उन बातों के लिए तो सम्भव हो जायेगा जो बहुत ज्यादा गहराई में जख्म नही किये हुए है।

चेतना के स्तर को ऊंचा करने के दो उपाय किये जा सकते है:–

1. किसी ऐसे आध्यात्मिक मंत्र को आधा घंटे के लिए उच्चारित किया जा सकता है जिसमें पराक्रम व शत्रुओं को नाश करने का आशय हो। जैसे कि हनुमानजी का कोई मंत्र। मैं महिसासुर मृदनी के मंत्र को उच्चारित करने के लिए अनुसंशा करना चाहूंगा। दुर्गासप्तषी में निराश हुए लोगों को किस प्रकार से वापिस उत्साहित करके विजय दिलाई गई की कहानियां है। अतः दुर्गासप्तषी से कोई मंत्र लिया जा सकता है। सिद्ध कुंजिका स्त्रोत मंत्र भी कारगर है।

प्रातःकाल नहा–धोकर इनमें से किसी एक मंत्र का आधा घंटे तक उच्चारण करने से धीरे–धीरे मंत्र व्यक्ति के न्यूरोम्स में व्यवस्थित हो जाता है और मंत्र स्वतः होने लगता है। ऐसी स्थिति में जो बिगड़ा हुआ ईमोशनल क्यूसेन्ट होता है, वो ठीक होने लगता है तथा जो भय के पैटर्न्स सबकोन्सियस में बने हुए है, वो दूर हो जाते है। यानी कि जब भय दूर हो जाता है तो व्यक्ति सशक्त हो जाता है। वो माफ करने की स्थिति में आ जाता है। **यह कहा भी जाता है कि माफ वही कर सकता है जो शक्तिशाली हो। यह शक्ति के मंत्र आपको शक्तिवान बना देंगे**

तो आप किसी को भी उसकी गलती हेतु अथवा अपने आपको माफ कर सकेंगे।

2. दूसरा तरीका है कि आंख बंद करे और कुर्सी पर बैठ जाये। बंद आंखो से ही अपने पांवो को देखे और यह महसूस करें कि पांव मेरे है, पर मैं पांव नही हूं। फिर अपने घूटनों को देखे और महसूस करे कि यह घूटने मेरे है पर मैं घूटने नही हूं। इसी तरह अपने पूरे शरीर को देखे और महसूस करें कि शरीर मेरा है, पर मैं शरीर नही हूं। ज्योंही यह भाव जितनी देर तक आप में बना रहता है, त्यों ही आपकी चेतना का स्तर ऊंचा हो जायेगा और उस स्थिति में आप लोगों को माफ कर सकेंगे।

आप अपनी बंद आंखो से ही अपने विचारों को देखे। अपने मन को देखे कि उसके कौन–कौन सी कल्पनाएं उठ रही है? कौनसे विचार उठ रहे है? किसी कल्पना या विचार में खोये नही, विचार आर रहे है तो आने, जा रहे है तो जाने दे। **यानी कि आप दृष्टा है। थोड़े महिनों के अभ्यास से आप दृष्टा की स्थिति में आ पायेंगे और आप पायेंगे कि आपकी आत्मा को जख्म लगे हुए थे, वो शक्तिवान होती जा रही है। आप इस स्थिति में है कि शरीर को, मन को निर्देश दे सकते है। आप आत्म–स्वरूप है। आत्मा का सहज स्वभाव है, माफ करना। अतः आप सबकों माफ करने हेतु समर्थ हो जायेंगे।**

ज्योंही आप माफ करने हेतु समर्थ हो जायेंगे, त्योंही आप हल्कापन महसूस करने लगेंगे। आपकी बहुत सारी ऊर्जा बदला लेने में या माफ न करने में लगी हुई थी, वो अतिरिक्त रूप से आपको मिलेगी।

आप जब भूतकाल की बातों को माफ कर देंगे तो आप वर्तमान में जीना सीख जायेंगे। वर्तमान में जीने की स्थिति ही प्रसन्नता व आनन्द की स्थिति है। आज ज्योंही अपने आपको माफ करेंगे, लोगों को माफ करेंगे तो फूल की तरह हल्के हो जायेंगे। आप में ऐश्वर्य साहस आ जायेगा।

आप उपरोक्त बताई गई प्रक्रिया को आधा घंटे के लिए प्रतिदिन करें और तीन महिने निरंतर करे तो आप लोगों को माफ करने की स्थिति में आ जायेंगे और अपनी भावनाओं को भी नियंत्रित करने में आपको काफी सफलता मिलने लग जायेगी।

Win/Loose Mentality तरह के लोग अपने आप में अभिशाप है। अतः इस उपरोक्त प्रक्रिया को अपनाये और अपने जीवन को प्रफुल्लित, प्रसन्नचित व समृद्ध बनावें।

यदि आप ऐसा करेंगे तो आपके बीलिनियर बनने का मार्ग न केवल आरम्भ होगा बल्कि प्रशस्त हो जायेगा व आपकी पहुंच सुनिश्चित हो जायेगी।

NOTES (जो बातें आपके ह्रदय को छू गई है)

1. ____

2. ____

3. ____

4. ____

5. ____

6. ____

7. ____

8. ____

9. ____

10. ____

11. ____

12. ____

13. ____

14. ____

15. ____

16. ____

17. ____

18. ____

19. ____

20. ____

21. ____

22. ____

23. ____

24. ____

25. ____

NOTES (जो निर्णय आपने अपने जीवन में लेने हेतु तय किये है)

26. ____

27. ____

28. ____

29. ____

30. ____

31. ____

32. ____

33. ____

34. ____

35. ____

36. ____

37. ____

38. ____

39. ____

40. ____

41. ____

42. ____

43. ____

44. ____

45. ____

46. ____

47. ____

48. ____

49. ____

50. ____

अध्याय – 4

प्रार्थना की ताकत – एक कहानी

एक नवयुवती ने इस उम्मीद के साथ ग्रेज्युएशन की कि वो सरकारी नौकरी करेगी। उसने अपनी पढ़ाई पर मेहनत भी काफी की। उसकी यह इच्छा लगातार रहती थी कि मैं सरकारी नौकरी में क्लर्क लगूं। मैं भी ऑफिस में बैठूं। सुबह 10 बजे ऑफिस जाऊं और सांय 5 बजे तक वापिस आ जाऊं।

लेकिन उसके परिवार वालों ने सरकारी नौकरी करने वाला एक क्लर्क लड़का देखा और उससे उसकी शादी कर दी। ससुराल में काफी जायदाद थी। ससुराल वालों को नौकरी करवाने की जरूरत भी नही थी। उनका लड़का भी सरकारी नौकरी में क्लर्क लगा हुआ था। दुकानें थी जिनसे किराया आता था। खेत था जिससे फसल आती थी। अतः उनको बहू को नौकरी कराने की जरूरत नही थी।

जब–जब वह अपने पति को ताना देती कि मुझें भी नौकरी करने देते तो मैं भी कमाती। दोनों कमाते। लगभग रोजाना वह यह बात बोलती थी। वो ज्यादा कहती तो ससुर वगैरह कहते कि नौकरी लगना कौनसा आसान है? उसमें प्रतियोगी परीक्षाएं देनी पड़ती है। कहां नम्बर आता है?

लेकिन बहू तो यह बात कहते–कहते भावुक हो जाती। कहते है कि यदि कोई बात दिनभर कही जाए तो ईश्वर तथास्तु कर देता है।

एक दिन अचानक थाने से बहू के ससुर के पास फोन आया कि आपके लड़के की दुर्घटना में मृत्यु हो गई है। आप थाने आ जाइये उसकी डेड बॉडी रखी हुई है। डेड बॉडी की शिनाख्त कीजिए ताकि आगे की कार्यवाही की जावें।

ससुर थाने गये और डेड बॉड़ी को देखा व पहचान किया कि यह उन्ही का बेटा है। पूरे परिवार में शोक छा गया। बहू तो इस दुःख के पहाड़ से बेहोश हो गई। जब थोड़ी होश में आई तब तक उसके पति के मृतक शरीर का दाह–संस्कार करके परिवार के लोग आ चुके थे।

तीसरे दिन तीसरे की बैठक रखी गई जिसमें बहू के माता–पिता भी आये थे। लड़की ने उनसे कहा कि अब मैं इस घर में रहकर क्या करूंगी? अतः मैं भी पीहर में आपके साथ चलूंगी। पिता ने समझाया कि बेटी इस घर में तेरा हक है। अगर तू पीहर जायेगी तो तेरा हक खत्म हो जायेगा। वो भावुक हो गई कि मैं हक तो नही छोड़ना चाहती।

समय बीतता गया। पति के देहांत को दो साल हो गये। दोनों परिवारों ने आपस में बैठ कर विचार विमर्श किया कि क्या करना चाहिए? चूंकि स्थिति पेचीदा थी। अतः कोई बात खुल कर करना नही चाह रहा था। लेकिन आखिरकार बहू के पिता  ने कहा कि मेरी बेटी नौकरी करनी चाहती है तथा आपके परिवार में इसका जो हक बनता है, यह उसे भी नही छोड़ना चाहती। बहू का ससुर बोला कि यह दोनों बातें कैसे सम्भव हो सकती है? या तो वो अपने पीहर रहे या ससुराल रहे। दोनों जगह कैसे रहेगी?

उनमें एक आध्यात्मिक व्यक्ति बैठा हुआ था। उसने राय दी कि आप सब लोग प्रार्थना करों? ईश्वर ही ऐसे विपरीत स्थितियों में उचित रास्ता निकालता है। ईश्वर विरोधी बातों में भी समन्वय कर देता है। अतः ईश्वर से कुछ दिन लगातार प्रार्थना करों, ताकि ऐसा हल निकल जाये कि जो बहू चाहती है, वही हो जायें।

दो महिने बाद फिर दोनों परिवारों ने मिटिंग की। इस बार मिटिंग में एक आर्य समाजी व्यक्ति आ गया और एक सेवानिवृत अधिकारी भी आ गया जो कि बहू के पीहर के परिवार से था, आ गया। मिटिंग में जब चर्चा हुई तो सेवानिवृत अधिकारी ने पक्ष रखा कि सरकार में नियम है कि यदि किसी

सरकारी कर्मचारी का देहान्त हो जाए, तो उसकी जगह उसकी पत्नी को नौकरी दी जानी चाहिए। अतः आपको कोशिश करनी चाहिए।

सभी को उसकी बात पसंद आई और कहा कि प्रयत्न करेंगे। कोशिश की गई। दो–तीन महिने तो लगे लेकिन पत्नी को उसके पति के स्थान पर राजकीय सेवा में रख लिया गया।

पत्नी की एक इच्छा तो पूरी हो गई। बिना किसी प्रतियोगी परीक्षा के सरकारी नौकरी में आ गई। ऐसा संयोग तो ईश्वर ही बना सकता है। प्रार्थना का महत्व समझ में आया।

जमीन–जायदार बंटवारे के बाबत् विवाद

पत्नी बंटवारे में अपना हिस्सा लेना चाहती थी। अतः तीन महिने बाद बंटवारे हेतु दोनों परिवारो के बीच फिर मिटिंग रखना तय हुआ। इस बार पुनः मिटिंग में सेवानिवृत सरकारी अधिकारी व आर्य समाजी व्यक्ति उपस्थित थे।

बातचीत आरम्भ हुई तो आर्य समाजी व्यक्ति ने दोनों पक्षों के बीच के विवाद को सुना और फिर बोला कि मैं आपको एक बात बतलाऊ। ठंडे दिमाग से मेरी बात को सुनों। जरूरी नही है कि आज ही मेरी बात का जवाब दो। चाहों तो महिने–दो महिने बाद मेरी बात का जवाब दे देना।

पुर्नविवाह हेतु परामर्श

आर्य समाजी व्यक्ति ने बड़ी शालीन व संतुलित भाषा में कहा कि अभी बहू के पास लम्बी जिंदगी है। अगर उसका पुर्नविवाह कर दिया जाये किसी सुयोग्य लड़के के साथ तो उसका जीवन आराम से बीत सकता है। उसका इतना कहते ही सबने उसे गालियां देनी चालू कर दी। कहा कि हमारे घर में ऐसी रीत नही है। पुर्नविवाह करने से तो अच्छा है कि यह यहां से चली जायें। लड़की के पिता ने कहा कि मुझें भी पुर्नविवाह सही नही लगता। लोगों ने कहा कि तुम तो लड़की के पिता हो। तुम्हे यह प्रस्ताव मंजूर क्यों

नही है? तो लड़की के पिता ने कहा कि अगर इसने पुर्नविवाह कर लिया तो इस घर की सम्पत्ति में से इसे कुछ नही मिलेगा।

दोनों परिवारों के बीच में काफी गरमा–गरमी हो गई। तभी आध्यात्मिक व्यक्ति ने कहां कि ईश्वर से प्रार्थना करो। ऐसे पेचिदा मसलों के ईलाज वही बेखूबी करता है। आध्यात्मिक व्यक्ति की बात सभी को अच्छी लगी और मिटिंग दो महिने बाद करने का निर्णय किया गया।

बहू को सरकारी नौकरी तो मिली लेकिन घर से 60 किमी दूर रोजाना आना–जाना होता था। बस स्टेण्ड भी घर से काफी दूर था। अतः बस तक जाने के लिए भी किसी के सहयोग की जरूरत होती थी। वापिस घर तक आने के लिए भी किसी के सहयोग की जरूरत होती थी। बहू के देवर ने इस जिम्मेदारी को निभाने का वचन दिया। अतः वह रोजाना सुबह 7 बजे बस स्टेण्ड तक अपनी मोटरसाईकिल पर अपनी भाभी को छोड़ कर आता। सांयकाल 6.30 बजे बस से जब वो आती तो वो उसे लेने के लिए बस स्टेण्ड पहुंचता और उसे लेकर आता।

कभी–कभी बसे समय पर नही आती। तो वो उसे मोटरसाईकिल पर ही बैठाकर 60 किमी दूर कार्यस्थल पर छोड़ कर आता। सांयकाल फिर उसे वहां से लेकर घर आता। यह क्रम कई दिन तक चला। भाभी और देवर के बीच में आपसी समझ बन गई। इस बात का एक दिन बहू के पिता को भी मालूम चला तो उनके दिमाग में ख्याल आया कि यदि इन दोनों की आपस में समझ बनती है, तो क्यों नही इनकी शादी कर दी जायें।

एक दिन आर्य समाजी व्यक्ति को भी उसी कस्बे में जाना था, जहां बहू नौकरी करने जाती थी। दोनों एक बस में, एक ही पास–पास सीट पर बैठ हुए थे। बस आर्य समाजी को मौका मिल गया। उसने कहा कि जब आपकी और आपके देवर में समझ है तो क्यों ना आप दोनों शादी कर लेते? इससे जमीन–जायदाद के बंटवारे का प्रश्न नही उठेगा। तुम्हारा देवर भी सरकारी नौकरी में है।

यद्यपि बहू ने इंकार कर दिया, लेकिन आर्य समाजी व्यक्ति अनुभवी था। वो बहू की आंखो की चमक से पहचान गया कि बहू के दिल में देवर के प्रति सहानुभूति है। सो उसने दूसरे ही दिन बहू के पिता से बात की। बहू का पिता बोला कि लगता तो मुझें भी ऐसा ही है। पर आगे मुंह खोलकर

बात कौन करें? आर्य समाजी बोला कि फिर हम किस लिए है? हमारा तो काम ही मुंह खोलना है।

आर्य समाजी व्यक्ति बहू के ससुर से मिला, देवर से मिला और सभी को राजी कर लिया तथा उनका **लत्ता विवाह** करवा दिया गया। जब देवर भाभी के बीच में शादी होती है, तो उसे **लत्ता विवाह** कहते है। उसमें खर्चा नही किया जाता, दिखावा नही किया जाता। सिर्फ कुछ वस्त्रों का लेन–देन होता है।

प्रार्थना का प्रभाव अब आपकी समझ में आया होगा कि कैसी पेचिदगियां थी, कि लड़की सरकारी नौकरी करना चाहती थी। वह अपना हक भी नही छोड़ना नही चाहती थी। लेकिन सभी विपरीति परिस्थितियों में समन्वय बैठा।

प्रार्थना निम्न प्रकार से स्वतः होती रहती है

आप करते नही है, लेकिन प्रार्थना स्वतः होती रहती है। यह सभी प्रार्थनाएं पूरी होती रहती है। जो आप अन्जाने में करते है, वो निम्न प्रकार की हो सकती है।

1. जो आप अन्जाने में अपनी वाणी से बोलते हो, वो प्रार्थना है।

2. जो विचार अन्जाने में आपके दिमाग में आते है, वो प्रार्थना है।

3. जो भावनाएं अन्जाने में आपके हृदय में उठती है, वो प्रार्थना है।

4. जो संकेत आप अन्जाने में देते हो, वो प्रार्थना है।

5. जो अदाएं, हसरते आप अन्जाने में करते हो, वो प्रार्थना है।

6. जो भविष्य के लिए सपने संजोते हो, कल्पनाएं करते हो, वो प्रार्थना है।

7. जब तक आप ब्रेक नही लगा दे, तब तक आपके भूतकाल के निर्णय, भूतकाल की क्रियाएं, भूतकाल के कथन, भूतकाल की भावनाएं भी निरंतर प्रार्थनाएं बनी रहती है।

ईश्वर के पास एक ही शब्द है, आर्शीवाद देने हेतु और वह है 'तस्थास्तु'

वो आपकी हर प्रार्थना पर 'तथास्तु' कहता है। उसे इस बात से कोई मतलब नही है कि वो प्रार्थना आपसे जानबुझकर हुई है या अन्जाने में हुई है।

उपरोक्त गाथा में प्रार्थना के जबरदस्त महत्व को आपने देखा। अतः प्रार्थना को हल्के में ना ले। हर प्रार्थना पूरी होने की सम्भावना रखती है।

अतः आप प्रार्थनाएं करने की जिम्मेदारी अपने हाथ में ले और वही प्रार्थनाएं करें, जो आप चाहते है। इसलिए सबसे पहले तो यह तय कर ले कि आप क्या–क्या चीजे चाहते है।

1. **स्वास्थ्यः–** आप किस प्रकार का स्वास्थ्य चाहते है? कितना आप में वजन हो? कितनी आप में ऊर्जा रहे? कैसा आपका डीलडोल हो? यह सब बाते आप पहले तय कर ले और जब तक तय नही कर ले तब तक कोई बात अन्जाने में ना बोले।

2. **धनराशीः–** कितनी धनराशी चाहिए? किस तरीके से चाहिए? वो भी तय कर ले। ताकि आप सटीक प्रार्थना कर सके।

3. **आपसी रिश्तेः–** किस प्रकार के रिश्ते आप चाहते है? किन–किन लोगों से रिश्ते अच्छे चाहते है? तय कर ले। तय ही नही करें, इनको अपनी डॉयरी में लिख ले।

4. **सामाजिक प्रतिष्ठाः–** कितनी प्रतिष्ठा चाहिए? किन–किन पदों को प्राप्त करना चाहते है? यह भी तय कर ले और लिख ले।

5. **सामाजिक योगदानः–** आप समाज में क्या योगदान देना चाहते है? किस वर्ग की सेवा करना चाहते है? किन लोगों के लिए आर्थिक सहयोग करना चाहते है? इसे भी तय कर ले और लिख ले।

आत्म–अनुशासन

जब आप उपरोक्त पैरामीटर पर आप क्या चाहते है? तय कर लेंगे, लिख लेंगे तब उसी के अनुसार बोलेंगे, उसी के अनुसार निर्णय करेंगे, उसी के अनुसार क्रियाएं करेंगे, वैसे ही संकेत देंगे। वैसी ही भावनाएं प्रकट करेंगे तो आपका जीवन आत्म–अनुशासित जीवन हो जायेगा।

आपकी हर प्रार्थना पर अब आपको 'तथास्तु' और आपके जीवन में वही घटेगा, जो आप चाहते है।

1. आप बीलिनियर बनना चाहते है – 'तथास्तु'।

2. आप सुढ़ोल व स्वस्थ शरीर चाहते है – 'तथास्तु'।

3. आप मधुर रिश्ते चाहते है – 'तथास्तु'।

4. आप सामाजिक उच्च पदों को प्राप्त करना चाहते है – 'तथास्तु'।

5. आप सामाजिक योगदान विभिन्न लोगों को देना चाहते है– 'तथास्तु'।

आपको असीम बुद्धिमता (ईश्वर) के द्वारा हर प्रार्थना का जवाब मिलेगा और आपकी हर प्रार्थना सफल होगी। बस अब अन्जाने में प्रार्थना करना बंद कर दीजिए। होश पूर्वक प्रार्थना करें।

प्रार्थनाएं पूरी क्यों नही होती?

इस बारे में मैं एक कहानी सुनाना चाहूंगा जो मुझें एक सूफी फकीर ने सुनाई थी। उसके पास एक लोहे की कुल्हाड़ी थी, जो देखने में बड़ी सुन्दर लग रही थी। मैनें उनसे पूछ लिया कि आप यह कुल्हाड़ी क्यों रखते हो? यह आपको कहां से प्राप्त हुई। तब उन्होनें कहा कि मैं तुम्हे इस कुल्हाड़ी की कहानी सुनाता हूं।

सूफी फकीर बोले कि मैं मेरे पीर के यहां रहता था। एक बार एक भेड़े रखने वाला बड़ा व्यापारी आया, जो भेड़ों को बेचने–खरीदने का काम करता था। वो आकर मेरे पीर से बोला कि आजकल धंधा बिल्कुल ही कमजोर हो गया है। अतः कोई तरकीब बता दो जिससे वापिस मालदार हो जाऊ।

मेरे पीर ने कहा कि अपने घर पर रोजाना बैठ जाया करों और ईश्वर से प्रार्थना किया करों। उस व्यापारी का मेरे पीर पर बड़ा विश्वास था। अतः उसने रोजाना अपने घर पर प्रार्थना करनी आरम्भ कर दी।

उसकी एक ही प्रार्थना होती थी या खुदा एक सोने की कुल्हाड़ी दे दे जिसका वजन 5 किलो हो। या तो उसको बेचू या लोगों को दिखाऊ और वापिस मालदार हो जाऊ। वो लगातार तीन महिने तक यह प्रार्थना करता रहा।

जब 90 दिन तक भी प्रार्थना पूरी नही हुई तो उसे संदेह हुआ और उसकी बुद्धि ने कहा कि सोने के भाव तेज हो गये है। हो सकता है कि खुदा के खजाने में सोने की कुल्हाड़ी नही बची हो। तब उसने कहा कि या

खुदा तू चांदी की कुल्हाड़ी ही दे दे। इतने में एक व्यक्ति उसके घर पर आया और कहा कि मुझें आपको सोने की कुल्हाड़ी देने का हुकुम आया है। लेकिन अब हुकुम आया है कि आपको सोने की कुल्हाड़ी नही चाहिए। अब आपको चांदी की कुल्हाड़ी की जरूरत है। व्यापारी ने अपना माथा पकड़ लिया और सोचा कि अगर एक दिन और इंतजार कर लेते तो सोने की कुल्हाड़ी आ जाती। फिर उसने सोचा कि चांदी भी आजकल महंगी हो गई है। इसलिए चांदी की कुल्हाड़ी भी आ जाये तो बहुत है। अतः उसने फिर 90 दिन तक प्रार्थना की। 90 दिन भी पूरे हो गये लेकिन चांदी की कुल्हाड़ी भी नही आई।

उसकी प्रार्थना बलवती हो गई थी। बस चांदी की कुल्हाड़ी आने ही वाली थी। उसकी प्रार्थना इतनी बलवती हो गई थी कि उसके मुंह से एक बार भी कोई शब्द निकलता तो उसे पूरा करता।

व्यापारी मायूश हो चुका था। अदृश्य में प्रार्थना की शक्ति बलवती हो गई है, ऐसा उसे अनुभव नही हुआ। अतः उसने कहा कि या खुदा चांदी की नही तो कम से कम लोहे की कुल्हाड़ी ही तत्काल दे दे। उसने आंखे खोली तो देखा कि उसके सामने लोहे की कुल्हाड़ी पड़ी थी। वो व्यापारी मेरे पीर के पास आया और कहा कि यह लोहे की कुल्हाड़ी मेरे किस काम की है? इसे आप रखों। उसने वो मेरे पीर को दे दी और मेरे पीर ने मुझें दे दी।

मैं यह कुल्हाड़ी अपने पास इसलिए रखता हूं ताकि मुझें याद रहे कि प्रार्थना अवश्य पूरी होगी, जल्दबाजी नही करना, नही तो सोने की कुल्हाड़ी की जगह लोहे की कुल्हाड़ी से सब्र करना होगा।

प्रार्थनाएं निम्न कारणों से सफल नही होती

1. एक प्रार्थना करते हो। ईश्वर तक पहुंचती है। ईश्वर उसे पूरी करना आरम्भ करता है, उससे पहले ही आप दूसरी प्रार्थना कर देते हो और कुदरत को कन्फ्यूज कर देते हो।

2. प्रार्थना में भावनाओं का अभाव होता है। बिना भावनाओं के प्रार्थना पूरी नही होती।

3. प्रार्थनाओं में जिह्वा से कुछ बोलते हो, अंदर विचार कुछ और चल रहे है, करते कुछ हो। यानी कि प्रार्थनाओं के जो तरीके है जैसे कि वाणी, विचार, भावनाएं, क्रियाएं आदि में अलाइनमेन्ट नही होता और

जब अलाइनमेन्ट नही होता तो न्यूटन का नियम लागू हो जाता है कि समान वस्तुएं एक दूसरे से विकर्सित होती है। यानी कि दूर हट जाती है। लेकिन जब अलाइनमेन्ट होता है तो दूसरा सिद्धांत लागू होता है कि समान वस्तुओं में आकर्षण होता है।

4.	**बेहोशी में प्रार्थना करनाः–** जब हम होशपूर्वक प्रार्थनाएं नही करते तो अपने आप वे प्रार्थनाएं होती है, जो हम जीवन में चाहते ही नही है। लेकिन ईश्वर को उनको 'तथास्तु' कहना पड़ता है या आपकी बेहोशी में आप अपनी प्रार्थनाओं को आपस में काटते रहते ऐो।

5.	प्रार्थना पूरी हो, उससे पहले धर्य खो देते है।

अगर एक ही वस्तु के लिए कई लोग प्रार्थना करें, तो किसकी पूरी होगी?

प्रार्थना एक विचार रूपी बीज है। जब वो भावनाओं के साथ मिल जाता है, तो वो हाईब्रिड़ बीज बन जाता है और ईश्वर उसे अंकुरित कर देता है जिससे वह आपके जीवन में फलीभूत होता है।

यदि एक ही वस्तु के लिए दो लोग प्रार्थना कर रहे हो, तो जिसकी प्रार्थना में बल ज्यादा होगा, उसकी प्रार्थना सुनी जायेगी और वो वस्तु उस व्यक्ति के पास चली जायेगी।

यदि दोनों व्यक्तियों की प्रार्थना में बल बराबर है, तो एक अद्भूत घटना घटेगी कि दोनों की प्रार्थनाएं पूरी होगी। ऐसा मैनें मेरे सरकारी सेवाकाल में अनेक बार देखा है कि जब दो कर्मचारी एक पद के लिए बराबर से उत्सुक होते और प्रार्थना करते तो उनकी प्रार्थना के बल से पदों की संख्या बढ़ जाती और दोनों की प्रार्थनाएं पूरी हो जाती।

प्रार्थना की शक्ति पर पूरा भरोसा करें और इसका लाभ उठागें। बीलिनियर बनना चाहते है तो प्रार्थना करना आपके लिए एक सशक्त माध्यम हो सकता है।

NOTES (जो बातें आपके ह्रदय को छू गई है)

1. _______________________________________
2. _______________________________________
3. _______________________________________
4. _______________________________________
5. _______________________________________
6. _______________________________________
7. _______________________________________
8. _______________________________________
9. _______________________________________
10. _______________________________________
11. _______________________________________
12. _______________________________________
13. _______________________________________
14. _______________________________________
15. _______________________________________
16. _______________________________________
17. _______________________________________
18. _______________________________________
19. _______________________________________
20. _______________________________________
21. _______________________________________
22. _______________________________________

23. ______________________________________

24. ______________________________________

25. ______________________________________

NOTES (जो निर्णय आपने अपने जीवन में लेने हेतु तय किये है)

26. ______________________________________

27. ______________________________________

28. ______________________________________

29. ______________________________________

30. ______________________________________

31. ______________________________________

32. ______________________________________

33. ______________________________________

34. ______________________________________

35. ______________________________________

36. ______________________________________

37. ______________________________________

38. ______________________________________

39. ______________________________________

40. ______________________________________

41. ______________________________________

42. ______________________________________

43. ______________________________________

44. ____

45. ____

46. ____

47. ____

48. ____

49. ____

50. ____

मैं माफी मांगने वाला नही हूँ – एक कहानी

एक बार एक कॉलेज के एन.सी. सी. केडेट्स का ट्रूप किसी ट्रिप पर गया। उनके साथ एक इंस्ट्रक्टर भी था। ट्रिप के दौरान एक दिन जिस बिल्डिंग में सब रूके हुए थे, वहां बिजली गुल हो गई। इस कारण प्रातःकाल उठने,

नहाने, धोने, परेड पर जाने हेतु काफी दिक्कत हो गई। ठीक 7.30 बजे परेड़ ग्राउंड पर पहुंचना था, वो भी टिपटॉप ड्रेस कोड के साथ। उनमे से एक केडिट को अंधेरे में जूतों को पॉलिश करने का ब्रश नही मिला। उसने सोचा कि क्या फर्क पड़ता है। वो जूतों को पॉलिश किये बिना ही ग्रांउड में पहुंच गया।

परेड़ के उस दिन ड्रेस कोड का विशेष निरीक्षण था। अतः सभी के जूते आदि चैक किये गये तो उस केडेट के जूतों पर पॉलिश नही मिली। अतः इंस्ट्रक्टर ने उसे हिदायत दी कि तुम्हे जूतों को पॉलिश करके आना चाहिये था। लेकिन केडिट ने सुनी–अनसुनी कर दी और कहा मेरी कोई गलती नही है।

चूंकि एन.सी.सी. में भी मिलट्री की तरह कड़ा अनुशासन होता है। अतः केडिट की यह बात इंस्ट्रक्टर को पसंद नही आई और उसने इसे अनुशासनहीनता माना और ग्राउंड पर एक राईफल उठाकर चक्कर लगाने की सजा दी।

जब वो सजा काट कर आया तो उसे कहा गया कि सॉरी फिल करो, तब भी केडिट बोला कि मेरी कोई गलती नही है तो मैं क्यों सॉरी बोलू? मैं क्यों माफी मांगू? तब उसे फिर एक और ग्राउंड का चक्कर लगाने की सजा दे दी गई।

उस स्वाभिमानी केडेट ने 7 चक्कर ग्रांउड के लगा लिये लेकिन तब भी वो टस से मस नही हुआ, सॉरी फिल नही की। खैर इंस्ट्रक्टर ने बात को आई–गई कर दिया।

लंच पर सभी केडेट्स बैठे हुए थे, तो दूसरे बेठे केडेट ने पूछा कि तुम्हे सॉरी बोल देना चाहिए था, इतनी सजा क्यों भुगती? उसने कहा कि मेरी कोई गलती ही नही थी। बिजली चली गई तो मैं क्या करता? जब मेरी कोई गलती ही नही थी तो मैं क्यों माफी मांगू?

यह बात वहां पर लंच करते हुए इंस्ट्रक्टर के कानों में पड़ गई। इंस्ट्रक्टर उठा और उन दोनों केडेट्स के पास गया और बोला कि यंग मैन मैं माफी मांगता हूं। मुझें मालूम नही था कि बिजली नही होने के कारण तुम जूतों में पॉलिश नही कर पाये। तुम्हे काफी सजा भुगतनी पड़ी। मेरा दिल दुखता है, अतः मैं माफी मांगता हूं। मुझें माफ कर दो।

यह सुनकर केडेट तो पानी–पानी हो गया कि इंस्ट्रक्टर माफी मांग रहा है। वो उसके पांवो में झूक गया। फिर इंस्ट्रक्टर ने माफी मांगने के महत्व पर एक दृष्टांत बताया कि सॉरी शब्द न केवल माफी के लिए है, बल्कि वातावरण में मधुरता बनी रहे, शान्ति और सद्भाव बना रहे, इसलिए अधिकतर प्रयोग में लाया जाता है।

इंस्ट्रक्टर ने एक वाक्या बतलाया कि मैंने जवानी में स्कूटर चलाना सीखा ही था कि एक सीनियर व्यक्ति ने मुझें कहा कि मेरी पत्नी परीक्षा देने जा रही है। इसे परीक्षा केन्द्र तो छोड़ आवों। लेकिन मुझसे ठीक से स्कूटर सम्भला नही और सीनियर व्यक्ति की पत्नी गिर गई। लेकिन केन्द्र पास में ही था, इसलिए उठ कर परीक्षा देने चली गई।

इंस्ट्रक्टर ने बताया कि मैं सीनियर व्यक्ति के पास गया और उनसे जाकर माफी मांगी। माफी मांगने के साथ ही माहौल सरस और मधुर हो गया। सीनियर व्यक्ति कहने लगा कि यह तो किसी से भी हो सकता था। मैं चलाता तो भी गिर सकती थी। यानी कि बात बहुत आसानी से निपट गई।

एन.सी.सी. केडिट की कहानी में वाकई में यह बात स्पष्ट है कि चूंकि उसकी गलती नही थी, इसलिए वो माफी क्यों मांगे?

यहां पर यह विचार किया जाना जरूरी है कि माफी मांगने से दर्द किसको होता है? दर्द होता है, व्यक्ति के अहंकार को। अतः अहंकार पर जब चोट लगती है, तो आदमी उस चोट को बचाने के लिए सजा भुगतना पसंद कर लेता है।

एक मेरे मित्र ने एक बार कहा कि मैं सॉरी कहने वाला नही हूं। मेरी कोई गलती नही है।

मैं आपको एक बात की और इशारा करना चाहता हूं कि यदि आप दिव्य कृपा प्राप्त करना चाहते है, तो सॉरी कहने या माफी मांगने की हिम्मत जुटानी चाहिए और माफी मांगने की मानसिकता बनानी चाहिए।

तुलना करना, ईर्ष्या करना, द्वेष करना, बदला लेना, नीचा दिखाना, शिकायत करना, आरोप लगाना, आलोचना करना, विवाद करना यह सब व्यक्ति के मन के लक्षण है। मन इन्ही बातों से पुष्ट होता है और मन ही अहंकार बन जाता है।

हर जीवात्मा में यह अहंकार है। इसी कारण से वो अपने को दूसरों से अलग समझता है। दूसरों से ऊंचा समझता है। दूसरों से तुलना करता रहता है। गलती खुद करता है लेकिन आरोप दूसरों पर लगाता है। शिकायत करना, आलोचना करना, प्रतिस्पर्धा करना जीवात्मा की फितरत में है।

माफी मांगने से जीवात्मा भाव में कमी आती है और परमात्मा भाव जगता है

व्यक्ति किसी को डांटता–ड़पटता है। किसी में दोष निकालता है, किसी की बुराई करता है। यह करके वो अपने अहम को पुष्ट करता है। अहंकार को माफी मांगना, नीचे देखना व किसी से उपदेश लेना रास नही आता।

माफी मांगने से अहंकार खत्म होता है

ऐसा कोई व्यक्ति नही है जिससे जाने–अन्जाने में गलतियां नही हुई हो। लेकिन अपनी गलतियों के लिए खुद को दोषी नही मानना इंसान की खूबी

है। अतः उसका अहंकार बढ़ता रहता है। लेकिन जब वो किसी मुद्दे पर सुलह करना चाहता है, तो वो अपने द्वारा किये गये किसी हिंसक कर्म के लिए माफी मांगता है तो उसका अहंकार गिरता है। उसके अहंकार को चोट लगती है।

लेकिन यह अहंकार का कम होना, गिरना Blessing in Disguise है, जिसके कारण व्यक्ति जीवात्म भाव को त्याग देता है और परमात्म भाव में विचरण करने लगता है।

व्यक्ति का शरीर परमात्मा की अभिव्यक्ति हेतु बना है

जब व्यक्ति का अहंकार कम हो जाता है, तो उसमें जीवात्म भाव नही रहता, तब उसके शरीर से परमात्मा की अभिव्यक्ति होने लगती है।

परमात्मा की अभिव्यक्ति जब शरीर से होती है, तो निम्न विशेष बातें इंसान के जीवन में प्रकट होने लगती है

1. ज्योंही अहंकार और मन की बड़बड़ बंद हो जाती है, उसी क्षण शान्ति का अनुभव होता है और परमात्मा की कृपा बरसती हुई अनुभव होती है। इंसान का जो अहम् होता है, वो दीन–हीन हो जाता है, लेकिन उसी समय परमात्मा की कृपा का अनुभव होने से उसके अहम में ट्रांसफोरमेशन हो जाता है और उसके अंदर से परमात्मा के गुणों की अभिव्यक्ति होने लगती है। यानी कि वो प्रसन्नचित, शान्त, उत्साहित व निश्चिंत व जनहित कार्यो में सलंग्न दिखाई देने लगता है।

2. **महा सरस्वती की कृपाः–** जब निराकार परमात्मा की कृपा सगुण में बदलती है, तो महा सरस्वती के रूप में उस इंसान में कुछ विशेषताएं दिखने लगती है।

   (i) उस व्यक्ति के द्वारा सद्साहित्य का सृजन होने लगता है।

   (ii) उस व्यक्ति के द्वारा अन्य लोगों की शंकाओं का समाधान किया जाने लगता है।

(iii) उस व्यक्ति द्वारा अन्य लोगों को प्रोत्साहित, मोटिवेट व प्रेरित किये जाने का उद्योग बनने लगता है।

(iv) वह लोगों को काम का कोई हूनर सींखाने लग जाता है।

(v) वह योग आदि की क्रियाएं लोगो को सींखाने लग जाता है।

(vi) उसमे औषधियों के बारे में प्रतिभा जागृत हो जाती है। इसलिए वह लोगों का ईलाज करना आरम्भ कर सकता है।

(vii) वो ध्यान आदि की क्रिया सींखाने लगता है।

महा सरस्वती की कृपा से कोई ना कोई अद्भुत विभूति ऐसे इंसान में प्रकट हो जाती है।

3. **महालक्ष्मी की कृपाः–** जब जीवत्व भाव से परमात्व भाव विकसित होने लगता है तो उस व्यक्ति के पास अनेक प्रकार के संसाधन विकसित होने लगते है। लोग उसे कई प्रकार का सहयोग करते है। जिस सहयोग के कारण वह आश्रम बनवा सकता है, सत्संग स्थल बनवा सकता है।

महालक्ष्मी की कृपा से ऐसा व्यक्ति निम्न कार्यो में संलग्न होता रहता हैः–

(i) दीन–दुखियों हेतु भोजन आदि की व्यवस्था करना।

(ii) बेरोजगार लोगों के लिए रोजगार की व्यवस्था करना।

(iii) गरीब लोगों के बच्चों के लिए स्कूल की व्यवस्था करना, चिकित्सा की व्यवस्था करना।

यानी आर्थिक व भौतिक संसाधन ऐसे व्यक्ति के ईर्द–गिर्द इकट्ठे होने लगते है और वो जनहित में इनका प्रयोग करता हुआ दिखाई देने लगता है। कई बार तो लोग आश्चर्य करते है कि इनके पास इतना पैसा कहां से आता है?

4. **महा काली की कृपाः–** इस कृपा के कारण ऐसे इंसान के ऊपर जो विपत्तियां आने वाली होती है, उनसे दैविक शक्तियां उसकी सुरक्षा करती है। ऐसे इंसान द्वारा निम्न प्रकार के कार्य प्रायःकर करवाये जाते है:–

(i) महिलाओं में उनके विकास हेतु जागरण।

(ii) अल्पसंख्यको को न्याय दिलाने हेतु कार्य करना।

(iii) छोटे बच्चों को शोषण से रोकने हेतु कार्य करना।

(iv) समाज में आई हुई कुरीतियों को दूर करने के लिए कार्य करना।

माफी मांगने के जबरदस्त लाभ है, लेकिन इस प्रक्रिया को अपनाया कैसे जाएं?

जब कोई गलती हो, उस समय माफी मांग ली जायें तो बात खत्म हो जाती है और मधुर सम्बंध बन जाते है। लेकिन भूतकाल में अनेक प्रकार की गलतियां हुई है, जिनके की संस्कार चित्त के अंदर एकत्रित रहते है। मनोवैज्ञानिक भाषा में कहे तो सबकोन्सियस में पैटर्न बने रहते है। आध्यात्मिक भाषा में कहे तो लकीरे बन जाती है और जब–तब इन लकीरों के संस्कार जीवन में उदय होते है, तो कष्ट देते है।

जिन–जिन व्यक्तियों का आपने दिल दुखाया है, उन्हें कोई जख्म लगाये है, तो उनसे माफी मांगकर उन लकीरों को मिटाया जा सकता है। अतः जो एकत्रित लकीरे है, उनको दूर करने के लिए एक विशेष प्रकार के अभ्यास की जरूरत है।

प्रक्रिया – माफी मांगने की – जिससे कि पुरानी लकीरे हट जाए

आराम से कुर्सी पर बैठ जाए। आंखे बंद कर ले, एक गहरी सांस ले और छोड़ दे। दुबारा फिर एक गहरी सांस ले, छोड़ दे और रिलेक्स हो जाए। अब जिस व्यक्ति का आपने दिल दुखाया है, उसका चेहरा सामने लाए और बंद आंखो से ही उससे क्षमा मांगे। इसी तरह से एक–एक करके ऐसे सभी लोगों का चेहरा आंखो के सामने लाये और उनसे माफी मांगे।

लेकिन इस प्रक्रिया में दो दिक्कते आ सकती है। पहली तो यह कि व्यक्ति किसी से भी माफी मांगना नही चाहता, उसे अच्छा नही लगता। दूसरा वो खुद भी अभी माफ नही कर पाया। अतः माफी की प्रभावकारिता पर अभी उसे पूरी तरह विश्वास नही हुआ।

अतः सबसे पहले अपने आपको माफ करने के लिए प्रार्थना करें और ऐसा मुंह से बोले कि मेरे अंदर जो आत्मा बैठी हुई है, वो मुझें माफ करने में मदद करें और मैं अपने आपको माफ करता हूं। क्योंकि जो व्यक्ति अपने आपको माफ नही कर सकता। वो किसी और को माफ नही कर राकता। अतः सबसे पहले अपने आपको माफ करने की प्रक्रिया पूरी की जाए।

दूसरी परेशानी का ईलाज यह है कि जिस व्यक्ति को आपने जख्म दिया है, उस व्यक्ति में भी वही आत्म तत्व मौजूद है, जो आप में है। अतः उस व्यक्ति में बैठे हुए उस आत्म तत्व से माफी मांगिये, जो कि आसान है। क्योंकि नाराजगी तो उस व्यक्ति से है, उसके अंदर की आत्मा तो सबकी एक है अतः आत्मा से कोई नाराजगी नही है। आत्मा से माफी मांगना सरल है।

रोजाना आंधा घंटा माफी मांगने का अभ्यास किया जाए और 90 दिन तक किया जाए तो दिल बिल्कुल हल्का हो जायेगा और अहंकार भी ना के बराबर रह जायेगा। उस स्थिति में व्यक्ति की ग्रहणशीलता बढ़ जाती है और व्यक्ति को परमात्मा की कृपा भी बरसती हुई अनुभव होती है। व्यक्ति के शरीर से परमात्मा की अभिव्यक्ति होने लगती है।

अतः जो व्यक्ति **नेपालियन हिल** के द्वारा बताई गई 12 सम्पत्तियों को प्राप्त करना चाहता है तो उसका काम सामान्य प्रयास करने से नही बनेगा।

स्टीफन आर कोवी कहते है कि यदि छोटी—मोटी उपलब्धी आपको करनी है, तो आप मेहनत करके उसे प्राप्त कर सकते है। नजरिये में परिवर्तन करके उसे प्राप्त कर सकते है या अपने व्यवहार में परिवर्तन करके प्राप्त कर सकते है। लेकिन यदि आप क्वांटम उपलब्धी करना चाहते है जैसे कि बीलिनियर बनना, किसी क्षेत्र में कीर्तिमान स्थापित करना, तो फिर आपको **पैराडाईम** परिवर्तन करना होगा। **पैराडाईम** परिवर्तन से आशय है कि आपको

जीवत्व भाव से परमात्व भाव में परिवर्तित करना है, जैसे कि **नरेन्द्र का विवेकानन्द** में परिवर्तित होना। यानी कि पूरी तरह **360 डिग्री** का परिवर्तन।

आपको यदि क्वांटन उपलब्धी करनी है, यानी कि **पैराडाईम** परिवर्तन करता है तो आप माफी मांगने की उपरोक्त प्रक्रिया को प्रतिदिन आधा घंटा व 90 दिन लगातार करें। फिर जिस फिल्ड में आप कार्य कर रहे है, उसी फिल्ड में आप कीर्तिमान स्थापित करेंगे।

NOTES (जो बातें आपके ह्रदय को छू गई है)

1. _______________________________________

2. _______________________________________

3. _______________________________________

4. _______________________________________

5. _______________________________________

6. _______________________________________

7. _______________________________________

8. _______________________________________

9. _______________________________________

10. _______________________________________

11. _______________________________________

12. _______________________________________

13. _______________________________________

14. _______________________________________

15. _______________________________________

16. ____

17. ____

18. ____

19. ____

20. ____

21. ____

22. ____

23. ____

24. ____

25. ____

NOTES (जो निर्णय आपने अपने जीवन में लेने हेतु तय किये है)

26. ____

27. ____

28. ____

29. ____

30. ____

31. ____

32. ____

33. ____

34. ____

35. ____

36. ____

37. ____

38. ____

39. ____

40. ____

41. ____

42. ____

43. ____

44. ____

45. ____

46. ____

47. ____

48. ____

49. ____

50. ____

अध्याय – 6

Wait, Watch & Wonder – एक कहानी

बरसात के दिनों में किसान अपने खेतों में हल चलाते है, बीज ड़ालते है। फिर खेत को अकेला छोड़ देते है और 10–15 दिन तक इंतजार करते है। कुछ दिन बाद फिर देखते है। खेत को सम्भालने जाते है, तो पाते है कि कुछ छोटे–छोटे पौधे ऊग गये है। फिर वो देखते है और कोई खरपतवार ऊग आई हो तो उसे हटाते है। फिर खाद आदि देते है। फिर इंतजार करते है। बस यही क्रम चलता रहता है। वेट, वॉच, वेट, वॉच।

एक दिन पौधों के अंदर बालियां निकल आती है। फिर उनमें दाने निकल आते है। फिर पकने का इंतजार करते है। जब दाने पक जाते है तो फसल काट लेते है। जब फसल काट कर दानें इकट्ठे करते है, तो दानें देखकर आश्चर्य चकित हो जाते है और कहते है – वंडरफुल।

यही इंसान की जिंदगी है। जो कृषि के नियम है, वही इंसान के जीवन में लागू होते है। लेकिन इंसान परेशान हो जाता है कि अमुक काम तत्काल क्यों नही हुआ? अमुक काम मेरी इच्छानुसार क्यों नही हुआ? जबकि कृषि करते समय किसान यह बाते नही विचारता। वो हजारों बीज बोता है। उनमें से कुछ नही भी ऊगते है। पर वो उन पर गौर नही करता। जो ऊग आये, उनको सम्भालता है। लेकिन इंसान अपनी जिंदगी में उल्टा करता है। जो नही हुआ, उस पर फोकस करता है।

दिव्य कृपा के महत्व को इंसान चाहे तो समझ सकता है

हर इंसान पर दिव्य कृपा होती रहती है। जैसे कि जो बीज जमीन में बो दिया जाता है, अधिकतर वह ऊगता ही है। इसी तरह से विचारों के बीज वाणी के द्वारा, भावनाओं के द्वारा और क्रियाओं के द्वारा, जब इंसान के द्वारा बोयें जाते है, तो उनमें से अधिकांश अवश्य ऊगेंगे।

जैसे धरती के अंदर उर्वरक शक्ति है, उसी तरह से इंसान के जीवन में भी उर्वरक शक्ति है। इंसान का जीवन उपजाऊ मैदान की तरह है। यह दिव्यता हर इंसान को मिली हुई है। उचित तो यह है कि हर इंसान को इस दिव्यता के प्रति कृतज्ञ रहना चाहिये और इसका महत्व समझना चाहिये।

लेकिन कौनसा विचार रूपी बीज ड़ाला जायेगा? यह जिम्मेदारी इंसान की है। अतः अच्छे विचारों के बीज ड़ालोगे तो, अच्छे फलों वाली फसल पैदा होगी। जीवन में श्रीचक्र चल पड़ेगा और यदि खराब बीज ड़ालेंगे तो जीवन में कुचक्र चल पड़ेगा। क्योंकि इंसान के जीवन की उर्वरता की जो दिव्यता है, वो अच्छा– बूरा नही देखती, जैसा डालोगे, ऊगा देगी।

जब आपके ड़ालने से ही बीज ऊगते है, तो फिर क्यों नही अच्छे बीज ड़ाले। ज्योंही आप अच्छे बीज ड़ालना आरम्भ कर देंगे, त्योंही पुराने खराब बीज ड़ले हुए है, उनका प्रभाव कम हो जायेगा और आपके द्वारा ड़ाले गये अच्छे बीजों की खेती होने लगेगी।

कमान अपने हाथ में ले, दूसरों के भरोसे नही छोड़े

जो लोग अपनी जिंदगी की कमान अपने हाथ में लेते है और अच्छे बीज उनमें डालते है, तो दिव्य शक्तियां उनके जीवन में श्रीचक्र चलाना आरम्भ कर देती है। लेकिन जो लोग अच्छे बीज ड़ालने की जिम्मेदारी नही लेते, तो निगेटिव और खराब बीज तो प्रकृति अपने आप ड़ाल देती है। उसमें किसी मेहनत की जरूरत नही है। ऊंचे स्थान से पानी का नीचे गिरना, इसमें कोई मेहनत करने की

जरूरत नही है। लेकिन नीचे से उपर पानी ले जाने के लिए कई जुगत लगानी पड़ती है।

जो लोग अपने जीवन की जिम्मेदारी अपने हाथों में नही लेते और जाने–अन्जाने दूसरों को अपने जीवन की जिम्मेदारी देते है, माता–पिता को, परिस्थितियों को, मित्रों, रिश्तेदारो, परमात्मा को अथवा भाग्य को, तो ऐसे लोग परिस्थितियों के दास बन जाते है। परिस्थितियां उनको जैसा चाहती है, घूमाती है, वो घूमते जाते है। उनके जीवन में एक कुचक्र बन जाता है जो उन्हें दीनता–हीनता, बीमारी, तंगी की तरफ ले जाता है।

दिव्य कृपा का अहसास करना – एक क्रिया

एक इंसान में तीन प्रकार की ग्रहणशीलताएं होती हैः–

1. **ऑडिटरीः–** वो बातों को सुनकर ग्रहण करता है। ऐसे व्यक्ति को ऑडिटरी कहा जाता है। ऐसे व्यक्ति को संगीत सुनने का शोक होता है। वो किसी मंत्र आदि का उच्चारण भी करता रहता है। मंत्र का उच्चारण करना, संगीत सुनना, अच्छी बात  है। लेकिन मैं दिव्य कृपा की ओर आपका इशारा कर रहा हूं, इसलिए आप कुर्सी पर आराम से बैठ जाइए और अपनी आंखों को बंद कर लीजिए व सुने। अभी तक आपने जो संगीत सुना, वो सिर्फ आपका शरीर सुनता था या मन सुनता। यानी कानों के द्वारा संगीत शरीर में जाता था व मन में जाता था।

अब आप कानों के स्थान पर ह्वदय को खोले और जो दिव्य आवाज यूनिवर्स में गूंज रही है, उसे सुने। जब आप थोड़ा प्रयत्न करेंगे तो आपको ॐ की आवाज गूंजती हुई मालूम हो सकती है। आप प्रतिदिन आधा घंटे इस क्रिया को करें और 90 दिन तक निरन्तर आप इस क्रिया को करें, तो आप पायेंगे कि कोई मधुर संगीत आपको सुनाई दे रहा है। वो इतना मधुर होगा कि आप उसमें सराबोर हो जायेंगे। आपको परमात्मा की कृपा मधुर आवाज के रूप में सुनाई देगी। यह दिव्य आवाज आपके लिए उपजाऊ धरती की

तरह है। आप अपनी जरूरत के लिए अच्छे विचारों को इस समय बो सकते हो।

यहां एक और क्रिया आरम्भ हो जाती है कि अब आप इस मधुर संगीत में लय हो जाते है तो आपके जीवन में वो सब बातें घटित होने लगती है जो आपने कभी पूर्व में चाही थी। आध्यात्मिक भाषा में इसे दृष्टा योग कहते है। लेकिन ऊपर दिया गया सिद्धांत याद रखे, **वेट, वॉच एवं वण्डर।** प्रतिक्षा करें, अवलोकन करे और जब मिल जाये तो आश्चर्य व कृतज्ञता प्रकट करें।

जो लोग ऑडिटरी टाईप के नही है। हो सकता है कि उनके लिए यह क्रिया कारगर नही हो या कम कारगर हो। उनको मैं दूसरी क्रिया बतलाता हूं।

2. **विजुअलः–** कुछ इंसान बातों को आंखो के द्वारा ग्रहण करते है। यह बंद आंख करके भी अनेक–अनेक कल्पनाएं कर लेते है और खुली आंखो से भी यह किसी भी चीज को पहचान लेते है और उसे याद रखते है। इन विजुअल लोगों की विजुलाईजेशन पॉवर अच्छी होती है।

एक कुर्सी पर आराम से बठ जाइए। आंखे बंद कर ले। जो कुछ दिखे, उसे देखे। यानी किसी विशेष किस्म के रंग को नही देखता है, किसी विशेष किस्म की रचना को नही देखना है, सिर्फ देखे। आधा घंटे तक इस क्रिया को करें। तीन महिने के अभ्यास से आप पायेंगे कि एक प्रकाश आपको बंद आंखो से दिखाई देने लगेगा। यह प्रकाश आपको चरमचक्षुओं से दिखाई नही दे रहा है, बल्कि आपके हृदय की आंखो से दिखाई दे रहा है। इसे दिव्य दर्शन भी कह सकते है।

कुछ लोगों को देवी–देवताओं के दर्शन होना, संत–महात्माओं के दर्शन होना सम्भव हो सकता है, लेकिन उनमें अटकना नही है। जब दिव्य प्रकाश दिखाई दे, जो कि आपको हर्षित कर दे, आपको हल्का कर दे, आपको आनन्दित कर दे, यह दिव्य कृपा है। इस

समय आप अपने अच्छे बीजों को बो सकते हो। आध्यात्म के लोग इसे **दृष्टा योग कहते है।** इस समय आपको ऐसा महसूस कर सकते है कि करने वाला मैं नही हूं बल्कि ईश्वर मेरी जरूरतों को स्वंय पूरा करता है। यह दिव्य कृपा है। बस कृपा तो सदैव निरन्तर बरसती रहती है, बस अपनी उस ओर ग्रहणशीलता हो।

3. **काइनेस्थेटिकः–** कुछ लोगों के विचारों के साथ–साथ शरीर में भी कम्पन होते रहते है। अच्छे विचार आये तो शरीर के किसी विशेष अंग में कम्पन होती है। बूरे विचार आये तो किसी दूसरे अंग पर कम्पन होती है। इनकी स्पर्श शक्ति तेज होती है। इनको हर चीज में कम्पन होते नजर आते है।

आराम से कुर्सी पर बैठ जाइए। आंखे बंद कर लीजिए। जो कुछ इस परिवेश में महसूस हो रहा है, उसे महसूस करीए। अपनी और से कोई कम्पन नही करें। कम्पन हो रही है, उन्हें महसूस करें। रोजाना आधा घंटा बैठे और लगातार 90 दिन बैठे तो आपको ऐसा महसूस होगा कि प्रकृति में बारिश हो रही है और वो भी दिव्यता की बारिश हो रही है। यानी परमात्मा की असीम कृपा बरस रही है और आप आनन्दित हो जाते है, प्रेममय हो जाते है, आश्चर्य चकित हो जाते है और कृतज्ञ हो जाते है।

इस समय आप जो भी शुभ बीज बोयेंगे, वो आपके जीवन में अंकुरित होंगे। आध्यात्मिक लोग कहते है कि इस समय व्यक्ति दृष्टा हो जाता है और उसकी जरूरतों को परमात्मा पूरी करता है।

दिव्यताओं के स्परूप

जब आप अपने किसी लक्ष्य में फोकस्ड़ हो जाते है और उसी लक्ष्य में कमिटमेन्ट के साथ लग जाते है, तब आपका मन एकाग्र हो जाता है। जब मन एकाग्र हो जाता है तो एक किस्म के आनन्द की अनुभूति होती है। जब मन पूरी तरह एकाग्र होकर शान्त हो जाता है अथवा आपके द्वारा प्रशिक्षित कर दिया जाता है। तब फिर मन के स्थान पर आपकी आत्मा आपके लिए

कार्य करने लगती है और दैविक शक्तियां आपके सहयोग एवं रक्षा हेतु सदैव यूनिवर्स द्वारा नियत कर दी जाती है।

ऐसे में जो भी आपके विचार होंगे। मूल में विचार कुछ नही है, प्रार्थनाएं है। अतः ये विचार आपके स्वीकार होना प्रारम्भ हो जायेंगे।

प्रार्थनाएं कब स्वीकृत होती है

प्रार्थना करते समय आपको निम्न तीन अवस्थाओं में से किसी एक अवस्था में होने की जरूरत है।

1. **सालोक्यः–** आपको अपने ईष्ट के लोक में उपस्थित होने की जरूरत है। यानी आपका पैराडाईम वही हो जो आप लक्ष्य प्राप्त करना चाहते है। अगर आप परमात्मा को प्राप्त करना चाहते है, तो परमात्मा के लोक में हो। इस समय जो भी प्रार्थना की जायेगी, वो स्वीकृत हो जायेगी।

2. **सामिप्यः–** इसके तहत आप अपने ईष्ट के समीप होते है, उसके पास में बैठ कर उपासना करते है। यानी आपका लक्ष्य कुछ भी हो, भौतिक हो या परमार्थी हो। यानी आपको उसके समीप रहना होगा। जब आप अपने ईष्ट के समीप होते है, तो दिव्य कृपा महसूस करते है और उस समय जो भी प्रार्थना की जाती है, वो स्वीकृत हो जाती है।

3. **सारूप्यः–** इसके तहत आपको अपने ईष्ट के अंदर ही अपने रूप को समाहित कर देना होता है। यहां ईष्ट से तात्पर्य भौतिक भी हो सकते है अथवा परमार्थी भी। इस अवस्था में आपके अंदर जागरण हो जाता है और आप दिव्य शक्तियों को महसूस करने लगते है। इस समय जो भी प्रार्थना करेंगे, वो पूरी होगी।

आप जो भी प्रार्थना करें, कर डाले। उसके बाद वही सूत्र काम में ले, **वेट, वॉच एंव वण्डर।**

जब आप प्रार्थना रूपी बीज ड़ाल देंगे, प्रतिक्षा करेंगे, अवलोकन करेंगे तो अवश्य आपकी प्रार्थना स्वीकृत होगी, जिसे देख कर आप दंग रह जायेंगे।

प्रकृति का स्वभाव है, आश्चर्य प्रदान करना। अतः जब आप कोई फुर्सत निकालेंगे, थोड़ा प्रकृति को देखेंगे। अपने द्वारा बोये गये विचारों को देखेंगे, प्रतिक्षा करेंगे तो जो परिणाम मिलेंगे, उन्हें देख कर आप हैरत में पड़ेंगे।

विड़म्बना यह है कि इंसान ठहरता ही नही है, देखता ही नही है, प्रतिक्षा ही नही करता है। बल्कि उसकी बड़बड़ और हरकत हर वक्त चलती रहती है। इसलिए परमात्मा की दिव्य कृपा को महसूस नही कर पाता।

अतः आप चाहे बीलिनियर बनना चाहे, उसके लिए बीज ड़ाले। चाहे आप अपने जीवन में किसी भी क्षेत्र में सफल होना चाहे, उसके लिए बीज डाले। बस आप यह मंत्र याद रखे। **वेट, वॉच एवं वण्डर।**

आधुनिक इंटरनेट की भाषा में यह www.com की वेबसाईट है, जिस पर आपको अपनी हर प्रार्थना पूरी होती हुई नजर आयेगी। आप इसका जीवन में भरपूर उपयोग करें व सफलतम जीवन प्राप्त करें।

NOTES (जो बातें आपके ह्रदय को छू गई है)

1. ____

2. ____

3. ____

4. ____

5. ____

6. ____

7. ____

8. ____

9. ____

10. ____

11. ____

12. _______________________________________

13. _______________________________________

14. _______________________________________

15. _______________________________________

16. _______________________________________

17. _______________________________________

18. _______________________________________

19. _______________________________________

20. _______________________________________

21. _______________________________________

22. _______________________________________

23. _______________________________________

24. _______________________________________

25. _______________________________________

NOTES (जो निर्णय आपने अपने जीवन में लेने हेतु तय किये है)

26. _______________________________________

27. _______________________________________

28. _______________________________________

29. _______________________________________

30. _______________________________________

31. _______________________________________

32. _______________________________________

33. ____

34. ____

35. ____

36. ____

37. ____

38. ____

39. ____

40. ____

41. ____

42. ____

43. ____

44. ____

45. ____

46. ____

47. ____

48. ____

49. ____

50. ____

अध्याय – 7

छठी इन्द्री का जागरण – एक कहानी

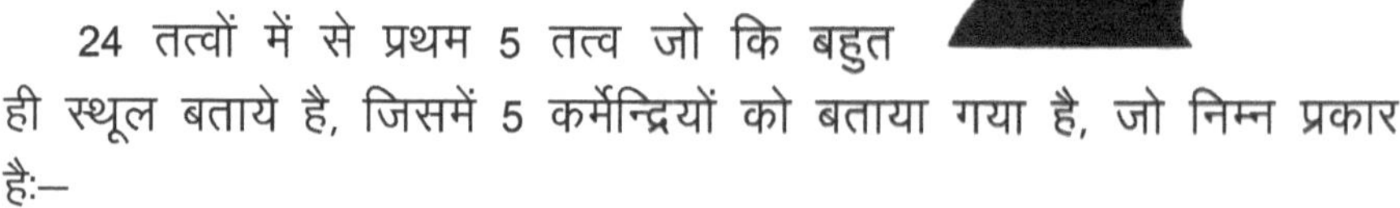

सांख्य दर्शन का प्रतिपादन करते हुए **महर्षि कपिल** ने 24 तत्वों से इस प्रकृति को बनना बताया तथा 25वां तत्व आत्मा जब इन 24 तत्वों के साथ मिल जाता है तो जीव चलायमान हो जाता है। इन 24 तत्वों का ज्ञान करने हेतु व्यवहारिक साधना पातंजल ऋषि ने योगसूत्रों के रूप में बतलाई।

24 तत्वों में से प्रथम 5 तत्व जो कि बहुत ही स्थूल बताये है, जिसमें 5 कर्मेन्द्रियों को बताया गया है, जो निम्न प्रकार है:–

1. **हाथ**
2. **पांव**
3. **मुंह**
4. **मूत्रेन्द्री** (Urinary Organ)
5. **उपस्थ** (Excretory Organ)

लेकिन योग में इनका ज्यादा महत्व नही है। यद्यपि हठ योग स्थूल शरीर हेतु किया जाता है। लेकिन मूलतः संवेदनशील अंग जो है, उनका ही योग में महत्व है।

इन संवेदनशील अंगो को **महर्षि कपिल** ने ज्ञानेन्द्रियां (Sensory Organs) कहा है, जो निम्न प्रकार है:–

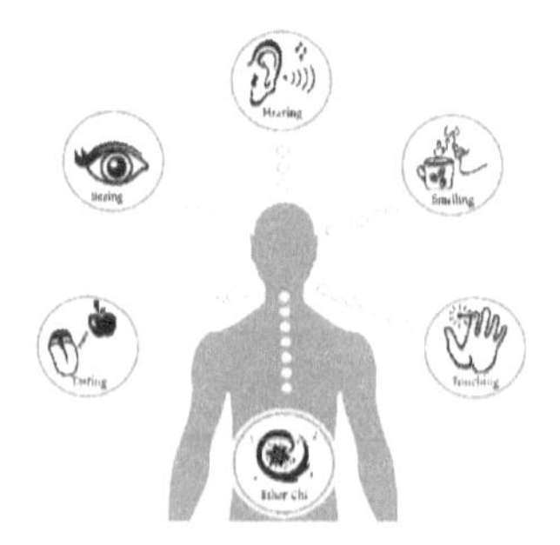

1. आंख – देखना
2. नाक – सूंघना
3. कान – सुनना
4. जीभ – चखना
5. त्वचा – स्पर्श

इन पांचों ज्ञानेन्द्रियों के द्वारा ज्ञान ग्रहण किया जाता है और इसी ज्ञान के आवरण में व्यक्ति अपने आपको घेरे रहता है। इसी को मन का फैलाव कहते है। मूलतः मन इन पांचो ज्ञानेन्द्रियों के जरिये ही खुराक पाता है और पुष्ट होता है।

लेकिन इन पांचो ज्ञानेन्द्रियों से ऊपर एक और इन्द्री है, जिसे कि छठी इन्द्री कहा जाता है। यह इन्द्री सामान्यतः सुप्त प्रायः रहती है। लेकिन कुछ विशेष यौगिक क्रियाओं के द्वारा इसे जाग्रत किया जा सकता है।

पांचो ज्ञानेन्द्रियों से मिलकर जो ज्ञान इकट्ठा होता है, वो मन को मजबूत बनाता है और मन को चंचल बना देता है। मन आवारा पशु की तरह इधर–उधर घूमने लगता है। कभी वो भूतकाल की घटनाओं में खो जाता है। पुरानी–पुरानी बातें याद करके दुखी–सुखी होता है। जितना भूतकाल में जाता है, उतना ही दौड़कर यह भविष्यकाल की घटनाओं में गोते खाने लगता है और कल्पनाएं करने लगता है।

यह मन का कभी भूतकाल में भटकना, कभी भविष्यकाल में भटकना ऐसे ही है, जैसे कि किसी तालाब के पानी का हिलना–डूलना। जब तालाब का पानी शांत हो जाता है, तो उसमें सूर्य का प्रतिबिम्ब भी दिखने लग जाता है।

इसी तरह से मन यदि शांत हो जाये, स्थिर हो जाये, भूतकाल में जाना बंद कर दे, भविष्यकाल में जाना बंद कर दे और मात्र वर्तमान काल में रहने हेतु अभ्यस्त हो जाये, तो व्यक्ति को अपनी आत्मा का दर्शन वैसे ही होने लगता है, जैसे तालाब के ठहरे हुए पानी में सूर्य का दर्शन।

सामान्यतः चंचल मन का स्वभाव है, भूतकाल में जाना, भूतकाल की यादों में खो जाना। इसके सम्बंध में मैं आपको एक कहानी सुनाना चाहूंगा।

वाराणासी की बात है, एक विद्वान व्यक्ति आध्यात्मिक ग्रंथो पर टीकाएं लिखते। अनेक लेख उनके पत्र–पत्रिकाओं में छपते। वो वाराणासी यूनिवर्सिटी में संस्कृत व दर्शन के प्रोफेसर रहे थे। उनसे मुलाकात हुई और उनसे हमने कुछ उनके अनुभव जानना चाहा तो उन्होनें वो तमाम बाते बतलाई जो कि उनके यूनिवर्सिटी में विभागाध्यक्ष रहते हुए घटी। उन्होने अपने दादाजी व पिताजी के देहावसान के बारे में भी काफी विस्तार से बतलाया।

एक बार तो मुझें यह लगा कि यह **आर्काईज विशेषज्ञ** है। क्योंकि अपने जीवन की पुरानी बातों को बार–बार दोहराते रहते है और इस कारण से वो और ज्यादा प्रबल संस्कार बना लेती है। उनके पास दो घंटे बैठने का सुअवसर मिला था। लेकिन उन्होनें सिवाय अपनी जिंदगी में क्या कुछ गजब कर डाला? इसके अलावा कोई आध्यात्मिक अनुभव नही बताया।

जब उन्हें दुबारा–तिबारा रिमाइंड किया गया कि कुछ आध्यात्मिक अनुभव हुआ हो, तो हमें बताये ताकि हमें भी कुछ ज्ञान मिल सके। लेकिन उन्होनें यह कहकर पल्ला झाड़ लिया कि आध्यात्मिक अनुभव तो आंतरिक अनुभूतियां है, जो शब्दों में नही बताई जा सकती।

मकड़ी के जाले की कहानी

एक सूफी संत के पीछे एक डाकू पड़ गया। सूफी संत आगे–आगे भगे, डाकू पीछे–पीछे। सूफी संत ने अपने आपको कहा, मेरे मन अब मेरे बस की बात नही है और खुदा से कहा खुदा तुझें अगर इस शरीर से काम लेना है, तो तू ही कुछ कर, मेरे भरोसे कुछ नही है। तू बचाव कर अन्यथा पीछे वो डाकू आ ही रहा है, वो मुझें मार डालेगा। यह प्रार्थना करते हुए एक गुफा में घूस गये।

गुफा के बाहर एक मकड़ी बैठी थी। उस मकड़ी ने अपने मुंह से थूक निकाल–निकाल कर पूरी गुफा के मुंह को जाल से भर दिया। वो डाकू आया, उसने देखा कि यहां तो मकड़ियों का जाला लगा हुआ है। अगर सूफी संत इस गुफा में जाता तो जाला टूट जाता। यह जाला टूटा नही है, इसलिए यहां कोई अन्दर नही गया और डाकू वापिस चला गया।

सूफी संत ने खुदा का शुक्र अदा किया और गुफा से बाहर आ गये। उस मकड़ी का भी शुक्र अदा किया।

जब सूफी संत ने अपना भरोसा त्याग दिया और परमात्मा के भरोसे अपने शरीर को छोड़ दिया। यानी कि मन के द्वारा उत्पन्न किये गये अहंकार को त्याग दिया। ज्योंही अहंकार का त्याग हो गया, त्योंही सूफी संत की छठी इन्द्री का जागरण हो गया और परमात्मा की कृपा जबरदस्त बरसने लगती है।

यह कृपा व्यक्ति में जब व्यक्तिपना खो जाता है, तब आती है। इस कृपा से व्यक्ति में सृजनात्मक बुद्धिमता विकसित हो जाती है। उसमें संसाधनों की सामर्थ्य विकसित हो जाती है। उसमें सुरक्षा का बल विकसित हो जाता है और **उसके मन व शरीर से अब स्वंय परमात्मा अभिव्यक्त होने लगता है।**

मानव जन्म लेने का अभिप्राय भी यही है, कि मानव शरीर से परमात्मा की अभिव्यक्ति हो

मकड़ी की कहानी से एक दूसरी बात भी समझने योग्य है कि हमारा मन भी मकड़ी की तरह है। पहले एक विचार पैदा करता है, फिर उस विचार में से दूसरा विचार निकलता है, फिर तीसरा विचार निकलता। यह करते–करते हमें पूरी तरह विचारों से घेर लेता है और हम अपने आपको विचारों की कैद में पाते है।

विड़म्बना यह है कि हम विचारों को ही अपना स्वरूप समझने लगते है। जैसे कि किसी ने कहा कि आप पी.एच.डी. है, तो हमने अपने आपको पी. एच.डी. समझना चालू कर दिया। किसी ने कहा कि आप ब्राह्मण है, तो हमने अपने आपको ब्राह्मण समझना चालू कर दिया। किसी ने कहा कि आप अनपढ़ है, तो हमने अपने आपको अनपढ़ समझना चालू कर दिया।

यानी जैसे मकड़ी के जाले में मकड़ी फंस जाती है, उसी तरह से हमारे इन विचारों में हम फंस जाते है। हम अपने आपको उन विचारों के अनुसार ही मानना शुरू कर देते है। यह मान्यताएं और विश्वास ही हमें सारे दुखों में ड़ाले रखते है।

भगवान कृष्ण ने गीता के 18वें अध्याय में कहा हे कि ''तू सब मान्यताओं और धर्मो को त्याग दे। तू मेरी शरण में आ जा। मैं तूझे सभी पापों से मुक्त कर दूंगा और चिंता मुक्त कर दूंगा। यानी कि तुम्हारी छठी इन्द्री का जागण हो जायेगा''

सर्वधर्मान्परित्यज्य मामेकंशरणं व्रज।

अहं त्वा सर्वपापेभ्योमोक्षयिष्यामि मा श ुचः।।18.66।।

विचारों के मकड़जाल को तोड़ने की प्रक्रिया

आध्यात्मिक उन्नति के लिए ईश्वर की कृपा का होना जरूरी है। उसके बिना खुद के प्रयास ज्यादा काम नही करेंगे। ईश्वर की कृपा ऐसे ही है, जैसे गिली उपजाऊ जमीन। अतः अगर बीज गिली उपजाऊ जमीन में ड़ाला जाये तो उसके अंकुरित होने की सम्भावना पर्याप्त होती है। बीज ड़ालना इंसान की जिम्मेदारी है। विचारों का मकड़जाल जो बना है, वो इसी वजह से बना है कि हमने हमारे विचारों की जिम्मेदारी नही ली।

जो विचार परिवेश में डाले, भूतकाल की घटनाओं ने ड़ाले, उन्ही को जाल बुनने की हमने ईजाजत दे दी।

मन का आना–जाना, बंद करना, उसका नियंत्रण करना इंसान की इच्छा पर निर्भर करता है। इंसान चाहे तो मन के भूतकाल में भटकने को नियंत्रित कर सकता है। इसी तरह से भविष्यकाल के कल्पना लोक में भटकने से भी मन को इंसान चाहे तो नियंत्रित कर सकता है। ज्योंही मन नियंत्रित अथवा प्रशिक्षित हो जायेगा, त्योंही व्यक्ति की छठी इन्द्री खुल जाती है और परमात्मा की बरसती हुई कृपा का स्पष्ट अनुभव होने लगता है।

योगी लोग इसको **'आज्ञा चक्र'** का जागरण भी कहते है।

प्रक्रियाः– आराम से कुर्सी पर बैठ जाईए। आंखे बंद कर ले और अपने शरीर के विभिन्न अंगो का अवलोकन करें। सबसे पहले पांवो के अंगूठे को देखें और धन्यवाद दे कि वो मौजूद है। फिर पांवो की पिण्डलियों को देखें और उन्हें धन्यवाद दे कि वो स्वस्थ है। फिर घूटनों को देखें और धन्यवाद दे कि वो स्वस्थ है। ऐसे ही क्रमशः शरीर के सभी अंगो को देखें और धन्यवाद दे।

एक बार पुनः पूरे शरीर को देखें। पूरा शरीर स्वस्थ है, प्रसन्नचित है तो धन्यवाद दे। इसका अर्थ यह है कि शरीर अलग है, आप अलग है। यद्यपि वो आपका है। आप शरीर नही है। आपके निर्देशानुसार काम करता है। यह बात आपको दो–चार बार की क्रिया को करने के पश्चात् भान होने लग जायेगी और **छठी इन्द्री के जागरण यह प्रथम चरण है।**

द्वितीय चरणः– अब आप अपनी बंद आंखो से आने–जाने वाली सांसो को देखे। सांसो को न धीमा करना है, ना तेज करना है, बस चौकीदार की तरह देखना है। इसका अर्थ यह हुआ कि आप आने–जाने वाले प्राणों से भी अलग है तथा शरीर और प्राणों के दृष्टा है।

तृतीय चरणः– अब आप बंद आंखो से ही अपने आने–जाने वाले विचारों को देखें। सिर्फ देखना है। किसी भी विचार में खोना नही है, न ही किसी विचार का विरोध करना है। यदि आदतवश किसी विचार में खो जाओं तो वापिस दृष्टा बन जाओं और अपने विचारो को देखों। इससे स्पष्ट है कि आप शरीर के दृष्टा है, प्राणों के भी दृष्टा है। इससे स्पष्ट है कि आप दृष्टा है। मन कभी भूतकाल में जाता है, जाने दे। कभी भविष्यकाल में जाता है, जाने दे। आप सिर्फ देखते रहे। जब तक आप मन को ताकत नही देंगे तो यह थक हार कर बैठ जायेगा। ज्योंही मन थक जायेगा, त्योंही अहंकार भी कमजोर हो जायेगा। ज्योंही अहंकार कमजोर होगा, त्योंही आपके शरीर और मन से परमात्मा अभिव्यक्त होने लगेगा।

मनुष्य जीवन का अर्थ ही है कि यह शरीर और मन से परमात्मा अभिव्यक्त होने लग जाये। इसी स्थिति को छठी इन्द्री का जागरण कहा जाता है।

आप इस क्रिया का आधा घंटे रोजाना अभ्यास करें और अपनी अवलोकन क्षमता को बढ़ायें। जब आप स्वंय का अवलोकन करेंगे तो धीरे–धीरे स्वंय का आप पर नियंत्रण हो जायेगा। आप आत्मनियंत्रित हो जायेंगे। आप आत्म अनुशासित हो जायेंगे।

नेपोलियन हिल ने जो 12 प्रकार की अमीरी बताई है, उसमें सबसे महत्वपूर्ण अमीरी **'आत्म नियंत्रण/आत्म अनुशासन'** को बताई है।

छठी इन्द्री जागृत व्यक्ति के लक्षण

1. ऐसा व्यक्ति शरीर को अलग मानता है और अपने आपको अलग मानता है।

2. ऐसा व्यक्ति होश में रहता है। जब वो भोजन करता है, तो भोजन ही करता है। पढ़ाई करता है, तब पढ़ाई ही करता है। सब काम होश में ही करता है। जबकि आम आदमी बेहोशी में सारे काम करता जाता है।

3. ऐसे व्यक्ति का मन न तो भूतकाल में रमता है, न ही भविष्यकाल की कल्पनाओं में खोता है। बल्कि वर्तमान में रहने का अभ्यस्त हो जाता है। यही दृष्टा योग है, यही साक्षी भाव है। ऐसा प्रशिक्षित मन बहुत शक्तिवान हो जाता है। आप जो चाहे वो कार्य इससे करवा सकते है।

4. ऐसे व्यक्ति को अंतरज्ञान होता है, उसका आंतरिक विवेक जागृत हो जाता है। अतः उसे सामाजिक वेलिडेशन की जरूरत महसूस नही होती।

5. ऐसा व्यक्ति सभी लोगों में एक ही आत्मा का अनुभव करता है। अतः वो सभी का आदर करता है।

6. ऐसा व्यक्ति सर्वत्र परमात्मा की कृपा की बारिश हो रही है, यह अनुभव करता है। उसमें सरोबार रहता है, आनन्दित रहता है।

7. ऐसा व्यक्ति अधिकांशतः मौन रहना पसंद करता है। क्योंकि अब उसका मन चंचलता छोड़ चुका है, इसलिए अब उसे ज्यादा बोलने में रूचि नही रहती।

8. ऐसे व्यक्ति की सृजनात्मक शक्तियां बढ़ जाती है, जैसे कि काव्य अथवा गद्य का सृजन करना, जिज्ञासुओं की शंका का समाधान करना व निराश लोगों को उत्साहित व प्रोत्साहित करना आदि–आदि।

आप अपनी भौतिक उन्नति करना चाहते है या आध्यात्मिक उन्नति करना चाहते है। दोनों ही स्थितियों में उपरोक्त छठी इन्द्री जागरण के अभ्यास को करें और लाभ उठावें तथा परमात्मा की असीम कृपा को महसूस करें।

NOTES (जो बातें आपके हृदय को छू गई है)

1. ____

2. ____

3. ____

4. ____

5. ____

6. ____

7. ____

8. ____

9. ____

10. ____

11. ____

12. ____

13. ____

14. ____

15. ____

16. ____

17. ____

18. ____

19. ____

20. ____

21. ____

22. ____

23. ____

24. ____

25. ____

NOTES (जो निर्णय आपने अपने जीवन में लेने हेतु तय किये है)

26. ____

27. ____

28. ____

29. ____

30. ____

31. ____

32. ____

33. ____

34. ____

35. ____

36. ____

37. ____

38. ____

39. ____

40. ____

41. ____

42. ____

43. ____

44. ____

45. ____

46. ____

47. ____

48. ____

49. ____

50. ____

अध्याय – 8
छोटे–छोटे कामों को पूरा करें – एक कहानी

परमात्मा पूर्ण है, अतः जो भी छोटे–छोटे कार्य शुरू किये जाये उनको पूर्ण करने से शान्ति मिलती है व संतुष्टि प्राप्त होती है। यह शान्ति और संतुष्टी परमात्मा की कृपा का अहसास कराती है।

आधा अधूरा कार्य निराशा व अवसाद को जन्म देता है। कार्य को पूर्ण करने से प्रसन्नता महसूस होती है। पूर्णता में ईश्वरत्व है। **Wholeness is Divine** व्यक्ति में पांच प्रकार की बुद्धिमताएं विशेषकर दिखाई देती है।

1. शारीरिक बुद्धिमता **(P.Q.)**
2. मानसिक बुद्धिमता **(I.Q.)**
3. आध्यात्मिक बुद्धिमता **(S.Q.)**
4. भावनात्मक बुद्धिमता **(E.Q.)**
5. वित्तीय बुद्धिमता **(F.Q.)**

वृहदारण्यक उपनिषद में एक मंत्र आया है जो ईश्वर की पूर्णता की और संकेत करता है। इसी मंत्र को ईसावाश्य उपनिषद में शान्ति पाठ के रूप में रखा गया है।

मंत्र निम्न प्रकार है–

ॐ पूर्णमदः पूर्णमिदं पूर्णात्पुर्णमुदच्यते
पूर्णश्य पूर्णमादाय पूर्णमेवावशिष्यते ॥
ॐ शान्तिः शान्तिः शान्तिः ॥

यानी कि परमात्मा पूर्ण है और परमात्मा से यह संसार निकला है, यह भी पूर्ण है। पूर्ण में से पूर्ण निकालने पर पूर्ण ही बचता है।

सागर पूर्ण है और उसके अंदर जो बूंदे है, वो भी पूर्ण है। अगर सागर में से कुछ पानी की बाल्टिया निकाल ली जाये तो भी सागर पूर्ण ही रहता है। ईश्वर ने छोटी–छोटी रचनाएं की है, उन सबको पूर्ण बनाया है। जैसे कि इंसान अपने आप में पूर्ण है। पशु–पक्षी अपने आप में पूर्ण है। सबका मिला हुआ स्वरूप ही परमात्मा कहा जाता है। यानी पूर्ण होना ईश्वरत्व है।

भगवान कृष्ण ने गीता में कहा है–

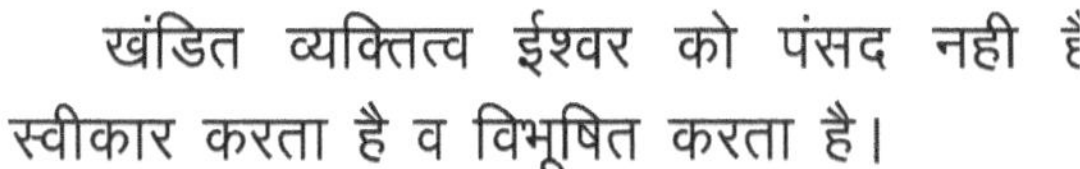

योग: कर्मसु कौशलम्

यानी कुशलतापूर्वक कार्य को किया जाए और र जब पूर्ण होती है, तो पूजनीय होती है। यदि उसे मंदिर से हटा दिया जाता है।

खंडित व्यक्तित्व ईश्वर को पंसद नही ह स्वीकार करता है व विभूषित करता है।

पूर्ण व्यक्तित्व से तात्पर्य है–

एक व्यक्ति में ईश्वर ने तीन प्रकार के मुफ्त उपहार दिये हैः–

1. निर्णय व कार्य करने की स्वतंत्रता।

2. प्राकृतिक सिद्धांतो की व्यवस्था।

3. पांच प्रकार की बुद्धिमताएं यथा

> शारीरिक बुद्धिमता (P.Q.)

> मानसिक बुद्धिमता (I.Q.)

> आध्यात्मिक बुद्धिमता (S.Q.)

> भावनात्मक बुद्धिमता (E.Q.)

> वित्तीय बुद्धिमता (F.Q.)

हमें प्रकृति ने निर्णय करने की स्वतंत्रता दी है एवं निर्णय करने हेतु शक्ति भी प्रदान की है। यानी इंसान के दिमाग का सोफ्टवेयर जो है, उसका प्रोग्रामर भी प्रकृति ने स्वंय इंसान को बनाया है।

यदि व्यक्ति अपने दिमाग के सोफ्टवेयर का अवलोकन करे और वो कुछ पाये जो अवांछित बातें सोफ्टवेयर में डली हुई है, तो उन्हें डिलिट बटन दबाकर हटा भी सकता है। कुछ ऐसी बातें जो सोफ्टवेयर में डलनी चाहिए, उन्हें वो एंटर बटन दबाकर डाल सकता है। इसका अर्थ यह हुआ कि इंसान अपने भविष्य का निर्माता स्वयं है। इंसान के जीवन में वही घटनाएं घटती है, जो उसके चेतन मस्तिष्क में रेखाओं के रूप में पड़ी हुई है। इन्हे एन.एल.पी. की भाषा में पैटर्न कहा जाता है। यह पैटर्न चेतन व अवचेतन मस्तिष्क में या तो इंसान ने जानबूझकर डाले है अथवा अंजाने में परिवेश ने डाल दिये है अथवा उसकी भूतकाल की घटनाओं ने डाल दिये।

एक अच्छी बात यह है कि यह पैटर्न व्यक्ति इच्छा पूर्वक बदल सकता है और अपने भविष्य के लिए नये बीज बो सकता है।

इस विश्व में दो प्रकार के व्यक्ति प्रायःकर पाये जाते है। एक कहलाते है रिएक्टिव व दूसरे कहलाते है प्रोएक्टिव।

रिएक्टिव लोगों की निम्न विशेषताएं है:—

1. **यह परिवेश की शिकायत करते रहते है:—** सर्दी के मौसम में इन्हें सर्दी से शिकायत रहती है।, गर्मी के मौसम में इन्हे गर्मी से शिकायत रहती है। बारिश के मौसम में बारिश से शिकायत रहती है। इन्हें  अपने पार्टनर से भी शिकायत हो सकती है। इन्हें अपने पड़ौसियों से भी शिकायत हो सकती है। इन्हे सरकार से भी शिकायत हो सकती है। इससे अधिक इन्हे नक्षत्रों से भी शिकायत हो सकती है। इनकी सारी ऊर्जा शिकायत करने में लगी रहती है।

2. **तुलना करना:—** यह लोग दूसरे से तुलना करते रहते है। उसकी साड़ी मेरी साड़ी से ज्यादा सफेद क्यो? उसका घर मेरे घर से बड़ा

क्यों? उसके लड़के के परीक्षा में अधिक अंक आये क्यों? ये लोग बहिन की प्रतिभाओं की भाई से तुलना करते रहते है। पड़ौसी से तुलना करते रहते है। यह हर बात की तुलना करते रहते है और इसी में इनकी सारी ऊर्जा लगी रहती है।

3. **प्रतिस्पर्धा:–** यह लोग आगे बढ़ने के लिए किसी को धक्का देते है। पढ़ाई में प्रतिस्पर्धा करते है। नौकरी में प्रतिस्पर्धा करते है। यहां तक कि भाइयों से भी प्रतिस्पर्धा करते है। पडौसियों से भी प्रतिस्पर्धा करते रहते है। इनकी ऊर्जा प्रतिस्पर्धा करने में ही लगी रहती है।

4. **आलोचना करना:–** यह लोग दूसरों में कमियां ढूंढ लेते है। फिर उनकी निन्दा करने लगते है। निन्दा करना इन्हें बड़ा सकून देता है। यह अपनी ऊर्जा निन्दा करने में ही लगाते रहते है।

5. **विवाद करना:–** किसी मुद्दे पर सहमत होना, इनके स्वभाव में नही है। यह चलाकर विवाद करते है और विवाद को निपटाने के बजाय अपने पक्ष में तर्क देते है, जिनसे कि सम्बंधो में कटूता आ जाती है।

6. **आरोप लगाना:–** यह लोग किसी भी बात के लिए स्वंय को दोषी नही मानते है बल्कि इनको दूसरों में दोष दिखाई देते है।

7. **दूसरों में सुधार करना:–** ये दूसरों में सुधार करने के प्रयास करते रहते है। इनकी चिन्ताएं बड़ी विचित्र होती है। जैसे कि– जब सब लोग मर जायेंगे तो अंतिम व्यक्ति को शमसान घाट कौन लेकर जायेगा?

8. **भीड़ के साथ चलना:–** यह लोग अपना कोई निर्णय नही करते। जैसे–जैसे भीड़ चलती है, उसके साथ–साथ चलते है।

9. यह लोग कोई नियोजन नही करते, जो काम सामने आ जाता है, उसे कर ड़ालते है।

10. यह सभी कामों की जिम्मेदारी दूसरों पर ड़ालते है।

उपरोक्त लक्षणों से यह लोग या तो अवसाद में चले जाते है या निराशा में चले जाते है अथवा अधिक प्रतिक्रियावादी हो जाते है।

इनका व्यक्तित्व आधा अधूरा होता है। यह किसी भी काम को पूरा नही करते। यह अपने आपको जनर्लिस्ट कहते है। इस सम्बंध में मैं आपको दो छोटी–छोटी कहानियां सुनाना चाहूंगा।

कहानी–1 – प्रशासनिक अधिकारियों की भर्ती की कहानी

एक प्रशासनिक अधिकारियों की भर्ती हेतु आयोजन हुआ, जिसमे हमारे एक मित्र के लड़के ने भी आवेदन किया। एक दिन उसने बताया कि मेरे रोल नम्बर आ गये है। मैं प्रशासनिक अधिकारियों हेतु आयोजित परीक्षा दे रहा हूं। हमने उससे पूछा कि आपने पढ़ाई तो गम्भीरता से की ही नही। तो उसने बड़ा विचित्र उत्तर दिया कि इसमें पढ़ाई की क्या जरूरत है। एक चांस ले लेते है।

ये वो लोग है जो किसी भी काम को आयोजन पूर्वक पूर्ण करने के लिए नही करते है, बल्कि सिर्फ चांस लेने के लिए करते है। फिर मैनें पूछा कि आपका सेन्टर कहां है? तो उसने कहा कि जयपुर है। मैनें कहा कि कब जाओगे? तो उसने कहा कि कल जायेंगे। कल सुबह बैठेंगे। सुबह 7 बजे बस जायेगी। उसमे जी.के. की किताब ले जायेंगे। जब तक जयपुर आयेगा उसे पूरी पढ़ लेंगे। मैनें उससे पूछा कि पहले कभी उस पुस्तक को पढ़ा है क्या? उसने कहा कि कभी नही। फिर मैनें पूछा कि और विषयों की क्या तैयारी है? तो उसने कहा कि दो दिन छुट्टी है। इतिहास की पुस्तक ले ली है। उन दो दिनों में उस पुस्तक को पूरी तरह से पढ़ लेंगे। मैनें कहा कि पेपर तो पांच होते है ना, तो उसने कहा हॉं। बाकि पुस्तके जयपुर में ही खरीद लेंगे। रात को पढ़ लेंगे, सुबह परीक्षा दे आयेंगे।

ऐसो का भला कहां चयन होना था? यह आधे–अधूरे लोग है, जो काम को पूरा करने की नीयत से करते ही नही है।

कहानी–2 – एक व्यक्ति ने 6 डिग्रियां लेनी बताई

एक स्कूल में एक वाईस प्रिंसिपल साहब से मिलने का मौका मिला। उन्होनें बतलाया कि मैनें पी.एच.डी. कर रखी है। मैनें उनसे पूछ लिया कि क्या थिसिस सबमिट हो गई? उन्हें लगा कि जैसें मैनें उनकी दुखती रग पर हाथ रख दिया। उन्हें लगा कि यह तो पी.एच.डी. के बारे में जानकारी रखते है। इसलिए उन्होनें कह दिया कि पी.एच.डी. का रजिस्ट्रेशन करवाया हुआ है। अभी पूरी नही हुई है।

फिर उनसे एक दिन मुलाकात हुई तो उन्होनें बताया कि मैनें बी.एड. पत्राचार से कर ली है। मुझें बड़ा आश्चर्य हुआ कि यह पी.एच.डी. करने वाला व्यक्ति बी.एड. क्यों कर रहा है? मैनें उनसे पूछा कि बी.एड. पूरी हो गई? डिग्री मिल गई ना। तो उन्होनें कहा कि कहां अभी दो पेपर क्लियर करने बाकी है। फिर यह भी बताया कि मैनें एम.एड. में एडमिशन ले लिया है।

फिर महिने बाद पुनः एक बी.एस.टी.सी. स्कूल के अंदर खड़े मिल गये। मैनें पूछा कि यहां क्या कर रहे हो? उन्होनें कहा कि बी.एसटी.सी. कर रहा हूं। मैनें पूछा कि बी.एस.टी.सी. क्यों कर रहे हो? उन्होनें कहा कि बी.एड. पूरी नही हुई। बातो ही बातों में यह भी बता दिया कि एम.ए. साईकोलोजी प्रिवियस का फार्म भर रखा है व एल.एल.बी. का फर्स्ट ईयर का फार्म भी भर दिया है और कोरोना के कारण पास भी हो गया हूं।

यह आधे अधूरे लोग है, खंडित लोग है। परमात्मा को ऐसे खंडित लोग पसंद नही है। अतः ऐसे लोगों को जीवन में सफलताएं नही मिलती।

परमात्मा का संकेत है, मैं पूर्ण हूं, तुम भी पूर्ण बनो। उपरोक्त रिएक्टिव व्यक्तियों के जो लक्षण बताये गये है, उसके विपरीत प्रोएक्टिव व्यक्ति छोटे–छोटे प्रोमिज करता है, उन्हें पूरा करता है। कार्य के लिए जिम्मेदारी लेता है और कार्य को पूरा करता है। पूरा करना, पूरा करना प्रोएक्टिव व्यक्ति का स्वभाव है।

जब छोटे–छोटे कार्यो को पूरा कर लिया जाता है तो पूरा करने का अभ्यास हो जाता है। फिर वो बड़े कार्यो को पूरा करने की क्षमता जुटा लेता है।

व्यक्ति को जो निःशुल्क उपहार मिले है। उनका यदि पूरा–पूरा उपयोग करें और अपनी पांचो बुद्धिमताओं को पूरी तरह विकसित करें तो उसमें अनेक प्रकार की प्रतिभाएं विकसित हो जाती है और व्यक्ति अपने क्षेत्र विशेष में कीर्तिमान स्थापित करता है।

विवेकशील व्यक्ति या तो किसी काम को हाथ में ही नही लेता और यदि लेता है, तो उसे पूरा करता है।

स्टीफन आर कोवी अपनी **7 हेबीट्स ऑफ हाईली पीपुल** पुस्तक में व्यक्ति की निजी प्रथम तीन आदतों को पूर्ण रूप से विकसित करने के लिए केवल एक वाक्य का प्रयोग करते है– **Make the Promise and Keep the Promise.**

अतः आप जीवन में सांसारिक अथवा आध्यात्मिक उपलब्धियां प्राप्त करना चाहते है तो छोटे–छोटे कार्य हाथ में ले और उन्हें पूरा करें। क्योंकि पूरा करने में ही ईश्वर का वास है।

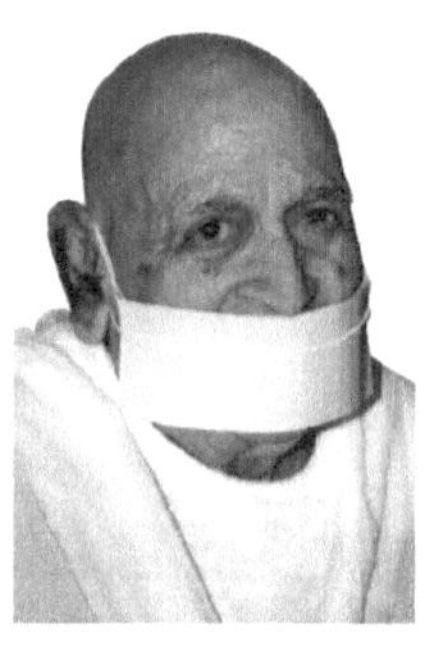

आचार्य तुलसी जो कि **तेरापंथ** के बहुत बड़े आचार्य हुए है, उन्होनें कहा है कि अणुव्रत ले, छोटे–छोटे व्रत ले और उन्हें पूरा करें और उन्होनें एक बहुत बड़ा आन्दोलन खड़ा कर दिया।

30 दिन के लिए छोटे–छोटे कार्यो को पूर्ण करने की चुनोती स्वीकार करें

आप अपना अवलोकन करें और जो–जो कमियां आप अपने में पाये, उनको लिख ले और प्रतिदिन छोटी–छोटी बात को पूरा करें। आपकी मदद के लिए मैं छोटे–छोटे प्रोमिजेज की सांकेतिक लिस्ट दे सकता हूं।

1. सामान्यतः जितना पानी दिनभर में पीते हो, उससे एक गिलास पानी ज्यादा पीओं।

2. सामान्यतः जितना खाना दिन में खाते हो, आधी रोटी कम खाए।

3. सामान्यतः जितनी बजे प्रातःकाल उठते हो, उससे आधा घंटा पहले उठे।

4. अपनी पत्नी / पति को प्रातःकाल उठते ही नमस्ते करें।

5. प्रातःकाल उठते ही एक बड़ी सी मुस्कुराहट दे।

6. प्रातःकाल उठते ही अपने लक्ष्यों को याद करें।

7. रात्रि में सोने से पहले अपने लक्ष्यों का उच्चारण करके सोए।

8. चलाकर दिनभर में किसी एक व्यक्ति की तारीफ करें।

9. किसी भी व्यक्ति की बात को काटने के बजाय एक व्यक्ति की बात का समर्थन करें।

10. मात्र दो मिनट के लिए प्राणायाम करें।

11. मात्र 15 मिनट के लिए शारीरिक व्यायाम प्रतिदन करें।

12. प्रतिदिन अपनी पत्नी के द्वारा बनाये गये खाने की तारीफ करें।

13. अपने बच्चों की प्रतिदिन किसी ना किसी बात की तारीफ करें।

14. सरकार के द्वारा लिये गये किसी एक निर्णय की तारीफ करें।

15. किसी मोटिवेशनल पुस्तक को 15 मिनट तक पढ़े।

उपरोक्त 15 प्रोमिजेज मैनें आपको बताये है, जो आप कर सकते है, अथवा इनमें से उचित लगे वो दो–तीन प्रोमिजेज तय कर ले और उन्हें रोजाना करें या आप अन्य कोई छोटे–छोटे प्रोमिजेज तय कर ले और उन्हे पूरा करें।

अगर आप 30 दिन तक इस चुनोती को स्वीकार करेंगे तो आप में जबरदस्त आत्मविश्वास विकसित हो जायेगा और आपके कार्य करने की क्षमता में आशातीत वृद्धि हो जायेगी।

आप इस प्रक्रिया को अपनाये और लाभ उठाये। यह अनुभूत है। मैनें स्वंय ने किया है और इससे मुझें अत्यधिक लाभ हुआ है। अब लाभ उठाने की बारी आपकी है।

NOTES (जो बातें आपके ह्रदय को छू गई है)

1. ______________________________

2. ______________________________

3. ______________________________

4. ______________________________

5. ______________________________

6. ______________________________

7. ______________________________

8. ______________________________

9. ______________________________

10. ______________________________

11. ______________________________

12. ______________________________

13. ______________________________

14. ______________________________

15. ______________________________

16. ______________________________

17. ______________________________

18. ______________________________

19. ______________________________

20. ______________________________

21. ______________________________

22. ______________________________

23. _______________________________

24. _______________________________

25. _______________________________

NOTES (जो निर्णय आपने अपने जीवन में लेने हेतु तय किये है)

26. _______________________________

27. _______________________________

28. _______________________________

29. _______________________________

30. _______________________________

31. _______________________________

32. _______________________________

33. _______________________________

34. _______________________________

35. _______________________________

36. _______________________________

37. _______________________________

38. _______________________________

39. _______________________________

40. _______________________________

41. _______________________________

42. _______________________________

43. _______________________________

44. ____

45. ____

46. ____

47. ____

48. ____

49. ____

50. ____

अध्याय – 9

स्वं संवाद बदले तो बिल गेट्स बीलिनियर बने – एक कहानी

इंसान के दिखाई देने वाले शरीर के अलावा उसके चारो और आठ सुक्ष्म शरीर और रहते है, जो निम्न प्रकार है:–

1. भौतिक/शारीरिक शरीर (जो दिखाई देता है)

2. छाया शरीर (यह समृद्धि के रूप में अथवा गरीबी के रूप में दिखाई देता है)

3. प्राणमय शरीर (यह व्यक्ति की रौनक, उनकी जीवटता के रूप में दिखाई देता है)

4. मनोमय शरीर (यह व्यक्ति की कल्पनाओं, विचारों व याददास्ती के रूप में दिखाई देता है)

5. विज्ञानमय शरीर (यह व्यक्ति के भावों के रूप में दिखाई देता है) यही वो जगह है जहां तमाम भौतिक वस्तुओं, घटनाओं के बीज तैयार होते है। इसलिए इसको कारण शरीर भी कहते है।

6. मोनायाम शरीर (यह जीवात्मा का शरीर है)

7. सामूहिक चेतना का कलेवर (यह व्यक्तियों के समूह की सामूहिक चेतना को बतलाता है)

8. कोस्मिक शरीर (जो पूरे ब्रह्माण्ड को गति, दिशा व सम्भालने वाला शरीर है, जिसे कि निराकार परमात्मा भी कहा जाता है)

उपरोक्त क्रम संख्या 1 से 6 तक के शरीर व्यक्तिगत शरीर है। इनमें व्यक्ति स्वंय को एक इकाई मानता है और वो अपने ही स्वार्थों की पूर्ति में

लगा रहता है। वो किसी अन्य शरीर से सम्बंध भी रखता है तो अपने स्वार्थ की पूर्ति के लिए।

क्रम संख्या 7 से 8 तक शरीर की सामूहिकता को प्रदर्शित करते है। जैसे कि एक कार में एक्सिलेटर का अपना महत्व है। बिना एक्सिलेटर गाड़ी गति नही पकड़ सकती है। लेकिन इंजन का अपना महत्व है। बिना इंजन के एक्सिलेटर काम नही कर सकता। कार में टायर का अपना महत्व है। बिना टायर के गाड़ी चल नही सकती। गाड़ी में बैठने की सीटो आदि का भी अपना महत्व है। उनके बिना गाड़ी का कोई उपयोग ही नही है।

यहां मैं ब्रेक के महत्व को भी कम नही आंक रहा हूं। यदि ब्रेक ना हो तो अकेला एक्टिसलेटर गाड़ी को सुरक्षित नही चला पायेगा। अतः ब्रेक का भी उतना ही महत्व है, जितना कि एक्सिलेटर का। इन दोनों की तरह ही स्टेयरिंग का महत्व है। क्योंकि बिना स्टेयरिंग के अपेक्षित दिशा में गाड़ी नही चलेगी। इन सबको चलाने वाले ड्राईवर का महत्व भी कम नही है।

कार में किसी एक पूर्जे का नही, बल्कि सबको मिलाकर कार को चलाने में सहभागी होते है। इसी तरह से कुछ लोग मिलकर अपने पारस्परिक हितों हेतु काम करते है, तो उसे समूह कहा जाता है। परिवार भी एक समूह है। जातियां भी एक समूह का प्रकटीकरण करती है। धर्म भी एक समूह को बतलाता है। राष्ट्र भी व्यक्तियों, विश्वासों, संस्कृतियों के समूह का नाम है।

समाज में व्यक्तिगत इकाईयों व सामूहिक उपक्रम, दोनों का महत्व है व दोनों में विवेकशील संयोजन की जरूरत है।

अध्यात्म व्यक्तिगत इकाई को सामूहिक संयोजन के साथ जोड़ने का काम करता है।

जिस व्यक्ति में जितनी ज्यादा दिव्यता होगी, उतना ही वो अपने आप से ऊंचा उठेगा और अन्य लोगो के लाभ हेतु प्रार्थना करेगा व काम करेगा। वो समाज के लाभ हेतु प्रार्थना करेगा व कार्य करेगा। वो राष्ट्र के लाभ हेतु प्रार्थना करेगा व कार्य करेगा। सम्भव है कि इससे उसकी चेतना अधिक

जाग्रत हो जाये जिससे कि वह पूरे विश्व के लिये प्रार्थना करेगा व कार्य करेगा।

आज का युग अर्थयुग है, अतः दैविक शक्तियों का प्रयोग आर्थिक संवर्धन हेतु किये जाने की जरूरत है।

इस सम्बंध में मैंनें एक यूट्यूब पर विड़ियो देखा कि विश्व के सबसे धनी व्यक्ति **बिल गेट्स** जब धनी होना आरम्भ कर रहे थे उस वक्त वो एक महापुरूष से मिले। उस महापुरूष से उन्होनें कहा कि मैं मल्टीबीलिनियर बनना चाहता हूं, मुझें आप कोई मंत्र बता दीजिए। महापुरूष भारतीय नागरिक थे। अमेरिका  में आध्यात्मिक प्रचार–प्रसार में संलग्न थे। प्रायःकर महापुरूष करूणा के अवतार होते है। अतः उक्त महापुरूष ने भी करूणावश **बिल गेट्स** को मंत्र बतला दिया।

मंत्र था – **'Multi Billionaire I am'**

बिल गेट्स बोले कि आप तो भारतीय है। आप मुझें संस्कृत में मंत्र बताईये। संस्कृत देवताओं की वाणी बताई जाती है। मैं संस्कृत के शब्दों को याद कर लूंगा। उस महापुरूष ने कहा नही, यह इंग्लिश में भी काम करेगा। भाषा का यहां कोई फर्क नही है। मंत्र में जो ताकत है, वो वाईब्रेशन्स की है। उन्होनें कहा कि यह मंत्र तुम्हारे रोम–रोम में से निकलना चाहिए। इसलिए जब भी समय मिले इसका उच्चारण करों। सोते समय इसको याद करो, सुबह उठो तो इसे बोलते हुए उठो।

मंत्र के प्रभाव से आज हर कोई इनसे परिचित है कि **बिल गेट्स** विश्व के सबसे धनी व्यक्ति है व मल्टीबीलिनियर साम्राज्य के मालिक है।

आज के समय में अध्यात्म का अर्थ **नेपोलियन हिल** के द्वारा बताई गई 12 सम्पत्तियों को प्राप्त करना होना चाहिये। यद्यपि **नेपोलियन हिल** ने सबसे पहले नम्बर पर आर्थिक सम्पत्ति को नही रखा है। उन्होनें आर्थिक सम्पत्ति को सबसे अंतिम नम्बर 12वें पर 

रखा है। **नेपोलियन हिल** का समय आर्थिक सम्पदा को 12वें नम्बर पर रखने हेतु उचित रहा होगा। **लेकिन आज आर्थिक सम्पत्ति को अमीरी की लिस्ट में पहले नम्बर पर रखना जरूरी है।**

"The Science of Getting Rich" में वॉल्टर वालस लिखते है कि श्रृद्धा, विश्वास से अपने को ओत–प्रोत करिए और आर्थिक रूप से सम्पन्न बनिये। आर्थिक सम्पदा को उन्होनें आध्यात्मिक सम्पदा स्वीकार किया है।

किस पर इतनी दैविक कृपा हो रही है, इसके मापन का आज कोई एक तरीका है, तो वो यही है कि उसके पास में पर्याप्त आर्थिक संसाधन है, या नही। यदि आर्थिक संसाधन पर्याप्त नही होंगे तो आज के समय में वो व्यक्ति विकलांग रह जायेगा। इसलिए दैविक सम्पत्ति के रूप में इस आर्थिक सम्पत्ति को गिना जाना उचित है।

आर्थिक सम्पत्ति को भी उतना ही दिव्य स्वीकार करना चाहिए जितना कि अन्य दैविक सम्पत्तियों को स्वीकार किया जाता है। मैं आर्थिक सम्पत्ति को बढ़ाने हेतु एक मनोवैज्ञानिक व आध्यात्मिक प्रक्रिया बतलाउंगा लेकिन उससे पहले मैं भारतीय लोगों के मुद्रा/धन के प्रति खयालात से अवगत कराना चाहूंगा।

1. जीवन में हर पल पैसे की जरूरत महसूस होती है। हर कार्य के लिए पैसे की जरूरत महसूस होती है। फिर भी पैसा कैसे कमाया जाये? पैसे को कैसे खर्च किया जाये? यह पहली क्लास से लेकर 16वीं क्लास तक, कही नही पढ़ाया जाता।

2. पैसे के विरोध में जो–जो साखिंया, कविताएं, कहावतें प्रचलित है, वो बार–बार बोली जाती है, जैसे – **ते ते पांव पसारिये, जेती लाम्बी सौर। पैसा तो नर्क का द्वार है।**

3. सुई की नोक में से ऊंट निकल सकता है, लेकिन पैसे वाला व्यक्ति परमात्मा के दरबार में नही पहुंच सकता। यानी पैसे वाले व्यक्तियों के लिए तो परमात्मा का दरबार बंद है। यह बात किसी छोटे–मोटे

व्यक्ति के नाम पर नही कही जाती, बल्कि **ईसा मसीह** के नाम पर कही जाती है।

4. भारतीय बच्चों को बचपन में सीखाया जाता है कि पैसा नही, ईज्जत चाहिए। वो ईज्जत के पीछे दिवाने होते रहते है। पैसा कमाने की तरफ ध्यान नही देते। बड़े होने पर या तो बेरोजगार रहते है या भ्रष्ट तरीके से पैसा कमाने लगते है। परिणाम यह होता है कि ना तो ईज्जत मिलती है और ना पैसा।

5. कई लोग बड़े आदर्शवादी होकर कहते है कि मैं पैसे को नही, रिश्तों को महत्व देता हूं।

6. पैसे के बारे में इतने–इतने हल्के शब्द बोले जाते है कि पैसा उनके पास आने को शर्माता है।

7. एक मेरे साथी अधिकारी थे, जिन्होनें एक बार बड़ा आदर्शवादी वक्तव्य दिया कि पैसा तो वैश्या भी कमाती है। कुछ वर्ष बाद 1.50 लाख रूपये रिश्वत के लेते हुए रंगे हाथों पकड़े गये।

8. आध्यात्मिक समारोह में आध्यात्मिक गुरूओं के द्वारा भी यही बतलाया जाता है कि पैसे के चक्कर में मत पड़ो। एक लोकप्रिय संत बड़ी आदर्शवादी बातें कह रहे थे कि पैसा पाप की जड़ है। फिर वही व्यक्ति आश्रम के पास जुड़ी हुई जमीन पर कब्जा करते हुए पाये गये और आज जेल में है।

9. बिना पैसे न तो संतो के आश्रम बनते, न ही वहां पर इतनी भीड़ इकट्ठी होती और ना ही इतने धर्मार्थ संस्थान बन सकते।

10. फिल्मों में भी पैसे के बारे में हल्के शब्दों का अनेक बार प्रयोग किया गया है।

11. भारतीय व्यक्ति पैसों को ठुकराने में अपने आपको गोरवान्चित महसूस करता है। मेरा यहां इतना ही निवेदन है कि गुप्तकाल का समय, मोर्यकाल का समय अब नही है। जब इस देश में दूध–घी की नदियां बहती थी, इस देश को सोने की चिड़िया कहते थे। इस देश के लोग घरों में ताले नही लगाते थे। क्योंकि उनके पास इतना

सोना होता था कि कोई उठा भी ले जाये तो उन्हें मालूम ही ना चले।

आजकल भारतीय लोग पैसे को प्राप्त करना मुश्किल भी बहुत समझते है

भारतीय लोग पैसा कमाना बड़ा मुश्किल है, इस हेतु भी अनेक कहावतें बोलते रहते हैं और छोटे बच्चों के सबकोन्सिय माइंड में बैठा देते हैं, जैसे–

1. पैसा क्या पेड़ो पर लगता है?

2. तुम्हारा पिता क्या तुम्हे मुकेश अम्बानी दिखाई देता है?

3. हम तो गरीब पैदा हुए है, इसलिए तुम भी अपनी औकात में रहो।

4. ज्यादा पैसा कमाना तो भाग्यशालियों का काम है।

5. हम तो भाग्यहीन है, हम कैसे पैसे वालें हो सकते है?

6. माता–पिता अपने बच्चों को शिक्षा देते है कि अधिक से अधिक परीक्षाओं में अंक लाओं और अच्छी से अच्छी नौकरी पकड़ो। उस हिड़न एजेण्डो को कभी आऊट नही करते कि अच्छी नौकरी से मतलब है, पैसा ज्यादा कबाड़ो।

अब समय आ गया हर भारतीय अपनी सोच को बदले। बीलिनियर बनना हर भारतीय का हक है।

इसके लिए कुछ निम्न बातें की जानी आवश्यक है:–

1. अपनी सोच को बदले। हर भारतीय बीलिनियर होने के लिए पैदा हुआ है, इस सोच को स्वीकार करें और अर्न्तमन में स्थापित होने दे।

2. अपनी वाणी से अमीरी की शब्दावली ही बोले, तंगी और बदहाली के शब्दो से बचे।

3. अपनी भावनाओं में भी अपने आपको अमीर महसूस करें, बीलिनियर महसूस करें।

4. बीलिनियर बनने हेतु कार्य करें क्योंकि कर्म ही बीलिनियर होने हेतु बीज है।

5. विवेकशील बने, परम्पराओं के बजाय विवेक को महत्व दे, बीलिनियर व्यक्तियों से सलाह ले, उनकी संगत करे और प्रयास करके बीलिनियर बने।

बीलिनियर माइंड सैट बनाने हेतु एक दिव्य साधना की विधि

एक कुर्सी पर आराम से बैठ जाईये। आंखे बंद कर लीजिए। एक गहरी सांस ले और छोड़ दे। दुबारा एक गहरी सांस ले और छोड़ दे। अपनी बंद आंखो से ही अपने पांवो के अंगुठो को देखें। धन्यवाद दे कि वो मौजूद है। फिर अपनी पांवो की पिण्डलियों को देखें, उनकी खुबसूरती को निहारे और धन्यवाद दे। इसी तरह से पूरे शरीर के सभी अंगो को देखें और प्रसन्नता महसूस करें तथा धन्यवाद दे। फिर अपने रोम–रोम को धन्यवाद दे। फिर एक मिनट के लिए सिर्फ देखें। कुछ नही करें, सिर्फ देखें। ज्योंकि आप ऐसा करेंगे, त्योंही आप अल्फा माइंड स्टेज में आ जायेंगे।

अब आप इस अल्फा माइंड स्टेज में एक मनोवैज्ञानिक मंत्र को उच्चारित करिए। मंत्र है **'बीलिनियर आई एम'**। इस मंत्र को लगातार मन ही मन उच्चारित करें और महसूस करे कि यह मंत्र आपके शरीर के रोम–रोम में से गुंजायमान हो रहा है। साथ ही यह भी महसूस करें कि पुराने गरीबी के पैटर्न, तंगी के पैटर्न हट रहे है और उनके स्थान पर रोम–रोम में बीलिनियर के पैटर्न बन रहे है।

अब थोड़ी देर इस क्रिया को भी बंद कर दे, कुछ नही करें। ऐसी अवस्था में कम से कम एक मिनट रहे। यह डेल्टा माइंड की स्थिति है। यहां से आध्यात्मिकता आरम्भ होती है। यहीं पर बीलिनियर के पैटर्न बनेंगे। एक मिनट के लिए आप विज्ञानमय कोष की स्थिति में आ गये है। अतः जो बीलिनियर बनना आपने चाहा है, उसके यहां बीज अंकुरित होने लगेंगे।

बस एक बार पुनः अपने पूरे शरीर को देखें और पूरे शरीर को निर्देश दे कि रोम–रोम बीलिनियर बनने हेतु संकल्पित है व अपने आपको धन्यवाद दे और धीरे–धीरे अपनी आंखे खोल ले तथा कृतज्ञता व्यक्त करें।

यह क्रिया आपके मन व शरीर के अंदर बीलिनियर होने के पैटर्न विकसित करने हेतु की जानी है। इसे प्रतिदिन 15 मिनट करते रहे और तब तक करते रहे, जब तक आप बीलिनियर ना हो जाएं।

ऊपर बताये गये प्रथम पांच शरीरों जिन्हे कि हम साधारण भाषा में मन व शरीर कह सकते है। इसमें बीलिनियर के बीज बोने की क्रिया मैं ऊपर बता चुका हूं। आप इसे एक–दो साल तक करेंगे तो आपके मनो शरीर में परिवर्तन हो जायेगा और आप बीलिनियर के रूप में अपने को स्थापित कर सकेंगे।

लेकिन अपना देश तो हजारों साल गुलाम रह चुका है। इसलिए पूर्वजों के डी.एन.ए. में से ही वित्तीय चेतना गायब हो चुकी है। अतः डी.एन.ऐज में आध्यात्मिक तरीके से पुनः वित्तीय चेतना डालने की जरूरत भी महसूस हो सकती है। इस हेतु आध्यात्मिक क्रिया अगले अध्याय में बताई जायेगी। दिव्य कृपाएं आप पर आर्शीवाद बरसायें।

NOTES (जो बातें आपके ह्रदय को छू गई है)

1. ____

2. ____

3. ____

4. ____

5. ____

6. ____

7. ____

8. ____

9. ____

10. ____

11. ____

12. ____

13. ____

14. ____

15. ____

16. ____

17. ____

18. ____

19. ____

20. ____

21. ____

22. ____

23. ____

24. ____

25. ____

NOTES (जो निर्णय आपने अपने जीवन में लेने हेतु तय किये है)

26. ____

27. ____

28. ____

29. ____

30. ____

31. ____

32. ____

33. ____

34. ____

35. ____

36. ____

37. ____

38. ____

39. ____

40. ____

41. ____

42. ____

43. ____

44. ____

45. ____

46. ____

47. ____

48. ____

49. ____

50. ____

अध्याय – 10

वित्तीय चेतना जाग्रत करने हेतु आध्यात्मिक मंत्र – एक कहानी

डॉ. पिल्लई कहते है कि उनको एक मंत्र **विश्वामित्र** के द्वारा प्राप्त हुआ। **डॉ. पिल्लई** आज के समय के व्यक्ति है जबकि **विश्वामित्र** रामायाणकालीन चरित्र है। अतः यह कैसे सम्भव हो सकता है? इसका **डॉ. पिल्लई** उत्तर देते है कि पूरे यूनिवर्स में सभी वस्तुए घूम रही है और उनसे वाईब्रेशन्स उत्पन्न होते है। वाईब्रेशन्स का रिजोनेन्स ही किसी वस्तु विशेष की पहचान है। अल्बर्ट आइंस्टिन ने भी कहा है कि सभी चीजे एक समय पर एक साथ उपस्थित रहती है। कुछ दृश्य जगत में तो कुछ अदृश्य जगत में।

इस सम्बंध में **डॉ. पिल्लई** द्वारा **विश्वामित्र** के द्वारा दिये गये मंत्र की कहानी निम्न प्रकार है:–

भगवान राम के समय में **विश्वामित्र** उनके गुरू रहे है। **विश्वामित्र** एक बहुत बड़े सम्राट होने के साथ–साथ ऋषि भी थे। उन्हे अनेक प्रकार की सिद्धियां प्राप्त थी। उनका जीवन वैभव सम्पन्न था। लेकिन उन्हे एक बात का अफसोस रहता था कि जितना वैभव सम्पन्न जीवन मैं व्यतित करता हूं, उतना ही मेरी प्रजा के हर व्यक्ति को वैभव मिलना चाहिये।

उन्होनें अनेक प्रकार के आर्थिक प्रयोग किये जैसे कि जौ को चने के साथ मिलाकर नये किस्म बनाई जिसे गेहूं कहते है। ताकि लोग गेहूं का उत्पादन करके अमीर बन सके। उन्होनें बकरी और गाय की एक नई

हाईब्रिड तैयार की, जिसे कि भैंस कहा जाता है। भैंस अधिक दूध देती है। इसी तरह के उन्होनें और भी कई प्रयोग किये। लेकिन उनके अनेक नवीन अनुसंधानों के बावजूद भी प्रजा उतनी वैभव सम्पन्न नही बन पाई, जितने वो स्वंय थे।

अतः उन्होनें जनता की सम्पन्नता हेतु कोई सूत्र/मंत्र खोजने के लिए तपस्या की। सैकड़ों वर्षों की तपस्या के बाद उन्हें एक मंत्र मिला। यानी कि ब्रह्माण्ड में जो आर्थिक स्थितियों को कंट्रोल करने वाली जो ऊर्जा है, उस ऊर्जा की उन्हें जानकारी हुई और उन्होने उस ऊर्जा का नाम **'बृजी'** रखा।

इस बृजी शब्द में वो ऊर्जा बताई गई है, जो कि आपके पास सम्पन्नता आने के बीच में जो रूकावटे है, उन्हे दूर करती है। यानी कि आपकी रीबर्थ करती है। आप यदि निर्धन है, तो आपका पुर्नजन्म करके आपको धनी बनाती है।

डॉ. पिल्लई पर यह मंत्र यूनिवर्स से उतरा और उन्होनें इस मंत्र को आम आदमी को सुलभ बनाने हेतु इसमें **'श्रीम्'** शब्द जोड़ा तथा अनन्त प्रेम के साथ उसको संयुक्त किया और फिर एक पूर्ण मंत्र बनाया जो निम्न प्रकार है–

ॐ क्लिम श्रीम् बृजी नमः

इस मंत्र के उच्चारण किये जाने से व्यक्ति ब्रह्माण्ड की धन पैदा करने वाली ऊर्जा से जुड़ जाता है। अनेक लोगों ने इसका प्रयोग किया व लाभान्वित हुए। हजारों लोग करोड़पति बने। उनमें वित्तीय चेतना करोड़पतियों की सी जगी। लाखों लोग लखपति बने।

यह मंत्र चूकि यूनिवर्स से एक दिव्य पुरुष पर सीधा उतरा हुआ है, अतः यह क्रियाशील ऊर्जावान मंत्र है। अनेक लोगों द्वारा अनूभूत है।

जो लोग बीलिनियर बनना चाहते है

उपरोक्त मंत्र का **108 बार** नित्य प्रातःकाल उच्चारण करें।

1. यदि सम्भव हो तो क्रिस्टल का श्रीयंत्र रखे और उसके सामने इस मंत्र का उच्चारण करें। ताकि दोहरा लाभ हो। क्योंकि क्रिस्टल के

श्रीयंत्र में धन की ऊर्जाओं को संग्रहित करने की क्षमता होती है। आप चाहे तो ऊर्जावान श्रीयंत्र **टीम 360** से भी मंगवा सकते है।

2. आप इस मंत्र को रात को मन ही मन उच्चारण करते हुए निद्रा में चले जाये, ताकि यह मंत्र आपके सबकोन्सियस में चला जायेगा और रात भर आपके रोम–रोम में व्याप्त होता रहेगा।

3. आपका जो स्वं संवाद व्यर्थ की बातों में होता रहता है। जब आप अपने मन को इस मंत्र के उच्चारण / गुंजन में लगा देंगे तो आपका मन धीरे–धीर इस मंत्र को उच्चारण करने हेतु प्रशिक्षित हो जायेगा और आप में वित्तीय चेतना जाग्रत होने लग जायेगी।

4. आप साधारण किसी हवन में भी इस मंत्र की आहूति दे सकते है। क्योंकि वेदों में बताया गया है कि हवन में मंत्रों की आहूति देने से मंत्र जाग्रत हो जाते है तथा बार–बार मंत्रोच्चारण से मंत्र शक्तिवान हो जाते है।

5. इस मंत्र के लम्बी अवधि उच्चारण से उच्च वाईब्रेशन्स बनेंगे और आप जब तब चाहे अल्फा माइंड स्टेट में आ पायेंगे। अल्फा माइंड स्टेट के अंदर आने पर आपको दिव्य मार्गदर्शन प्राप्त होने की सम्भावना हो जाती है।

6. इस मंत्र के उच्चारण से आपको मंत्र रूपेण दिव्य शक्ति का संरक्षण प्राप्त होने लगेगा।

उपरोक्त मंत्र का मनोवैज्ञानिक विश्लेषण

अध्यात्म में मंत्रो का कोई अर्थ नही होता। मंत्र सिर्फ ध्वनियां है और इन ध्वनियों में क्रियेटिव फोर्स होता है, अतः जो चीज आप चाहते है, उन्हे प्रोड्यूज करने की उनमे क्षमता होती है।

चूंकि इंसान मात्र आध्यात्मिक पुरूष नही होता है, बल्कि पुरूष आध्यात्मिकता के साथ–साथ मन व शरीर से जुड़ा हुआ होता है। मन व शरीर का विषय मनोवैज्ञानिकों का है। इस मंत्र का मनो शरीर यंत्र पर भी सकारात्मक प्रभाव पड़ता है और आत्मिक शरीर पर भी

चूंकि इंसान में बुद्धि है, समझ है। जब तक वो किसी चीज को समझ नही लेता है, तब तक उसकी रूचि उस काम को करने में होती नही है। इसलिए उपरोक्त मंत्र का अर्थ समझा जाना उचित है। पर जो लोग अर्थ नही समझेंगे और इसका उच्चारण करेंगे, उन्हे भी पूरा लाभ मिलेगा। क्योंकि खेल तो वाईब्रेशन्स का है, समझ का है ही नही।

जैसे संगीत में धुन होती है, उसको समझना मुश्किल है। लेकिन अलग–अलग धुने अलग–अलग आनन्द प्रदान करती है।

उपरोक्त मंत्र में **ऊँ** का अर्थ है– इस यूनिवर्स में प्रतिपादित होने वाली आवाज जिसे नाद कहा जाता है। उस नाद के वाईब्रेशन्स सबसे ऊंचे है। यह नाद लगभग निराकार अवस्था में होती है।

आपको याद होगा कि जब आप स्कूल में पढ़ते होंगे तो स्कूल की घंटी बजती थी। जब घंटी बजना बंद हो जाती, उसके बावजूद भी घंटी में से गुंजन की आवाज आती रहती थी, वो आवाज नाद कहलाती है।

क्लीम– इसका अर्थ यह है कि पूरे यूनिवर्स में एक आकर्षण का नियम काम करता है। सभी चीजे एक दूजे से आकर्षित हो रही है। इस आकर्षण को कई लोग प्रेम भी कहते है। साकारवादी लोग इसे कृष्ण भी कहते है। जो वाईब्रेशन्स की उच्चतम अवधि साकार स्वरूप में रह सकती है, वो प्रेम है, वो कृष्ण है, जिसे कि ह्रदय ग्रहण कर सकता है। प्रेम को ह्रदय के कान से सुनना होता है।

श्रीमः– यह धन की ऊर्जाएं है। जब श्रीम् का उच्चारण किया जायेगा तो धन की ऊर्जाएं आपके सबकोन्सियस में जनरेट हो जायेगी।

बृजी:– यह जो ब्लोकेज है, उनको हटाने का काम करती है। यानी जो विकार है, उसको हटाती है और एक गरीब व्यक्ति के मस्तिष्क को अमीर मस्तिष्क में तबदील करती है।

नमः– इससे आशय यह है कि उपरोक्त दिव्य ऊर्जाओं को नमन् करते है तथा अपनी कृतज्ञता प्रकट करते है।

अब समय आ गया है कि हर भारतीय व्यक्ति अपनी सोच को बदले, अपनी वाणी को बदले, अपनी भावनाओं को बदले और अपने एक्शन्स को बदले। हर भारतीय व्यक्ति बीलिनियर होने का हक रखता है। अतः अपने

चिंतन में बीलिनियर होना महसूस करें। अपनी वाणी से बीलिनियरों जैसी शब्दावली का प्रयोग करें। अपनी भावनाओं में बीलिनियर होना महसूस करें और अपने कर्मों के द्वारा बीलिनियर बनने के कार्य को पूर्ण करें।

दिव्य ऋषियों ने दो प्रकार से ऊर्जाओं को ऊच्च करने के तरीके बताये है:–

1. **प्रकाश का ध्यान करके** (Visualization)

2. **शब्द का उच्चारण व श्रवण करके** (Internalization)

इसके अलावा एक और तरीका भी मुझें उचित जान पड़ता है और वो है, निष्काम कर्म का। छोटे–छोटे कार्यों को आरम्भ करें व पूर्ण करें।

यहां निष्काम शब्द का अर्थ समझना उचित है। **भगवान कृष्ण** ने गीता में निष्काम शब्द का प्रयोग किया है। **अर्जुन** ने युद्ध शुरू होने से पहले जितने भी प्रश्न किये उन सबके उत्तर दिये गये। लेकिन जब युद्ध आरम्भ हो गया तो कोई प्रश्न नही, अब सिर्फ कर्म कर्म कर्म।

इसे मैं ब्ल्यू प्रिंट बनाने हेतु कहता हूं कि आप अपने जीवन में क्या–क्या चाहते है, उसे एक कागज पर लिख ले। बस ध्यान रखे कि बातें आपस में क्लेश नही करें। जब ब्ल्यू प्रिंट बन जाये तो फिर एक्शन लेना आरम्भ करें। फिर अच्छा बुरा नही सोचे सिर्फ एक्शन ले। चिन्तन मनन करने का कार्य ब्ल्यू प्रिंट बनाने से पहले कर ले। क्या फल प्राप्त करना चाहते है? यह पहले ही स्पष्ट कर ले, उसके बाद एक्शन लेना आरम्भ कर दे। एक्शन लेते समय किसी भी फल की चिंता करने की जरूरत नही है। क्योंकि आपके कई एक्शन्स मिलकर कार्य को पूर्ण करेंगे। जो फल निर्धारित होगा, वो आपके ब्ल्यू प्रिंट के अनुसार होगा। अतः आपको फल के बारे में चिंता करने की जरूरत नही है।

लक्ष्य तय करना

मैनें आपको पिछले अध्याय में वित्तीय चेतना जाग्रत करने हेतु मनोवैज्ञानिक मंत्र बताया था **'बीलिनियर आई एम'**। वर्तमान अध्याय में मैने आपको आध्यात्मिक मंत्र बतलाया है ताकि आपके डी.एन.एज. में से जो वित्तीय चेतना गायब हो गई है, वो वापिस लौट सके।

मंत्रो के द्वारा आप में जबरदस्त ऊर्जा का प्रकटीकरण होगा, लेकिन क्या प्राप्त करना चाहते हो? वो आपको तय करना होगा, अन्यथा यह ऊर्जा बिखर जायेगी। अतः अपने जीवन के लक्ष्यों को निम्न पांच भागों में बांट कर तय कर ले।

1. स्वास्थ्य सम्बंधी लक्ष्य।

2. धन सम्बंधी लक्ष्य।

3. मधुर सम्बंधो सम्बंधी लक्ष्य।

4. सामाजिक प्रतिष्ठा सम्बंधी लक्ष्य।

5. सामाजिक/राष्ट्र को दिये जाने सम्बंधी लक्ष्य।

उपरोक्त पांचो प्रकार के लक्ष्यों को तीन वर्ष हेतु, पांच वर्ष हेतु, दस वर्ष हेतु या बीस वर्ष हेतु तय कर ले।

जब तक लक्ष्य तय ना कर ले, तब तक एक कदम भी नही चले और लक्ष्य तय हो जाने के बाद कदम रूकने नही चाहिये। उपरोक्त मंत्रो के गुंजन से आप में असीम ऊर्जा का जागरण होगा और आप अपने सभी लक्ष्यों को पूर्ण करने में कामयाब होंगे।

आप बीलिनियर बनना चाहते है अथवा किसी क्षेत्र विशेष में कीर्तिमान स्थापित करना चाहते है, च्योईस आपकी है। उपरोक्त मंत्रो की ऊर्जा को ऐसे समझिये जैसे गिली मिट्टी तैयार कर देंगे, लेकिन बीज आपको ड़ालने होंगे।

बीज ड़ालने का अधिकार आपको दिया गया है। प्रकृति इतनी आपसे अपेक्षा करती है कि बीज आप ड़ाले और उनकी प्रोसेसिंग प्रकृति अपने आप करेगी।

प्रकृति का एक सिद्धांत है, इसका भी यथासम्भव पालना करें

इसे **giving & receiving** का सिद्धांत कहा जाता है। इस सिद्धांत का अर्थ है कि आप समाज को, परिवेश को कुछ सकारात्मक योगदान करें। लेकिन खुश होकर करे, खुशी–खुशी करें तो आप यह पायेंगे कि जो आपने योगदान किया है, वो कई गुणा होकर कई–कई विकल्पों के द्वारा आपके पास लौट कर आयेगा।

किसान तो इस सिद्धांत को अच्छी तरह जानता है, इस पर विश्वास करता है और इसका प्रयोग करता है। वो गिली जमीन में थोड़े से बीज बोता है, और कई गुणा फसल तैयार करता है। लेकिन यह सिद्धांत हर व्यक्ति के लिए हर क्षेत्र में लागू होता है।

जितना ज्यादा खुशी–खुशी देंगे, उतना ही ज्यादा आपको पास लौटकर आयेगा, इसलिए कंजूसी को त्याग दे और रोते–रोते किसी की मदद नही करें, खुशी–खुशी करें। कर्तव्य समझ कर नही करें। आनन्दित होने हेतु करें।

जो लोग इस सिद्धांत को नही समझते है, वो लोग किसी को दान भी देते है तो घर में जो सबसे घटियां चीज हो, उसका दान करते है। कुत्ते व गाय को रोटी भी देंगे तो जो सबसे खराब होगी, वो देंगे। अगर किसान जमीन में घटियां बीज ड़ाले तो क्या होगा? फसल कमजोर होगी। यदि अच्छी क्वालिटी के बीज ड़ालेगा तो फसल कई गुणा अच्छी होगी।

Cheerful Receiving का महत्व

गिविंग के महत्व को हमने समझा। इसी तरह से रिसिविंग का भी अपना महत्व है। परमात्मा से जो चीज प्राप्त होती है, उसे सम्मान पूर्वक स्वीकार करें, ग्रहण करें। कुछ लोग बहुत कुछ देते है, लेकिन स्वीकार करने में उन्हें शर्म आती है। स्वीकार करने में कंजूस होते है। यदि करते भी है तो, अनमनय होकर। जबकि खुशी–खुशी स्वीकार करना भी उतना ही महत्वपूर्ण है, जितना की खुशी–खुशी देना।

जब आपके पास दिव्य मंत्रो के गूंजन उच्चारण से ऊर्जा आयेगी तो आप खुशी–खुशी औरों को इसे प्रदान करें ताकि यह कई गुणा होकर आपके पास लौट कर आवे। जब लौट कर आवें तो इसे खुशी–खुशी स्वीकार करें,

ग्रहण करें, ताकि प्रकृति का आदान–प्रदान का नियम बिना अवरोध के चलता रहे।

बृजी का उच्चारण आपके पास धन के के आदान प्रदान के नियम को निर्विघ्न बनायें रखने में अत्यधिक मददगार सिद्ध होगा।

NOTES (जो बातें आपके ह्रदय को छू गई है)

1. _______________________________________

2. _______________________________________

3. _______________________________________

4. _______________________________________

5. _______________________________________

6. _______________________________________

7. _______________________________________

8. _______________________________________

9. _______________________________________

10. _______________________________________

11. _______________________________________

12. _______________________________________

13. _______________________________________

14. _______________________________________

15. _______________________________________

16. _______________________________________

17. _______________________________________

18. ____

19. ____

20. ____

21. ____

22. ____

23. ____

24. ____

25. ____

NOTES (जो निर्णय आपने अपने जीवन में लेने हेतु तय किये है)

26. ____

27. ____

28. ____

29. ____

30. ____

31. ____

32. ____

33. ____

34. ____

35. ____

36. ____

37. ____

38. ____

39. ____

40. ____

41. ____

42. ____

43. ____

44. ____

45. ____

46. ____

47. ____

48. ____

49. ____

50. ____

अध्याय – 11

मैनें किस रंग की साड़ी पहन रखी है? – एक कहानी

कारपोरेट जगत में एक बड़े मैनेजर थे। अच्छी तनख्वाह पाते थे। अच्छा बंगला मिला हुआ था। कम्पनी की ओर से गाड़ी थी। था, अत्यधिक बिजी शिड्यूल उनका।

वो जवानी में ही इतनी उपलब्धियां कर जनरल मैनेजर तक बन गये थे। भूतकाल में क्या–क्या तकलीफे रही? क्या–क्या बेलन उन्होनें बेले? बस यही बातें वो करते रहते थे।

एक दिन की बात है कि उनकी शादी की सालगिरह थी। पत्नी ने विशेष खाना बनाया। सजी–धजी और खाने की टेबिल पर खाना लगाया। वो लंच पर आये और आकर उन्होनें बताना चालू किया कि मैं तो एक साधारण सरकारी स्कूल में पढ़ता था। मैनें मेहनत की और आज मैं जो कुछ हूं, वो अपनी मेहनत के कारण हूं।

हमारे घर पर बिजली भी नही होती थी। हम लालटेन से पढ़ा करते थे। इसी तरह की वो अपने भूतकाल की बातें बताने लगे। अचानक दूसरा बटन दब गया तो वो कहने लगे कि भविष्य में मुझें इस कम्पनी का वाईस प्रेसिडेन्ट बनना है। मुझें अपनी निजी गाड़ी खरीदनी है, खुद का बंगला लेना है।

पत्नी काफी देर तक यह बातें सुनती रही। वो खाना भी खाते जा रहे थे और यह बातें भी करते जा रहे थे। पत्नी चाह रही थी कि आज शादी की सालगिरह है, ये मुझें कम से कम बधाई दे। लेकिन उन्हें तो यह बात याद ही नही थी। वो या तो भूतकाल की यादों में खोये हुए थे या भविष्य के सपनों में।

आखिर पत्नी ने ब्रह्मास्त्र फेंका कि रूको पहले यह बतलाओं **मैने किस रंग की साड़ी पहन रखी है?** पति है–है करने लगा। फिर उसने कहां कि किस चीज की सब्जी है? फिर उसने कहा कि थाली में कौनसी मिठाई रखी हुई है? पत्नी एक–एक करके टेबिल पर रखे खाने के बारे में पूछने लगी। पति हकबका गया।

फिर पत्नी ने कहा आज क्या खास दिन है? वो बोला कि मेरे बॉस की शादी की सालगिरह है, शाम को मुझें पार्टी में जाना है।

पत्नी झुंझलाई कि तुम्हे बॉस की शादी कि सालगिरह याद है, लेकिन अपनी शादी की सालगिरह याद नही है।

इसमें पति का दोष नही है। हर इंसान की हालत यही है। उसका जो मन है, वो जंगली पशु की तरह है। कभी इधर तो कभी उधर। मन की फितरत है, कल में जाने की। चाहें वो भूतकाल का कल हो, या आगामी भविष्यकाल का कल हो। मन की एक और फितरत है, नजदीकी चीज न देखकर, दूर की चीजों को देखना। जैसे कि बॉस की शादी की सालगिरह दिखाई देना लेकिन खुद की शादी की सालगिरह नही दिखाई देना।

तीसरी मन की एक और फितरत है, पुरानी घटनाओं की पोटली को बांधे रखना और तुलना करते रहना। इसी तरह की कई अन्य फितरते है। अतः मन की इन फितरतो में परिवर्तन कर मन को प्रशिक्षित करना होगा।

1. मन की भूतकाल में जाने की आदत।

2. मन की भविष्यकाल में जाने की आदत।

3. मन की तुलना करने की आदत।

4. मन की दूसरो में दोष देखने की आदत।

मन की इन आदतों के कारण इंसान को यह लगता है कि मेरी जिंदगी की कमान किसी और के हाथ में है। मैं तो कठपूतली हूं। **मजेदार बात यह है कि इस कठपूतली होने को कई लोग अध्यात्म की ऊंची स्थिति बताते है।**

जबकि हकीकत इसके विपरीत है। आप चाहे तो अपने मन का अवलोकन करके इसे उचित प्रशिक्षण दे सकते है।

कृतज्ञता के गुण हेतु मन को प्रशिक्षित करना

प्रकृति की ओर से हमें अनेक उपहार मिले हुए है। यदि इनकी सूची बनाई जाये तो एक लम्बी सूची होगी।

जब लोग मंदिर में जाते है, दर्शन करके आते है, तो एक रस्म है कि थोड़ी देर सीढ़ियों में बैठते है। इसका अर्थ यह है कि थोड़ी देर तुम भाग दौड़ बंद कर दो और अपने स्वरूप में आ जाओं।

इसी तरह से थोड़ी देर अपनी आत्मा के मंदिर को भी देख लो और थोड़ी देर शांत बैठ जाओं और अपनी आंखे बंद कर लो। अपने शरीर के अंग–प्रत्यंग को देखों। फिर अपने पूरे शरीर को देखों तो आप पायेंगे कि आपका शरीर अलग है और आप अलग हो। यानी कि आप अपने शरीर के नियंत्रक है।

अगर शरीर आपकी ईजाजत के बिना कोई हरकत करता है, तो इसका मतलब है कि आपने शरीर को ऐसा करने की ईजाजत दे रखी है या आप अनुशासित नही है अथवा आपने अपने शरीर को अनुशासित नही कर रखा।

अब आगे आप अपनी बंद आंखों से अपने आने–जाने वाले विचारों को देखें। किसी भी विचार में खोना नही है, न ही किसी विचार को पकड़ना है, न ही किसी विचार से नफरत करनी है, न ही किसी विचार से मोह रखना है। बस दृष्टा बन कर देखें। ऐसा आप कुछ महिने 15–15 मिनट प्रतिदिन अभ्यास करेंगे तो पायेंगे कि आप मन नही है, बल्कि मन के नियंत्रक है।

शरीर और मन दोनों के द्वारा यह दिखाई देने वाला यंत्र बना हुआ है जिसे कि मनो शरीर यंत्र कहा जाता है।

एक व्यक्ति के व्यक्तित्व के सामान्यतः दो भाग किये जा सकते है। एक तो मनोशरीर यंत्र, दूसरा आत्मा। पूर्ण व्यक्तित्व विकसित करने हेतु दोनों को ही प्रशिक्षित करने की जरूरत है।

1. शरीर की जो बुद्धिमता है, उसे **पी.क्यू. के नाम से जाना जाता है।** अगर एक बार एक व्यक्ति ने साईकिल चलानी सीख ली तो उसे

वो उम्र भर नही भूलता। साईकिल चलाना उसके मसल्स में व रोम–रोम में बस जाता है। इसी तरह से दादा के शरीर के स्ट्रक्चर पिता के शरीर से मिलती–जुलती हो सकती है। वैसे ही पोते की संरचना भी हो सकती है। मेरा यहां कहने का तात्पर्य है कि शरीर की अपनी याददास्ती होती है और वो इस याददास्ती के अनुरूप ही कार्य करता है। आपने शरीर को बार–बार इसी प्रकार का अभ्यास करा कर कोई अनुशासन कायम कर दिया तो याददास्ती उसी दिशा में काम करने लग जाती है।

2.   अच्छी बात यह है कि आप इसे जब ताहे, तब प्रशिक्षित करना आरम्भ कर सकते है और याददास्ती की दिशा बदल सकते है। जो लोग कसरत आदि करते है, वो शरीर की मसल्स की याददास्ती को दूसरी दिशा में मोड़ देते है। अब वो चुस्त–दुरूस्त रहने लगते है, जबकि पहले वो सुस्त और अलसाये हुए दिखाई देते थे।

3.   **मनः–** मन की **बुद्धिमता को आई.क्यू. कहते है।** अगर दो व्यक्तियों के बीच में कोई फर्क है, तो वो शरीर का ज्यादा नही है, वो मन का है। क्योंकि जैसा–जैसा मन कहता है, शरीर वैसा काम करता है। शरीर प्रायःकर मन के नियंत्रण में चलता है। अतः मन का प्रशिक्षण और ज्यादा जरूरी है।

मन के अंदर जो विश्वास है, जो कल्पनाएं है, वही आप है

एक बार एक वरिष्ठ सेवानिवृत फौजी अफसर से मुलाकात हुई। फौजी अफसर बड़े दिलचस्प थे। अनेक अपनी जिंदगी की घटनाओं को दिलचस्प तरीके से बतलाने लगे। कब दो घंटे का समय गुजर गया, पता ही नही चला। अचरज यह रहा कि उन्होनें एक विचित्र बात के ही बारे में अधिकतर चर्चा की। दो घंटे तक वो यह बतलाते रहे कि मैं सैन्य  रिक्रूटमेन्ट में ऑफिसर के पद पर चयन हुआ जबकि वहां पर **अमिताभ बच्चन** भी मौजूद थे, लेकिन वो चयनित नही हो पायें। उन्होनें बड़े

जोश–जुनून के साथ बतलाया कि किस तरह उन्होनें सैन्य रिक्रूटमेन्ट में सफलता पाई और वहां **अमिताभ बच्चन** सफल नही हो पाये।

मैनें उनसे कहा कि **अमिताभ बच्चन** तो अपने क्षेत्र में बहुत अधिक सफल है। इस सदी के वो **महानायक** है। उसने कहां कि यही तो अफसोस है, जिसका वहां चयन नही हुआ, वो सदी का महानायक हो गये। मेरा चयन हुआ तो मैं अपने कन्धे और कूल्हे की हड्डियां तुड़वाकर बैठा हुआ हूं।

मैनें पूछा कि आपकी हड्डियां क्यों टूट गई? तो उसने कहा कि 1965 के युद्ध में जो जत्था लाहौर तक पहुंचा, उसमें मैं भी था। मेरे दुश्मनों से मुठभेड़ में दो जगह गोलियां लगी। एक कन्धे पर दूसरी कूल्हे पर। मुझें मिलट्री अस्पताल ले जाया गया। वहां पर गोलियां निकाल कर चांदी की हड्डिया लगा दी गई। फिर मुझें सेवानिवृति दे दी गई कि आप अब फौज में सेवाएं देने के योग्य नही हो। आप शारीरिक रूप से फिट नही है।

मैनें निवेदन किया कि आपके बच्चे क्या काम करते है? उन्होनें छोटा सा उत्तर दिया कि सब ठीक है। वो फिर कोई पुराना किस्सा सुनाने लगे। यानी वो व्यक्ति अपने भूतकाल के घरोंदे से बाहर ही नही आ रहा था।

बस हम सबका यही हाल है। हमने भूतकाल के विचारों को ओढ़ लिया और एक घरोंदा बना लिया, जिसके अंदर अपने आपको कैद कर लिया। हम भूतकाल से बाहर आना ही नही चाहते। मन की आदत है, भूतकाल में चिपके रहना। हर बात की पुड़िया बांध कर रख लेना और जब कोई नई घटना घटे तो पहले उस पुड़िया से मिलान करता है।

यानी ताजा घटना को ताजा दिमाग से देखने की जरूरत ही नही करते। हर घटना को पुराने चश्में से देखते है। पहले क्या हुआ था? पहले यह व्यक्ति कैसा था? पहले मेरी पत्नी कैसी थी? पहले मेरा पति कैसा था? पहले मेरा पड़ौसी कैसा था? इस पहले–पहले पर ही चर्चा होती रहती है। आज की घटना को भी पहले के चश्में से ही देखेंगे।

खुली आंखों ध्यान करना

प्रायःकर ध्यान की जितनी भी विधियां है, उनमें व्यक्ति को आंख बंद करने को कहा जाता है। आंख बंद करने के बाद में मन कहां जायेगा? भूतकाल

की घटनाओं में। भूतकाल की घटनाओं को याद करके मन और भी भटक जायेगा।

मजेदारी तो यह है कि रात को जितनी देर नींद आती है, उतनी देर तो इंसान बेहोश है ही, लेकिन जागने के बाद भी वो बेहोशी में ही रहता है।

जगा हुआ व्यक्ति अपने भूतकाल की घटनाओं की यादों में खोया रहता है। अभी क्या घटना घट रही है? उसकी तरफ उसका ध्यान ही नही जाता। किसी को कोई बात भी बतलायेंगे तो अपनी पुराने जमाने की घटनायें बतलाते रहेंगे।

अपनी आत्म–कथाओं को कहना बंद करें

एक व्यक्ति अपने किसी बीमार रिश्तेदार से मिलने गया। रिश्तेदार से पूछा कि किस डॉक्टर का ईलाज चल रहा है। उन्होनें शहर के एक वरिष्ठ डॉक्टर का नाम बतलाया। बस व्यक्ति गया बेहोशी में और उसे दवा बतलाने लग गया कि आप तो मैं जो बतला रहा हूॅ, उसकी एक गोली सुबह व एक गोली शाम को लो।

है ना मजेदार बात, जिस व्यक्ति ने कभी मेड़िकल की पढ़ाई नही की, वो अपने रिश्तेदार को दवाईयां बतला रहा है। यह बेहोशी नही है, तो और क्या है? यह बेहोशी बिल्कुल वैसी ही है, जैसे शराब पीया हुआ व्यक्ति ज्ञान की बातें करता है।

वर्तमान में रहकर बीज ड़ाले, तो वो बीज आपके
भविष्य हेतु फल का काम करेंगे

प्रकृति ने बीज ड़ालने की जिम्मेदारी आप पर सौपी है। बीज का तात्पर्य जो कर्म करते है, जो वाणी के द्वारा बोलते है, जो भावनाओं के द्वारा अभिव्यक्त करते है, वो सभी बीज है। अतः बीज ड़ालने की जिम्मेदारी आप अपने हाथ में ले और भूतकाल को गुड़बॉय कह दे।

होश में रहे, जब भी किसी व्यक्ति से बात करें तो अपने भूतकाल की गाथा को नां दोहरायें। जब भी किसी व्यक्ति से मिले तो अपने पुराने चश्में को हटा दे। जब भी किसी पर्यटन स्थल पर घूमने जायें तो पुरानी यादों को हटा दे।

ऐसे देखे, जैसे पहली बार देखा हो। ऐसे मिले जैसे पहली बार मिले हो। आजकल पर्यटन स्थलों पर घूमने आने वाले व्यक्तियों मे एक विशेष बात देखी जाने लगी है कि वो किसी भी पर्यटन स्थल पर आते ही फोटो खींचने लगते है। फोटों खींची और आगे बढ़े। यानी कि वो पर्यटन स्थल का कोई आनन्द नही लेते। सिर्फ फोटो खींची और आगे बढ गये।

अपनी जिंदगी की प्रोजेक्टेड बेलेन्स शीट बनाये

एक व्यापारी वित्तीय वर्ष की समाप्ति पर अपने व्यापार के लेखों–जोखों का हिसाब लगाता है कि साल भर में क्या पाया, क्या खोया? क्या लेना है? क्या देना है? इस स्टेटमेन्ट को बेलेन्स शीट कहते है। समझदार व्यापारी को अपनी बेलेन्स शीट से मालूम चल जाता है कि उसका व्यापार तरक्की कर रहा है अथवा उसमें गिरावट आ गई।

बैंक व अन्य वित्तीय संस्थाएं जब व्यापारी को ऋण देती है, तो वो उसकी तीन साल की बेलेन्स शीटे कम से कम देखती है। बेलेन्स शीट के आधार पर बैंक यह निर्णय कर लेती है कि व्यापारी व व्यापार प्रगतिशील है या नही?

व्यापारिक बेलेन्स शीट में दो ही कॉलम होते है, एक असेट्टस का दूसरा लाईबिलिटिज का। यदि असेट्टस ज्यादा है तो व्यापारी की कम्पनी मुनाफे में है और यदि लाईबिलिटिज ज्यादा है तो व्यापारी की कम्पनी घाटे में है।

आजकल प्रोजेक्टेड बेलेन्स शीट भी बनवाई जाती है

जब कोई बैंक किसी व्यापारिक कम्पनी को ऋण देता है तो वो उसकी वर्तमान बेलेन्सशीट तो देखता ही है। लेकिन पांच साल बाद उसकी क्या रिथति रहेगी, वो ऋण चुका पायेगा या नही चुका पायेगा। इसलिए कम्पनी को प्रोजेक्टेड बेलेंसशीट बनाने को कहा जाता है।

इस कन्सेप्ट में जबरदस्त मनोवैज्ञानिक तथ्य छिपा हुआ है। जब एक व्यापारी के पास आगामी पांच सालों की प्रोजेक्टेड बेलेंसशीट रहती है तो वो निस्देह प्रोफिट की होती है। अतः उसका फोकस प्रोफिट पर रहता है।

बस इसी तरह अगर जिंदगी की बेलेंसशीट बना ले और आज की तारीख में जो आपके असेट्स है, उनको लिख ले और जो लाईबिलिटिज है, उनको लिख ले, तो आपको अपनी वर्तमान स्थिति का पता लग जायेगा। प्रोजेक्टेड बेलेंसशीट आपको अपने लक्ष्यों पर फोकस्ड रखेगी।

जिंदगी की बेलेंसशीट निम्न पांच पैरामीटर पर बनाई जा सकती है:—

1. आज की तारीख में आपकी आर्थिक स्थिति, कितने रूपये–पैसे, जायदाद आपके पास है? अथवा कितना कर्जा और देनदारी आपके सिर पर है?

2. **स्वास्थयः—** आज की तारीख में आपका स्वास्थ्य कैसा है? अगर सब ठीक ठाक है तो उसे लिख ले। यदि स्वास्थ्य में कोई कमी है, वो लाईबिलिटी है, उसे लिख ले।

3. **रिश्तेः—** आपके जिन–जिन लोगों से अच्छे रिश्ते है, उन्हें लिख ले। जिनसे रिश्ते खराब है, उनको लाईबिलिटिज मानकर लिख ले तथा जिनसे रिश्ते सुधारने की जरूरत है, वो कमिटेड लाईबिलिटिज है।

4. **सामाजिक प्रतिष्ठाः—** आपको आज की तारीख में कहां–कहां समाज में महत्व मिलता है? उसे लिख ले, वो आपके असेट्स है। कहां–कहां आपको नीचा देखना पड़ता है? वो आपकी लाईबिलिटिज है।

5. **सामाजिक/राष्ट्र को योगदानः—** आज की तारीख आप समाज को क्या योगदान दे रहे है? उसे लिख ले, वो आपके असेट्स है तथा समाज ने आपको क्या दिया है? राष्ट्र ने आपको क्या दिया है? उसे भी लिख ले वो आप पर कब्जा है, लाईबिलिटिज है।

अपनी जिंदगी की प्रोजेक्टेड बेलेंसशीट को बनाना

कॉपी, पेंसिल लेकर बैठ जाये और आज की तारीख में क्या कुछ है? क्या आपके पास में सम्पत्तियां है? उपरोक्त पांचो पैरामीटर पर लिख ले। क्या आपके दायित्व है? उपरोक्त पांचो पैरामीटर पर उन्हें लिख ले। पांच साल बाद आप कौन–कौन सी सम्पत्ति को कितनी–कितनी मात्रा में बढ़ायेंगे? उसे

लिख ले। यही कॉलम सबसे महत्वपूर्ण है, जिस पर आपको फोकस करना है।

आपका फोकस वर्तमान में बीज ड़ालने पर और ड़ले हुए बीजों की साज– सम्भाल पर रहना चाहिये ताकि आपकी प्रोजेक्टेड बेलेंसशीट को आप वास्तविक बेलेंसशीट में बदल सके।

Awareness

मित्रों खेल सारा अवेयरनेस का है। अवेयर होते ही सारा भूतकाल स्वतः ही गायब हो जायेगा। अवेयर व्यक्ति के पास में भविष्य की चिंता नही रहती। अवेयर व्यक्ति वर्तमान में जीता है। यह जागरण ही जीवन को आनन्ददायक व खुशनुमा बनाता है।

बस थोड़ी देर अपने आपको देखें, विचारों में बहे नही। किसी से बातचीत करें, तो अपने को देखें, स्वचालित ए.के. 47 की तरह मुंह से वाणी को नही निकाले। जो बोले, उस पर नजर रखे कि क्या वो बोला जाना उचित है? अगर उचित है तो बोले, भावों में बहते हुए न बोले।

बस आप वाणी पर निगरानी रखे और नियंत्रण की कोशिश करें।

जब भी किसी से आप बात करें तो निगरानी रखे कि आप क्या बोल रहे है? अंजाने में कोई बात मुंह से नही निकलनी चाहिये। जो बोले होशपूर्वक बोले। जिम्मेदारी लेते हुए बोले। अगर तीन महिने भी इस बात का अभ्यास करेंगे तो आप वाणी पर नियंत्रण कर लेंगे और वाणी पर नियंत्रण होते ही मन पर नियंत्रण स्वतः ही हो जायेगा।

भूतकाल के घरोंदो में निराशा व अवसाद के अलावा कुछ नही है। इसलिए थोड़ी देर दृष्टा बनिये। वाणी पर निगरानी रखते हुए बोलिये। बस यही दो अभ्यास जीवन को खुशहाल बना देंगे, खुशनुमा बना देंगे। आप बीलिनियर बनना चाहेंगे, तो आपके लिए यह क्रिया अत्यधिक मददगार सिद्ध होगी। आप किसी क्षेत्र में कीर्तिमान स्थापित करना चाहे तो यह क्रिया आपको अत्यधिक सहयोगी होगी।

NOTES (जो बातें आपके ह्दय को छू गई है)

1. _______________________________________
2. _______________________________________
3. _______________________________________
4. _______________________________________
5. _______________________________________
6. _______________________________________
7. _______________________________________
8. _______________________________________
9. _______________________________________
10. _______________________________________
11. _______________________________________
12. _______________________________________
13. _______________________________________
14. _______________________________________
15. _______________________________________
16. _______________________________________
17. _______________________________________
18. _______________________________________
19. _______________________________________
20. _______________________________________
21. _______________________________________
22. _______________________________________

23. _______________________________________

24. _______________________________________

25. _______________________________________

NOTES (जो निर्णय आपने अपने जीवन में लेने हेतु तय किये है)

26. _______________________________________

27. _______________________________________

28. _______________________________________

29. _______________________________________

30. _______________________________________

31. _______________________________________

32. _______________________________________

33. _______________________________________

34. _______________________________________

35. _______________________________________

36. _______________________________________

37. _______________________________________

38. _______________________________________

39. _______________________________________

40. _______________________________________

41. _______________________________________

42. _______________________________________

43. _______________________________________

44. ____

45. ____

46. ____

47. ____

48. ____

49. ____

50. ____

अध्याय – 12

एक फकीर और चोर की कहानी

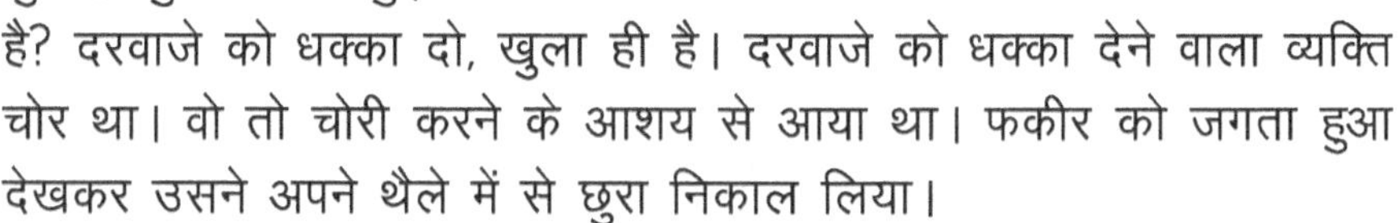

बस्ती से बाहर एक झोंपड़े में एक फकीर रहता था। रात को 11 बज गई थी। पास में लालटेन जल रही थी। उसके प्रकाश में पत्र लिख रहा था। वो लिखने में पूरी तरह व्यस्त था।

पत्र लिखते–लिखते कब घंटा भर गुजर गया, फकीर को ध्यान ही नही रहा और मध्यरात्रि के 12 बज चुके थे। अचानक किसी ने झोंपड़े के दरवाजें को छुआ। कुछ आहट हुई तो फकीर ने कहा कि कौन है? दरवाजे को धक्का दो, खुला ही है। दरवाजे को धक्का देने वाला व्यक्ति चोर था। वो तो चोरी करने के आशय से आया था। फकीर को जगता हुआ देखकर उसने अपने थैले में से छुरा निकाल लिया।

फकीर ने कहा यहां कोई भय नही है। यहां कोई गलत लोग नही रहते है। अतः अपने छुरे को तो थैले में ही रखों। इस काली अंधेरी रात में आपका कैसे आना हुआ? बतलाओं। चोर तो सकपका गया। क्या उत्तर दे? चोर ने अपना छुरा थैले में वापिस रखा और बोला कि मैं चोर हूं। मैं चोरी करने के इरादे से आया हूं।

फकीर ने कहा मुझें भी बड़ा दुःख है कि तुम्हे ऐसी घोर अंधेरी रात्रि गें यह काम करना पड़ता है। चोरी करने के लिए भी तुम मुझ जैसे फकीर के घर में आये हो। इसका मतलब है कि तुम्हे किसी धनी व्यक्ति के घर पर चोरी करने का मौका नही मिला।

मैं तुम्हारी परेशानी व दुःख को समझ सकता हूं। लेकिन मेरे पास अधिक पैसे नही है। 200–300 रूपये रखे हुए है जो टेबिल की दराज में

रखे हुए है, उन्हे तुम ले जाओं। चोर ने टेबिल की दराज खोली तो उसमें 10–10 रूपये के नोट पड़े हुए थे। चोर ने सभी पैसे निकाल कर अपनी जेब में रख लिये।

फकीर ने कहा कि 10 रूपये का एक नोट मेरे लिये छोड़ दो, शायद सुबह मुझें उसकी जरूरत पड़े। चोर ने 10 रूपये छोड़ दिये और झोंपड़ी से बाहर निकल गया। फकीर ने जोर से आवाज दी। मेरे मित्र धन्यवाद तो देते जाओं। चोर ने मन मजबूत करके धन्यवाद दे दिया।

कुछ महिने गुजर गये। किसी एक बड़ी चोरी में चोर को पुलिस ने पकड़ लिया और मजिस्ट्रेट के सामने लेकर गये। उसने जो चोरियां की थी, उसकी लम्बी सूची मजिस्ट्रेट के सामने पेश की। जिसमें फकीर के यहां हुई चोरी का भी उल्लेख था, क्योंकि चोर ने खुद ने ही कबूल कर लिया था कि मैनें फकीर के यहां भी चोरी की है।

मजिस्ट्रेट ने आदेश दिया कि फकीर जिम्मेदार व्यक्ति है, सीधे–सच्चे इंसान है। उनको बुलाकर पूछा जाये, उनकी गवाही ली जाये। चोर घबरा गया, क्योंकि और लोगों की गवाही को तो चोर के वकील झूठला सकते थे। लेकिन फकीर की तो सब इज्जत करते थे, इसलिए फकीर की गवाही को सत्य ही माना जायेगा। फकीर के पास सम्मन पहुंचा। वो नीयत तिथि पर, नीयत स्थान पर मजिस्ट्रेट के समक्ष प्रस्तुत हुआ। चोर भी वहीं कटघरे में खड़ा था।

मजिस्ट्रेट ने पूछा कि फकीर महोदय क्या तुम इस कटघरे में खड़े व्यक्ति को जानते हो? फकीर ने कहा कि हां मैं जानता हूं। यह मेरा पुराना परिचित है। एक बार इसको रात्रि में पैसों की जरूरत पड़ी तो यह मेरी झोंपड़ी पर आया था। मेरे पास ज्यादा रूपये नही थे। लेकिन मैनें इसे 200–250 रूपये मेरी टेबिल की दराज से निकालने के लिये कहा और यह भी कहा कि उसमें से 10 रूपये छोड़ देना, ताकि सुबह मेरे काम आ जाये। जाते समय इसने मुझें धन्यवाद भी दे दिया था। अतः बात यहीं समाप्त हो गई। इसने कोई चोरी नही की, मैनें ही मेरी सहमति से मेरी दराज में से पैसे निकालने को कहा था।

फकीर की गवाही पर चोर को बाईज्जत बरी कर दिया गया। ज्योंही चोर पुलिस के हाथों से छुटा, त्योंही वो फकीर की झोंपड़ी में पहुंचा और

फकीर के पावों में गिर गया। बोला कि मैं चोर था, फिर भी आपने मुझें चोर नही कहा। आपको मेरा चोरी करना दिखाई नही दिया। मैं आपकी झोंपड़ी में चोरी करने ही आया था, लेकिन आपने मुझें चोर नही माना।

फकीर ने कहा कि मैनें अपने अंदर के चोरो को भगा दिया। जब मेरे अंदर कोई चोर है ही नही, तो मुझें बाहर भी कोई चोर दिखाई ही नही देता।

जो अंदर है, वही बाहर है।

उपरोक्त कहानी इस तथ्य को बतलाती है कि व्यक्ति के अंदर जो चीजें होती है, वही बाहर दिखाई देती है। शास्त्रों में भी कहावत है **'यथा पिण्डे, तथा ब्रह्माण्डे'**। यानी कि जैसा पिण्ड के अंदर है, वही बाहर ब्रह्माण्ड में है।

अच्छी बात यह है कि अंदर अपन तब्दीली कर सकते है। जो चीज अपन चाहते है, वो अंदर ड़ाली जा सकती है और चीज नही चाहते है, उसको विदा किया जा सकता है, डिलिट बटन दबाया जा सकता है।

यह दैविक अनुशासन है कि आप ही अपने भविष्य के रचयिता है। आपके दिमाग का जो सोफ्टवेयर है, उसके प्रोग्रामर आप स्वंय ही है। अतः अपने सोफ्टवेयर का अवलोकन करें और उसमें यदि कोई अवांछित लकीरे पाते है तो उन्हे डिलिट कर दे। यदि कोई नई चीज आपको चाहिये तो एन्ट्री बटन दबाकर सोफ्टवेयर के अंदर ले–ले।

यह दैविक कृपा नही है, तो और क्या है कि हमारे सोफ्टवेयर में हम जैसा चाहे, वैसी च्योईस हमें दे दी गई। हम अपनी च्योईस का उपयोग नही करें या दूसरे के हाथों में दे–दे, तो यह मूर्खता नही है, तो और क्या है?

दैविक गुणों को अपने अंदर ड़ाले

कुछ तो ऐसी बातें है, जो पूरी तरह दिव्य है। यह हमें वसीयत में मिली है। जिसके लिये हमने न तो कोई मेहनत की है, न ही हमे कोई समझ थी। मैं ऐसी ही कुछ दिव्य कृपाओं का उदाहरण देना चाहूंगा।

1. आपको जीवन मिला, इसमें आपका कोई योगदान नही है। यह सिर्फ दिव्य कृपा है। हां माता—पिता को श्रेय मिलना ही चाहिये, लेकिन कई माता—पिता इस सुख से वंचित भी रहते है। जब दिव्य कृपा होती है, तब ही संतान मिलती है।

2. आप सांस ले रहे है। बिना रूके सांस आ रही है और जा रही है। इसमें आपका कोई योगदान नही है, यह दैविक कृपा है। हां आप सांस को लम्बी ले सकते है, प्राणायाम कर सकते है। वो आपका प्रयास हो सकता है, लेकिन सामान्य सांस लेना तो दैविक कृपा ही है।

3. आपका हृदय धड़कता रहता है। फेंफड़े सांस लेते है। पूरा सिस्टम काम करता रहता है। उसमें आपका कोई योगदान नही है। यह मात्र दैविक कृपा है।

4. आपके चोट लग जाती है, तो आपके शरीर में उसे ठीक करने की प्रक्रिया चल पड़ती है। यह भी दिव्य कृपा है।

5. आप भोजन करते है, भोजन पच जाता है, वेस्टेज शरीर से बाहर निकल जाता है। आपको पुनः भूख लग जाती है। आप स्वादिष्ट चीजे पुनः खा सकते है। यह भी एक दैविक कृपा ही है। अगर पेट साफ ना हो, तो दुबारा खाना रूचिकर नही रहेगा।

6. आप बचपन में बोलना भी नही जानते थे। आपको धीरे—धीरे बोलना सीखाया गया, चलना सीखाया गया। यह भी दैविक कृपा है। चाहे वो आपके माता—पिता के माध्यम से की गई हो, या अन्य कोई निमित्त बना हो।

7. अनेक बार दुर्घटनाओं से आप बचे है, वो भी दिव्य कृपा के कारण।

अगर चेतना के स्तर को ऊंचा उठायें और दिव्य कृपाओं की गिनती करें तो एक लम्बी सूची बन जायेगी और मैं यह चाहता हूं कि आप अपनी दिव्य कृपाओं को याद करें और उनकी सूची बनायें। इसमें थोड़ा सा प्रयास करना पड़ सकता है। क्योंकि अधिकतर लोगों की शिकायत करने की ही आदत रही है। वो शिकायतों को ही ग्रहण करने हेतु ग्रहणशील रहते है। उन्होनें

कभी दैविक कृपाओं को ग्रहण करने हेतु अपनी ग्रहणशीलता का दरवाजा खोला ही नही।

परमात्मा को या दिव्य शक्तियों को करूणावतार कहा है। क्योंकि यह दिव्य शक्तियां बिना किसी हेतु के करुणा व कृपा करती रहती है।

वृक्षः— वृक्षों के फल लगते है। बच्चे पत्थर फेंकते है। लेकिन वृक्ष सभी को फल देते है।

बादलः— पानी बरसाते है, कोई पानी का उपयोग करें, दुरूपयोग करें, यह उसकी मर्जी। लेकिन बादल कृपावश बारिश करते है।

हवाः— जीवन हर प्राणी का बना रहे, इसलिए हवा श्वसन क्रिया को जारी रखवाती है।

पानीः— कौन दुरूपयोग कर रहा है? कौन उपयोग कर रहा है? इसको बिना देखे लोगों की प्यास बुझाता है। यह पानी की कृपा है।

पृथ्वीः— पृथ्वी में अनेक रत्न निकलते है। अनेक फल—सब्जियां पैदा होती है। कौन इनको लेता है? कौन इनका दुरूपयोग करता है? इसका बिना ध्यान रखे सबको रहने का स्थान देती है।

सूर्यः— सभी को प्रकाश और उष्मा देता है। सूर्य की उपस्थिति मात्र से जागरण होता है।

जब बच्चा जन्म नही लेता है।
उससे पहले से ही दिव्य
शक्तियां उस पर कृपा करना
आरम्भ कर देती है।
एक निहंग साधु व एक नवयुवती की कहानी

एक साधु बचपन से ही सन्यास ले चुका था। वो पहाड़ों पर रहता था। वहीं पर उसे जो फल मिल जाते थे, खा लेता था। वहीं पर उसका गुरु था जो उसका ध्यान रखता था। कई बरस हो गई, जंगल में

रहता था। गुरू ने कहा अब तुम इस जंगल को छोड़ दो। बस्ती में जाओं और वहीं पर भीक्षा मांग कर खाओं तथा बस्ती वालों के लिये ही काम करों। वो साधु निहंग हो चुका था निहंग से आशय है कि सामाजिक मर्यादाओं को नही जानने वाला साधु।

वो भीक्षा मांगने के लिए निकला और एक घर के आगे जाकर बोला **'अलख निरंजन, भीक्षाम देही, मुझें भीक्षा दो'।** दरवाजा खुला और एक 22—23 साल की नवयुवती भीक्षा लेकर आई। वो तो पहाड़ो और जंगलों में रहने वाला साधु था। उसने कभी लड़की, युवती महिला को देखा ही नही था। अतः उसने भीक्षा तो ले ली लेकिन उस लड़की के सीने पर देखने लगा और लड़की से पूछा कि तेरे सीने पर ये उभार है, ये क्या है?

युवती पहले तो शर्माई कि यह क्या पूछ रहा है? फिर उसने सोचा कि यह तो बिल्कुल ही जंगली है, बच्चे की तरह अबोध है। अतः युवती ने हिम्मत की और कहा कि जब मेरी शादी होगी, फिर मेरे बच्चे होंगे, तो मैं इनसे उन बच्चों को दूध पिलाऊंगी।

इतना सुनते ही साधु ने जो भीक्षा ली थी, उसे उस युवती को वापिस लौटा दिया और बोला कि जब बच्चा पैदा ही नही हुआ, उससे पहले ही दूध की व्यवस्था की जा रही है, तो मैं क्यों घर—घर जाकर भीख मांगू। मेरे लिये भी वही व्यवस्था करेगा। जो बच्चा अभी पैदा ही नही हुआ है, उसके दूध की व्यवस्था की जा रही है। वो दिव्य शक्तियां इतनी दयालु है, तो क्या वो मुझें भूखा रखेंगी? साधु चला गया। कहते है कि वो आजकल एक बहुत बड़े आश्रम का अधीक्षक है। जहां लाखों लोग भोजन करते है। उनसे जब पूछते है तो वो कहते है कि खिलाने वाली भी वो दैविक शक्तियां है और खाने वाले भी यह दिव्य लोग है।

महत्वपूर्ण यह नही है कि दिव्य शक्तियां कृपा करती है। वो तो सदा से ही करती रही है। बच्चे के जन्म से पहले ही मां की कोख की व्यवस्था करती है। उसके दूध की व्यवस्था करती है। उसके पालने—पोसने की व्यवस्था करती है। उसके सांस लेने की व्यवस्था करती है। दिव्य कृपायें तो निरंतर कृपा करती है। महत्वपूर्ण यह है कि क्या हम उन कृपाओं के प्रति ग्रहणशील है? हमारा ध्यान किधर है, शिकायतों पर फोकस्ड है, या कृपाओं पर फोकस्ड है।

हर व्यक्ति में आकर्षण शक्ति है। वो कृपाओं को आकर्षित करता है या शिकायतों को, यह च्योईस उस व्यक्ति की है। विवेकशील व समझदार व्यक्ति वही है जो कृपाओं को आकर्षित करें और अपने जीवन को सुखमय व खुशनुमा रखे।

मेरा अपना अनुभव

जबसे मुझें कृतज्ञता के महत्व के बारे में जानकारी हुई। यह विड़म्बना ही है कि मैं हिन्दुस्तान में रहता हूं और मुझें कृतज्ञता के महत्व की जानकारी नही थी। नार्वे से आई एक महिला प्रशिक्षक ने मुझें एक वर्कशॉप में कृतज्ञता के महत्व को बतलाया तो मैनें गौर किया कि कृतज्ञता कितना लाभकारी कन्सेप्ट है। यह ऐसे ही हुआ जैसे कि सामान्यतः हवा मिल रही है, तो हम कभी हवा के महत्व पर गौर ही नही करते। पानी सामान्यतः मिल रहा है तो हम पानी के महत्व पर गौर नही करते।

जब कोरोना की दूसरी लहर देश में आई थी, तब ऑक्सिजन का महत्व को लोगों ने जाना। रेगिस्तान में कोई व्यक्ति तपती रेत पर धूप में चल रहा हो, उसके पास पानी नही हो। तब वो पानी के महत्व को समझ सकता है।

दिव्य शक्तियों की असीम कृपाएं रही, सभी चीजें समय पर मिलती रही। इसलिए कभी दिव्य कृपाओं का ख्याल ही नही आया और उनके प्रति कृतज्ञ रहने की समझ ही विकसित नही हुई।

नार्वे से आई महिला प्रशिक्षक ने जब कृतज्ञता के महत्व को बतलाया और कहा कि तुम कृतज्ञता प्रकट करके अपनी और अधिक सुख–सुविधाओं को आकर्षित कर सकते हो।

यह प्रकृति का उसी तरह का प्रमाणिक सिद्धांत है, जिस तरह से गुरूत्वाकर्षण का नियम है। तुम्हे गुरूत्वाकर्षण के नियम की जानकारी हो या ना हो। यदि तुम सौलहवीं मंजिल से कूदोगे तो नीचे गिरोगे। चाहे तुम अनपढ़ हो, या पढ़े लिखे। इसी तरह से जो कृतज्ञता प्रकट करने का अभ्यास कर लेगा, वो अपनी मनवांछित घटनाओं को अपने जीवन में आकर्षित कर सकेगा।

कृतज्ञता प्रकट करना दिव्य कृपाओं को आकर्षित करने का एक तरीका है। आप इसका लाभ उठा सकते है। कृतज्ञता के सिद्धांत को हल्के में ना ले। अनेक-अनेक सफल लोगों ने कृतज्ञता के सिद्धांत का लाभ उठाया है और साधारण से असाधारण व्यक्तित्व के धनी बने है। आप चाहे मध्यमवर्गीय है अथवा निर्धन है। आप कृतज्ञता के सिद्धांत को जीवन में उतार कर, इसका अभ्यास कर, बीलिनयर बनने के मार्ग पर आरूढ़ हो सकते है।

NOTES (जो बातें आपके हृदय को छू गई है)

1. ____

2. ____

3. ____

4. ____

5. ____

6. ____

7. ____

8. ____

9. ____

10. ____

11. ____

12. ____

13. ____

14. ____

15. ____

16. ____

17. ____

18. ____

19. ____

20. ____

21. ____

22. ____

23. ____

24. ____

25. ____

NOTES (जो निर्णय आपने अपने जीवन में लेने हेतु तय किये है)

26. ____

27. ____

28. ____

29. ____

30. ____

31. ____

32. ____

33. ____

34. ____

35. ____

36. ____

37. ____

38. ____

39. ____

40. ____

41. ____

42. ____

43. ____

44. ____

45. ____

46. ____

47. ____

48. ____

49. ____

50. ____

अध्याय – 13

कल के सपने, आज की उम्मीद
आज की उम्मीद, कल की हकीकत – एक कहानी

एक व्यक्ति ने एक मकान खरीदा, जिसके आगे लॉन था। उसमे कई पेड़ लगे हुए थे। लेकिन एक पेड़ जला हुआ था और सिर्फ जमीन से एक फुट ही ऊपर था।

पुराने मालिक ने बताया था कि एक बार बगिया में आग लग गई, जिसके कारण सारे पौधे जल गये। यह एक पेड़ ही आधा जला हुआ बचा है, बाकि सब नये पेड़ लगा दिये गये। यह इसलिए रख लिया कि उस अग्निकांड की याद बनी रहे।

नया मकान मालिक अन्य पेड़ों को जैसे पानी देता था, वैसे ही उस पेड़ को भी पानी देने लगा। महिने भर लगातार पानी देने से उस पेड़ के अंदर भी डालियां फूटने लगी और पेड़ वापिस हरा–भरा होने लगा।

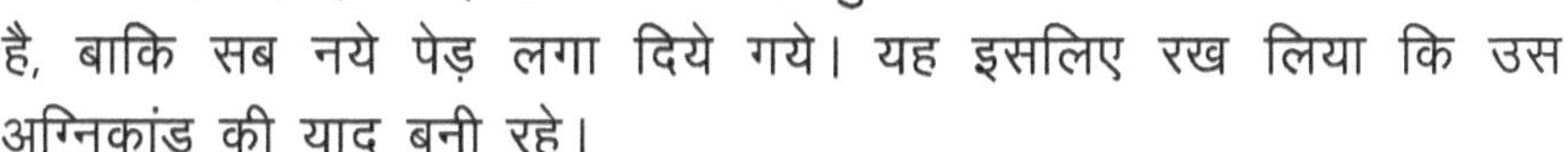

नये मालिक को बहुत खुशी हुई कि वो जला हुआ पेड़ भी वापिस हरा– भरा होने लगा। इसलिए उसने उस पेड़ का नाम **'उम्मीद'** रख दिया। उस पर एक तख्ती लटका दी जिस पर **'उम्मीद'** लिखा हुआ था।

नये मकान मालिक के परिचित उस मकान को देखने आते तो वह सबको मकान दिखाता। अंत में वह उनसे कहता कि क्या आप लोग उम्मीद से मिलना चाहोगे? तो लोग कहते कि यह उम्मीद कौन है? वह उनको उस पेड़ के पास ले जाता और कहता

कि यह उम्मीद है। वो कहता कि यह पेड़ जल गया था, लेकिन मैने उम्मीद रखी और आज यह पेड़ वापिस हरा–भरा हो गया।

उम्मीद दिव्य कृपाओं की देन है

जिस इंसान के जीवन में कोई उम्मीद नही। उसकी हालत आप जान सकते हो। उसके झूके हुए कंधे, धीमी चाल, उतरा हुआ चेहरा बता सकता है कि उसके जीवन में नाउम्मीदी छा गई है।

यह उम्मीद दैविक रूप से इंसान के अंदर आती है और यह उम्मीद ही इंसान को आगे बढ़ने में मदद करती है। इस उम्मीद के कारण ही इंसान को धीरे–धीरे विश्वास बन जाता है और सफलता मिलती है।

सफल और असफल व्यक्तियों के बीच मोटा अंतर यही है कि सफल व्यक्तियों के पास में उम्मीद है, जबकि असफल लोग उम्मीद खो देते है।

जब उम्मीद होती है तो धीरे–धीरे प्रयास करने से, हिम्मत करने से सफलता के अंकुर फूटने लगते है और व्यक्ति सफल होने लगता है।

प्रोजेक्ट रिपोर्ट बनाना उम्मीद का ही व्यावसायिक स्वरूप है

एक व्यापारी अपनी वर्तमान व्यापारिक स्थिति को देख कर आज की तारीख का कच्चा चिट्ठा बनाता है, जिसे कि **Bench Marc Survey** कहा जाता है। व्यापारी अपने विजन के अनुसार तीन साल, पांच साल हेतु प्रोजेक्ट बनाता है। प्रोजेक्ट में वो क्या कुछ कमायेगा? कितनी लागत आयेगी? कैसे वो काम करेगा? इन सब बातों का उल्लेख करता है। यानी उसने उम्मीद का ही एक मानचित्रीकरण कर दिया। यानी उम्मीद ही वो बीज है, जिससे सफलता अंकुरित होती है। उम्मीद ही वो बीज है, जिससे एक गरीब आदमी मध्यमवर्गीय बनता है। उम्मीद ही वो बीज है, जिससे एक मध्यमवर्गीय व्यक्ति अमीर बनता है।

उम्मीद को **नेपालियन हिल** ने अपनी पुस्तक 'सोचिये और अमीर बनिये' में अपनी 12 प्रकार की दौलतों में से एक दौलत बताया है। जिसके पास उम्मीद है, वो दौलतवान है। जहां उम्मीद नही, वहां निर्धनता है।

सांस है, तो आंस है

यह कहावत जनसामान्य में प्रचलित है कि जब तक सांसे चल रही है, तब तक आदमी को आशा बनाये रखनी चाहिये।

आकर्षण का सिद्धांत यह कहता है कि जो आपकी उम्मीदें है, वही पूरी होती है। यदि आप नेगेटिव उम्मीदें रखते है तो यूनिवर्स उसको तथास्तु कह देता है और आपके जीवन में नेगेटिव बातें कई गुणा बढ़ जाती है। यदि आप सकारात्मक उम्मीद रखते है, तो भी यूनिवर्स तथास्तु कहता है और आपके जीवन में सकारात्मक बातें बढ़ जाती है।

आपके जीवन में क्या चीज आकर्षित होगी? जो आप चाहते है, वो नही, बल्कि जो आप उम्मीद करते है, वो जीवन में प्रकट होगी। आप चाहते तो है कि दो लाख रूपये महिने के कमाये, लेकिन उम्मीद रखते है सिर्फ बीस हजार की तो आकर्षण का सिद्धांत आपको बीस हजार ही देगा।

मन के द्वारा उम्मीदों का बार–बार स्मरण होना। जब अपन शांत होते है, तब भी मन में विचार चलते है। इन विचारों में कभी पोजिटिव उम्मीद होती है तो कभी निगेटिव उम्मीद होती है।

क्या उम्मीदों पर नियंत्रण किया जा सकता है?

उम्मीदें, कल्पनाएं आपके मन के द्वारा की जाती है। आपने अपने मन को खुला अनियंत्रित छोड़ रखा है, इसलिए वो अपनी मनमर्जी से निगेटिव उम्मीदें रचता रहता है। इसी कारण से आपके जीवन में निगेटिव बातें प्रकट होती रहती है। निगेटिव बातों के लिए मन को कही कोई प्रशिक्षण देने की जरूरत नही है। वो स्वतः निगेटिव बातों को एकत्रित करता रहता है, लेकिन सकारात्मक बातों हेतु मन को प्रशिक्षण देने की जरूरत है।

सावधान होने की जरूरत है

आप जन्म से लेकर अब तक मन के द्वारा नियंत्रित होते रहे है। आज आप संकल्प ले कि अब मन के द्वारा नियंत्रित नही होंगे बल्कि आप अपने मन को कमांड देंगे। चूंकि मन की पुरानी आदत पड़ी हुई है, इसलिए वो वही

सब कल्पनाएं करेगा, उम्मीदें करेगा जो आज तक करता आया है। अतः इसकी दिशा को उलटने की जरूरत है। यह कार्य निम्न तीन प्रकार से किया जा सकता है–

1. **सकारात्मक वाक्यों का उच्चारण करके:–** आपके जीवन में वो प्रकट होता है, जो आपका मन उम्मीदें करता है। यदि आप चाहते है कि जीवन में वो प्रकट हो, जो आप चाहते है, तो आप क्या चाहते है? उसे क्लियर कर ले और लिख ले। एक शांत जगह बैठ जाए और जो चाहते है, उसको 21 बार बोले और ऐसा 21 दिन लगातार करें। इससे आपके मन को ट्रेनिंग मिलेगी और धीरे–धीरे वो वही करने लग जायेगा जो आप चाहते है। फिर आपके जीवन में वही प्रकट होगा जो आप चाहते है। इससे आपके सबकोन्सियस माइंड में जो पुरानी यादों के पैटर्न बने हुए है, वो हट जायेंगे और उनके स्थान पर जो आप चाहते है, वो नये पैटर्न बन जायेंगें।

2. **विजुलाईजेशन:–** उम्मीदें आपका सबकोन्सियस माइंड करता है। तथ्यों के आधार पर निर्णय लेने का काम चेतन मस्तिष्क करता है। अतः आप जो चीज चाहते है, उनको विजुलाईज करों। यानी अपने जीवन में घटते हुए कल्पना करों। आपका सबकोन्सियस माइंड इतना नादान है कि उसे यह नही मालूम कि जो  आप कर रहे हो, वो कल्पना है, या हकीकत है, वो दोनों में फर्क नही समझता। अतः आप जो विजुलाईज करेंगे, वो हकीकत में बदल जायेगा। चन्द्रमा पर **नील आर्मस्ट्रांग** पहुंचे, उससे पहले उन्होनें विजुलाईजेशन की प्रेक्टिस की थी। कई क्रिकेटर्स मैदान में उतरने से पहले विजुलाईजेशन की प्रेक्टिस करते है।

3. **लिखना:–** इसके बारे में कहा जाता है कि लिखने से सबकोन्सियस में बात सीधी प्रविष्ठ हो जाती है। अतः आजकल के सभी मोटिवेशनल स्पिकर व माइंड ट्रेनर गोल्स को तय करने व लिखने पर जोर देते है।

इंसान के दिमाग में प्रतिदिन लगभग 60 हजार विचार आते है। आपने यदि उनमें से किसी एक विचार को जीवन में प्रकट होने हेतु तय किया और उसे लिख लिया। इसका अर्थ यह हुआ कि 59999 विचारों के मुकाबले यह विचार आपके लिए अधिक महत्वपूर्ण है। लिखे हुए गोल्स पर आप फोकस कर सकते है। उसके लिए दृढ़निश्चयी होकर उसका पीछा कर सकते है। अगर लिखेंगे नही तो मन की आदत है, भूल जाना और नई चीजों को पकड़ना, किसी एक बात पर टिकना नही।

ब्ल्यू प्रिंट बनाना

यह दैविक कृपा है कि अपन जो पाना चाहते है, उसके चयन करने का अधिकार अपने को मिला हुआ है। मेरी जिंदगी का तो यह अनुभव रहा कि कोई भी घटना जीवन में घटी तो वो वही घटी जो हमने कभी जीवन में चाही थी। मैनें अपने इस विचार की प्रमाणितकता की जांच करने हेतु अनेक लोगों का इंटरव्यू लिया। लगभग सभी ने यह बतलाया कि हम जो वर्तमान में है, वो वही है जो भूतकाल में हमने चाहा था। मैं कुछ उदाहरण देना चाहूंगा।

मेरे एक रिश्तेदार सरकारी सेवा में है। उनका स्थानान्तरण किसी एक ग्रामीण स्थान पर हो गया। वो अध्यापक है। उन्होनें कोशिश की कि स्थानान्तरण निरस्त हो जाये, लेकिन ऐसा नही हुआ। आखिर उनको ज्योईन करना पड़ा। एक दिन वो मुझसे एक शादी समारोह में मिले तो मैने उनसे पूछा कि आजकल कहां पर पोस्टिंग है? तो उन्होनें अपनी पोस्टिंग वाली जगह का नाम बताया। मैनें कहा कि वहा पर कैसे ट्रांसफर हुआ? तो उन्होनें एक छोटा सा उत्तर दिया कि सरकार ने कर दिया।

मैनें कहा नही, आप जरा सोच कर मुझें बताये कि क्या आपने चाहा था? आपका वहां पर ट्रांसफर हो जाये। जब आप चाहोगे तभी दैविक शक्तियां आपका उस स्थान पर तबादला करवा सकती है।

जब मैनें इतना जोर दिया तो उन्होनें बतलाया कि मेरे एक साथी पहले वहां पर थे। उनका तबादला कहीं और हो गया। मैं जब भी उनसे मिलता था वो मेरे पदस्थापन वाले स्थान की बहुत तारीफ करते थे। वो कहते थे कि स्कूल बहुत अच्छा है। उसी में रहने के लिए अध्यापकों के लिए क्वार्टर

बने हुए है। गांव के लोग भी बहुत सहयोगी है। इसलिए मेरी भी इच्छा हो गई कि वहां पर मेरा तबादला हो जाये ताकि मैं भी सरकारी आवास में रहूं और मेरे बच्चे भी सही जगह पढ़ें।

एक अन्य उदाहरण:–

एक प्रशासनिक अधिकारी थे, उनका जैसलमेर तबादला हो गया। वो अपने तबादले से बहुत परेशान थे क्योंकि वो बीकानेर जैसे बड़े शहर में रहते थे। उनके बच्चे भी वही पढ़ते थे। वो सरकार को बहुत बूरा–भला कह रहे थे। मेरी भी पोस्टिंग जैसलमेर थी। एक दिन मैं उनके बंगले पर बैठा तब वो सरकार की निमर्मता को बतला रहे थे, तो मैनें उनसे निवेदन किया कि महोदय, आपने जब चाहा होगा, तब ही जैसलमेर मिला है। बिना चाहे तो इस प्रकृति में कोई काम होता ही नही है। उसने कहा शर्माजी क्यों मजाक करते हो? मैं भला क्यों जैसलमेर चाहने लगा। मेरे बच्चे बीकानेर में पढ़ते है। मैं बीकानेर में सेटल्ड था।

मैनें कहा कि कभी आपने प्रार्थना की होगी, कभी इच्छा जाहिर की होगी। जब मैनें जोर दिया तो उन्होनें बतलाया कि बचपन से ही मेरी सम के रेगिस्तान के धोरों को देखने की इच्छा थी। हर साल जैसलमेर में मेला लगता और अखबारों में विज्ञप्ती आती तो मेरी इच्छा होती कि मैं जब बड़ा होऊ तो मेरी पोस्टिंग जैसलमेर हो जाए, ताकि मैं भी सम के रेगिस्तान के धोरों का मजा ले सकू।

वास्तव में होता क्या है कि हम यूनिवर्स को कमांड देकर भूल जाते है। बाद में हमारे कमांड जब हमारे जीवन में प्रकट होते है, तब तक परिस्थितियां बदल जाती है और हम यह सोचते है कि यह घटना हमारे जीवन में क्यों घटी? जबकि घटनाओं को तो आप ही ने आकर्षित किया है।

एक सेठ व छोटे बच्चे की कहानी

एक सम्मानित व्यापारी थे। उनका प्रतिष्ठित परिवार था। एक बार वो एक महात्मा के यहां कथा सुनने के लिए गये। साथ में उनका एक छोटा पोता भी था जो साढ़े तीन साल का रहा होगा। कथा चल रही थी तो 

छोटे बच्चे ने अपनी मम्मी से कहा कि मुझें बाथरूम जाना है। मम्मी ने समझाया, ईशारा किया कि चुप रहो। लेकिन बच्चा बार—बार कहता रहा, तो मम्मी को उठकर जाना पड़ा और बच्चे को बाथरूम कराकर ले आई।

सेठजी को यह बात शिष्टाचार के विरूद्ध लगी कि कथा भागवत के बीच में बच्चों को ऐसे नही बोलना चाहिये। सांयकाल सेठजी जब घर आ गये तो अपने पोते को बुलाया और समझाया कि बेटे ऐसा नही बोलते कि बाथरूम जाना है। पोते ने पूछा कि दादाजी फिर क्या बोलू? सेठजी ने कहा कि कहो कि भजन गाना है, तो बच्चे ने कहा कि ठीक है, यही बोलूंगा।

कई महिने बीत गये। एक दिन सेठजी की बेटी की सगाई थी। मेहमान लोग आये हुए थे। सांयकाल का भोजन करके सभी लोग सोने जा रहे थे तो सेठजी के पास वो बच्चा आया और बोला कि मुझें भजन गाना है। सेठजी ने कहा कि अभी मेहमान आये हुए है, वो सोना चाहते है, इन्हें परेशान मत करों। बच्चे ने कहा कि मुझें तो भजन गाना है। सेठजी ने सोचा कि यह बच्चा तो मानेगा नही। अतिथियों को परेशानी नही हो इसलिए उन्होनें बच्चे से कह दिया कि मेरे काम में गा दो। बच्चे ने तुरंत सेठजी के कान में बाथरूम कर दिया। सेठजी बोले कि यह सब क्या है? बच्चे ने कहा कि आपने ही तो कहा था।

बस यही है, हम सब कह कर भूल जाते है। यूनिवर्स को कमांड देकर भूल जाते है। जैसे सेठजी बच्चे को कमांड देकर भूल गये, लेकिन बच्चे को सब कुछ याद था।

बस ऐसे ही हम सब जाने—अंजाने में यूनिवर्स को कमांड देते रहते है और देकर भूल जाते है। जब वो घटनाएं जीवन में घटती है तो आश्चर्य करते है कि यह सब क्यों हो गया?

यूनिवर्स को प्रकट करने में समय लगता है, यह अच्छी ही बात है। ताकि अपने से अगर कोई भूलचूक में गलत कमांड दे दी गई हो, तो कैंसिल—कैंसिल कहकर अपन उसको निरस्त कर सकते है।

दैविक कृपा का यह ईशारा है कि आप सदैव सकारात्मक शब्दों को बोले। यानी कि यूनिवर्स को सकारात्मक कमांड दे ताकि आपके जीवन में सकारात्मक बातें हो।

अगर आपको बीलिनयर बनना है तो बीलिनियर बनने हेतु सकारात्मक कमांड ही यूनवर्स को दे। अगर गलती से कोई निगेटिव कमांड चली जाये तो उसे कैंसिल–कैंसिल कहकर निरस्त कर दे।

दैविक कृपाएं आपके द्वारा दी गई कमांड को पूरा करती है और कई गुणा करके पूरा करती है। इसलिए सावधान हो जाए। वही कमांड दे जो आप चाहते है। होश में रहे।

NOTES (जो बातें आपके हृदय को छू गई है)

1. _______________________________________

2. _______________________________________

3. _______________________________________

4. _______________________________________

5. _______________________________________

6. _______________________________________

7. _______________________________________

8. _______________________________________

9. _______________________________________

10. _______________________________________

11. _______________________________________

12. _______________________________________

13. _______________________________________

14. _______________________________________

15. _______________________________________

16. _______________________________________

17. ___________________________________

18. ___________________________________

19. ___________________________________

20. ___________________________________

21. ___________________________________

22. ___________________________________

23. ___________________________________

24. ___________________________________

25. ___________________________________

NOTES (जो निर्णय आपने अपने जीवन में लेने हेतु तय किये है)

26. ___________________________________

27. ___________________________________

28. ___________________________________

29. ___________________________________

30. ___________________________________

31. ___________________________________

32. ___________________________________

33. ___________________________________

34. ___________________________________

35. ___________________________________

36. ___________________________________

37. ___________________________________

38. ____

39. ____

40. ____

41. ____

42. ____

43. ____

44. ____

45. ____

46. ____

47. ____

48. ____

49. ____

50. ____

अध्याय – 14
योगियों की समृद्धि, धनन्जय प्राण व देवदत्त उप प्राण की कहानी

बताते है कि योग के प्रथम गुरू **भगवान शिव** है। शिव ने भैरव भैरवी तंत्र में 108 प्रकार के योग बतलाये है। योग का जो वर्तमान स्वरूप है, वो **महर्षि पातंजल** की देन है। इनको योग का पिता भी कहा जाता है। इन्होने अष्टांग योग का अपना दर्शन दिया है।

पातंजल के अनुसार योग के निम्न 8 अंग है:–

1. यम

2. नियम

3. आसन

4. प्राणायाम

5. प्रत्याहार

6. धारणा

7. ध्यान

8. समाधि

आधुनिक समय में योग के महत्व को स्वीकार किया गया है और अर्न्तराष्ट्रीय स्तर पर 21 जून को योग दिवस के रूप में संयुक्त राष्ट्र संघ द्वारा 11 दिसम्बर, 2014 में घोषित किया गया।

योग के अनेक रूप प्रचलित है। मैं आपको इनके दो विशिष्ट स्वरूपों के बारे में यहां बताना चाहूंगा।

1. **कालबेलियां नृत्यः–** यह एक ऐसा नृत्य है, जो कि राजस्थान की कालबेलियां नामक जनजातियों द्वारा किया जाता रहा है। एक बार जयपुर में आयोजित विश्व योग परिषद के समारोह में योग गुरू महेश्वरानंद भी उपस्थित थे। उनकी उपस्थिति में कालबेलिया नृत्य का आयोजन किया गया व वहां पर योग विशेषज्ञों द्वारा बताया गया कि इस कालबेलिया नृत्य में 77 योगिक आसन पूरे होते है।

कालबेलिया नृत्य की मुख्य नायिका गुलाबों की कहानी

एक कालबेलिया जनजाति परिवार में लड़की पैदा हुई। सामान्य से कमजोर थी लेकिन मां–बाप की लाड़ली थी, इसलिए उसका नाम रखा गया, धनवन्तरी। लेकिन कालबेलियां समुदाय में बच्चियों के साथ अच्छा व्यवहार नही किया जाता। अतः उसके माता–पिता की की अनुपस्थिति में उस लड़की को संयुक्त परिवार के अन्य लोग उठा कर ले गये और जमीन में दफना दिया। लेकिन लड़की के भाग्य अच्छे थे कि कुछ अवधि बाद ही उसके माता–पिता किसी कार्य से वहां पहुंच गये। उन्हें जमीन में से बच्ची के रोने की आवाज आई। उन्होनें मिट्टी को हटा कर देखा कि उन्ही की बच्ची जमीन में दफन थी। वो अपनी लड़की को वापिस घर ले आये और लालन–पालन करने लगे।

दफनाई हुई लड़की को वापिस निकाल लाना कालबेलियाई संस्कृति के विरूद्ध था। इसलिए कालबेलियों की पंचायत ने **धनवन्तरी** के माता–पिता को जाति से बाहर कर दिया।

छोटी बच्ची कमजोर थी और बीमार पड़ गई। उसका ईलाज अस्पताल में करवाया जाने लगा। बचने की कोई उम्मीद नही थी। पर किसी समझदार व्यक्ति ने कहा कि इस बच्ची को रोजाना कहीं से भी लाकर एक गुलाब भेंट करों, तो यह बच्ची ठीक हो जायेगी।

माता–पिता जैसे–तैसे करके उसके लिए रोजाना गुलाब लाने लगे। धीरे–धीरे वो ठीक होने लगी और उसका नाम **गुलाबी** पड़ गया। धीरे–धीरे

वो बड़ी होने लगी तथा अपनी जनजाति में प्रचलित कालबेलिया नृत्य करने लगी।

जब एक फ्रांसिसी व्यक्ति मरुस्थल में आया और इस गुलाबी लड़की को कालबेलियाई नृत्य करते हुए देखा तो उसे उसका नृत्य बड़ा पसंद आया। उसने इसे आगे बढ़ाने की योजना बनाई।

फ्रांसिसी उच्चारण में ई की बजाय ओ बोला जाता है, इसलिए वो उसे गुलाबों कहने लगा। अपने उस्ताद की देख–रेख में और उस फ्रांसिसी के मार्गदर्शन में यही गुलाबों कालबेलियाई नृत्य की नायिका बनी। 165 देशों में इसने कालबेलियाई नृत्य करके योग की 77 मुद्राओं को लोकप्रिय बनाया।

पूर्व **राष्ट्रपति प्रणव मुखर्जी** द्वारा गुलाबों को **'पद्मश्री'** सम्मान से भी विभूषित किया गया।

एक गरीब जनजाति की लड़की किस तरह से करोड़ों रूपये के मिल्कियत की मालकिन बनी?

इस प्रश्न का उत्तर तलाशना आज के समय में जरूरी महसूस होता है। इसी सम्बंध में मैं एक अन्य गाथा भी बतलाना चाहूंगा।

एक योग गुरू की कहानी

हरियाणा के एक छोटे गांव में पैदा हुआ एक लड़का। आर्य समाज के सम्पर्क में आया और आर्य समाजी बन गया। धीरे–धीरे आर्य समाजी साधु बन गया। पातंजल ऋषि के द्वारा दिये गये आठ अंगो में से दो अंगो यथा आसन व प्राणायाम का इस लड़के ने प्रशिक्षण लिया, अभ्यास किया व इस पर महारथ हासिल की।

पिछले 25–30 सालों से वो आसन और प्राणायाम को लोकप्रिय बनाने हेतु शिविर आयोजित करते है। 25 साल पहले इस हरियाणा के लड़के के पास दाल–रोटी से ज्यादा खाने को नही था। आज बड़ी–बड़ी कम्पनियों का मालिक है और इसके प्रोडक्ट्स मानी हुई विदेशी कम्पनियों को टक्कर दे रहे है।

इस व्यक्ति के पास न तो कोई व्यावसायिक डिग्री है, न ही कोई बहुत ज्यादा पढ़ालिखा है, न ही कोई व्यापारिक पृष्ठभूमि है। फिर भी इसकी कम्पनियों का नाम व इसका नाम अमीरों की श्रेणी में आने लगा।

सामान्य बुद्धि किसी प्रतिष्ठित व्यापार को चलाने के लिए जो होनी चाहिए, वो इस व्यक्ति में नही है। न ही इन्होनें कही इसका प्रशिक्षण लिया। फिर वो कौनसी गुप्त विद्या है? जिसके कारण यह व्यक्ति विदेशी कम्पनियों को टक्कर दे रहा है।

कहीं इस प्रश्न का उत्तर आसन और प्राणायाम की प्रक्रिया में ही नही छिपा हुआ है।

इस आशय से मैनें प्राणायाम का अध्ययन किया है और दो प्रकार के प्राण मुझें बड़े दिलचस्प लगे। एक का नाम है, धनन्जय प्राण। वेदों में बतलाया गया है कि धनन्जय प्राण की गति प्रकाश की गति से चौगुनी है तथा प्रकाश को भी गतिवान बनाने में इसी धनन्जय प्राण का योगदान है।

प्रमुख भौतिक वैज्ञानिक **आइंस्टीन** की **थ्योरी ऑफ रिलेटिविटी** कहती है कि किसी भी वस्तु की गति प्रकाश से ज्यादा नही हो सकती, तो फिर धनन्जय प्राणा की गति प्रकाश से चौगुनी होना, रिलेटिविटी के सिद्धांत की अवहेलना है।

'वेदों के धनन्जय प्राण' के बारे में एक अग्निवेश नामक व्यक्ति ने पुस्तक लिखी है, जिसमें इस थ्योरी ऑफ रिलेटिविटी के सिद्धांत को धनन्जय प्राण स्वीकार करता है, ऐसा बतलाया है।

प्रकाश स्पेश में प्रवाहित होता है, लेकिन धनन्जय प्राण स्पेश से अतिरेक है। यानी वो स्पेश (आकाश) से भी ज्यादा गुह्य है। उस पुस्तक में यह लिखा हुआ है, अगर किसी व्यक्ति को इस धनन्जय प्राण को जागृत करने का थोड़ा बहुत भी अभ्यास हो जाये, तो वो व्यक्ति ब्रह्मांड में जो चीज मौजूद है, वो प्राप्त कर सकता है।

2. इसी प्रकार से एक उप प्राण है, जिसका नाम है **'देवदत्त'**। इस प्राण के बारे में भी कई पुस्तको में उल्लेख हुआ है कि अगर इस उप प्राण को कोई व्यक्ति जागृत कर ले तो उसके पास में स्वंय लक्ष्मी

आना आरम्भ हो जाती है। उप प्राण देवदत्त जागृत व्यक्ति की उपस्थिति में धन धान्य स्वंय आने लगता है। जहां ऐसे व्यक्ति की नजर जाती है, जिस काम पर नजर जाती है, वहीं काम पैसा बरसाने लगता है।

यदि कतिपय समृद्ध योग गुरूओं को धनन्जय प्राण अथवा देवदत्त उप प्राण को जागृत करने की विधियों की जानकारी हो गई है, तथा इस कारण से वो इतने समृद्ध हो रहे है, तो उन्हें यह जानकारी आम हिन्दुस्तानियों को बताई जानी चाहिये और आम हिन्दुस्तानियों को इसका प्रशिक्षण देना चाहिये, ताकि हर हिन्दुस्तानी अमीर बन सके। मैं ऐसे 10 योग गुरूओं को जानता हूं, जो बहुत अधिक समृद्ध है और अमीर है। मैं यह भी जानता हूं कि उनके पास में भौतिक जगत की न तो इतनी पढ़ाई है और न ही उनके पास आर्थिक/व्यापारिक प्रशिक्षण है। न ही ऐसी कोई उनके पास योग्यता है।

चूंकि अब विश्व में अर्न्तराष्ट्रीय स्तर पर योग को स्वीकार किया जा चुका है। इसलिए अब इस पर शोध किये जाने की जरूरत है। यदि समृद्ध योग गुरूओं को अनजाने में आर्थिक लाभ मिल रहे है तो इनकी विवेक पूर्वक जानकारी करनी चाहिये, ताकि योग के द्वारा आर्थिक रूप से सम्पन्न होना आम आदमी के लिए सुलभ हो सके।

डॉ. पिल्लई जो कि यू.एस.ए. में योग आदि सिखलाते है व साथ ही में वो एक आध्यात्मिक पुरूष है। उन्होनें इस विषय पर काफी शोध किया है कि किस तरह से योग के जरिये व्यक्ति समृद्ध हो सकता है। उन्होनें पातंजल योग के सूत्रों का भी जिक्र किया है, जिनके द्वारा एक गरीब व्यक्ति अमीर बन सकता है। उन्होनें एक मंत्र भी लोगों के लाभ हेतु दिया है,  ताकि व्यक्ति उसका उच्चारण करके आर्थिक रूप से समृद्ध बन सके, अमीर बन सके।

डॉ. पिल्लई कहते है कि इंसान के दिमाग के दो भाग है। एक कोरटेक्स है, जो बुद्धि पूर्वक कार्य करने को कहता है और तर्क को महत्व देता है। लेकिन यह व्यक्ति के लिए अनेक प्रकार की सीमाएं बना देता है। जबकि दूसरा दिमाग का भाग मिड़ब्रेन है। पिछले 200—250 सालों से इंसान

कोरटेक्स को ही विकसित करने में लगा हुआ है। इस कारण से मिड़ब्रेन का विकास होना लगभग बंद हो गया है।

उनका कहना है कि यदि मिड़ब्रेन को पुनः एक्टिवेट कर लिया जाये और विकसित किया जाये तो व्यक्ति में समृद्धि/अमीरी की चेतना जागृत हो जाती है और वो अल्प प्रयास से ही अमीर बन सकता है। उन्होनें तो यहां तक लिखा है कि यदि किसी व्यक्ति के पास कोई स्कील नही है, फिर भी वो मिड़ब्रेन को एक्टिवेट करके अमीर हो सकता है। अमीरी की चेतना ही महत्वपूर्ण है, स्कील तो सीख लिये जायेंगे।

उनका कहना है कि **Cortex brain is poor man's brain while Midbrain is Billionaire's brain.**

आने वाले समय में **धनन्जय प्राण, देवदत्त प्राण व मिड़ब्रेन** का एक्टिवेशन आम आदमी के लिए अमीर होने का रास्ता खोल सकते है। प्राचीन भारत में इन विद्याओं की जानकारी थी। इसी कारण से भारत सोने की चिड़िया कहलाता था। यहां दूध–दही की नदियां बहती थी।

मैनें एक प्रसिद्ध रसायन शास्त्री की पुस्तक में पढ़ा है कि भारत में **एलकेमी** थी। यानी कि कोई ऐसा पत्थर होता था, सम्भवतः उसका नाम **पारस** रहा हो। उसको यदि लोहे से छुआया जाता तो सोना बन जाता था।

मजेदार बात यह है कि इस **पारस** पत्थर का योगियों और संतो के पास में ही होने के जिक्र मिलते है। इसका अर्थ यह है कि योगियों को इस प्रकार की वस्तुओं का भी ज्ञान था, जिससे व्यक्ति के पास में धन की अभिवृद्धि भी हो सकती थी।

डॉ. पिल्लई ने भी अपनी योग विद्या द्वारा यह देखा बताया कि **हल्दी** के अंदर **लक्ष्मी** का वास है।

अब समय आ गया है कि योगियों को अपनी योग विद्या से आर्थिक क्षेत्र में किस प्रकार से योग के जरिये उन्नति हो सकती है, उस पर शोध किया जावें ताकि हर भारतीय व्यक्ति बीलिनियर बन सके। जब एक हरियाणे का लड़का योग क्रिया को सीखकर बीलिनियर बन सकता है। एक राजस्थान के पाली जिले का लड़का योग सीखकर बीलिनियर बन सकता है। अन्य कई व्यक्तियों ने योग को सीखा और वो बीलिनियर बने है।

योगाचार्यो पर यह जिम्मेदारी तो है ही कि वो योग को किस तरह से लोकप्रिय बनावें। क्योंकि योग आने वाले समय में एक बड़े व्यवसाय का रूप लेगा। योग के जरिये अनेक बीमारियां दूर होती है। कई तो लाईलाज बीमारियां भी दूर हो जाती है। योग के क्षेत्र में भारत के लाखों लोगों को रोजगार मिल सकता है। यदि कम्पनियां योग के प्रशिक्षण के कार्य को अपने हाथ में लेगी तो मेड़िकल कॉलेज की तर्ज पर योग के कालेजेज खुल सकते है और अनेक लोगों को रोजगार मिलेगा व बिना दवा अन्य बीमारों को ठीक होने का मौका मिलेगा।

सूर्य नमस्कार

यह एक योगिक प्रक्रिया है, जिसमें 12 प्रकार के आसन पूर्ण होते है। मैनें एक बार रेड़ियों पर वर्तमान **प्रधानमंत्री श्री नरेन्द्र मोदी** को यह कहते हुए सुना है कि मेरी जो प्रगति और उपलब्धियां है, उसमें मैं नित्य सूर्य नमस्कार करता हूं। उसका भी एक बड़ा योगदान है।

सूर्य नमस्कार में भी योगादी के आसन ही है और इसे पूर्ण योग विधि भी कहा जाता है।

अतः योग का चाहे जो स्वरूप हो, **श्री श्री रविशंकर जी** जिसे लोकप्रिय कर रहे है अथवा वो स्वरूप हो जिसे **बाबा रामदेव** लोकप्रिय कर रहे है या वो स्वरूप हो जिसे **महेश्वरानंद जी** लोकप्रिय कर रहे है अथवा **डॉ. पिल्लई** या अन्य कोई योगाचार्य।

योग आने वाले समय में जबरदस्त रोजगार के अवसर प्रदान करने वाला है। एक बड़े उद्योग के रूप में विकसित होने वाला है। अतः इसको वर्तमान युवक एक रोजगार के रूप में भी स्वीकार करें तो उन्हें आर्थिक स्वावलम्बन भी प्राप्त होगा व उनका चहुँमुखी विकास भी होगा।

भारत की यदि प्रत्येक यूनिवर्सिटी योग के प्रशिक्षण को देना आरम्भ करें तो करोड़ो युवको को योग का प्रशिक्षण मिल सकता है व लाखों लोगों को इसमें रोजगार प्राप्त हो सकता है। इस क्षेत्र में उच्च स्तर के अनुसंधान भी

हो सकेंगे। सम्भव है धनन्जय प्राण, देवदत्त उप प्राण की जानकारी भी इंसान के हाथ लग जाये और हर भारतीय अमीर बने, यह सपना भी साकार हो सके।

NOTES (जो बातें आपके ह्रदय को छू गई है)

1. _______________________________________

2. _______________________________________

3. _______________________________________

4. _______________________________________

5. _______________________________________

6. _______________________________________

7. _______________________________________

8. _______________________________________

9. _______________________________________

10. _______________________________________

11. _______________________________________

12. _______________________________________

13. _______________________________________

14. _______________________________________

15. _______________________________________

16. _______________________________________

17. _______________________________________

18. _______________________________________

19. _______________________________________

20. _______________________________________

21. _______________________________________

22. _______________________________________

23. _______________________________________

24. _______________________________________

25. _______________________________________

NOTES (जो निर्णय आपने अपने जीवन में लेने हेतु तय किये है)

26. _______________________________________

27. _______________________________________

28. _______________________________________

29. _______________________________________

30. _______________________________________

31. _______________________________________

32. _______________________________________

33. _______________________________________

34. _______________________________________

35. _______________________________________

36. _______________________________________

37. _______________________________________

38. _______________________________________

39. _______________________________________

40. _______________________________________

41. ____

42. ____

43. ____

44. ____

45. ____

46. ____

47. ____

48. ____

49. ____

50. ____

अध्याय – 15

आज्ञा चक्र का जागरण एक सार्थक कहानी

इंसान मूल रूप में ईश्वर स्वरूप ही है। यह कहना कि शरीर में ईश्वर है, उचित नही है। ईश्वर में शरीर है। मूल तत्व तो ईश्वर है, शरीर तो आता–जाता है। दिखाई देने वाले शरीर को सात जगह से दिव्य प्राणिक रश्मियां छूती है। अतः इन छूअन बिन्दुओं को ऊर्जा चक्र कहा जाता है।

जिस शरीर में ऊर्जा रहती है, उसे प्राणमय शरीर कहा जाता है। जब प्राणमय शरीर इस भौतिक शरीर को सात जगह से छूता है, तो शरीर में सात ऊर्जा चक्र बनते है और इन सात ऊर्जा चक्रो में सात दिव्य शक्तियां स्थापित हो जाती है।

इस अध्याय में हम आज्ञा चक्र के बारे में जानकारी करेंगे। जब व्यक्ति का आज्ञा चक्र सक्रिय हो जाता है तो व्यक्ति में रूपांतरण हो जाता है। क्या– क्या परिवर्तन उसमें आते है? तथा उसका जीवन व्यवहार किस तरह का होता है? एक सामान्य व्यक्ति जब योगिक अथवा अन्य प्रयासों से अपने आज्ञा चक्र को सक्रिय करने में कामयाब हो जाता है, तो एक अद्भूत कहानी बनती है।

आज्ञा चक्र जागने से मन की दिशा व दशा बदल जाती है

आज्ञा चक्र जागरण से पूर्व मन की स्थिति क्या होती है? वही होती है, जो एक आम आदमी के मन की होती है। यानी कि मन चंचल है, मन अस्थिर है, मन बेलगान घोड़ा है। इसका नियंत्रण करना मुश्किल है। मन ही इंसान पर नियंत्रण करता है। मन ही इंसान को कहीं का कही भटका कर ले

जाता है। मन ही शरीर की इन्द्रियों से उचित–अनुचित कार्य करवाता रहता है।

जब आज्ञा चक्र का जागरण हो जाता है तो मन की दिशा बदल जाती है व दशा भी बदल जाती है। वह उल्टा व्यवहार करने लगता है। या यो कहे कि मन प्रशिक्षित हो जाता है। इंसान के लाभ के लिए कार्य करने लगता है व इंसान की भौतिक व आध्यात्मिक प्रगति में सहयोग देने लगता है।

दोनों मनों में अंतर निम्न प्रकार देखा जा सकता है

क्र.सं.	सामान्य मन	आज्ञा चक्र जागरण के बाद रूपांतरित मन
1.	अभाव की मानसिकता।	प्रचुरता की मानसिकता।
2.	भूतकाल की गाथाएं बखान करना।	वर्तमान में रहना
3.	भविष्य की कल्पनाओं में खोए रहना व शेखचिल्ली बने रहना। मुंगेरी लाल के सपने देखते रहना।	यथार्थ को देखना। वर्तमान में रहना।
4.	तुलना करना।	यूनिकनेस को स्वीकारना।
5.	अस्थिर रहना।	स्थिर रहना।
6.	दूसरो के दोष देखना।	दूसरो के गुण देखना।
7.	शिकायतें करना।	कृतज्ञ रहना।
8.	मान्यताएं/धारणाएं व निजी विश्वास।	दृष्टा भाव/साक्षी भाव।
9.	अंदर कुछ–बाहर कुछ, कथनी और करनी में अंतर।	सम्यक दृष्टि/सम्यक व्यवहार।
10.	जज करना।	स्वीकार करना।
11.	मैं और मेरे पर केन्द्रित रहना।	सर्वत्र एक ही तत्व को देखना।
12.	मोह	विवेक

13.	मांगना	आशीर्वाद देना।
14.	गुलामी	स्वतंत्रता
15.	बंधन	मुक्ति
16.	भय ग्रसित रहना।	निर्भीक रहना।
17.	बड़–बड़ करते रहना।	शांत रहना।
18.	किसी वस्तु की प्राप्ति होने पर दूसरी वस्तु के लिए दौड़ शुरू कर देना।	सहज रहना।
19.	तर्क करना व मुद्दे को टुकड़े–टुकड़े करना, यानी कि विश्लेषण करना।	सहयोग करना व संश्लेक्षण करना।
20.	समय व दूरी के बंधन में रहना।	समय व दूरी से पार होना।
21.	असंयमित रहना।	छठी इन्द्री का जागरण होना।
22.	असंरक्षित महसूस करना।	संरक्षित महसूस करना।
23.	व्यष्टि यानी कि अकेले की बात करना।	समष्टि यानी कि समूह के बारे में विचारना।
24.	अपनी असफलता हेतु दूसरों को दोष देना।	अपनी असफलता हेतु आत्मविश्लेषण करना।
25.	सफलताओं व उपलब्धियों को अपने परिश्रम व अपना अधिकार समझना।	कृतज्ञता महसूस करना।

जब तक आज्ञा चक्र का जागरण नही हो जाता, तब तक इंसान को उसका शरीर आदेश देता है। शरीर कहता है कि बूढ़ा हो गया, तो इंसान अपने को बूढ़ा मान लेता है। शरीर की तरह ही इंसान का मन भी इंसान को निर्देश देता है। जब मन कहता है कि दीन–हीन हूं, तो इंसान अपने आपको दीन–हीन मान लेता है। जब मन कहता है कि मैं नही कर सकता तो इंसान मान लेता है कि मैं नही कर सकता। यानी इंसान अपने मन और शरीर के चलाने से चलता है। लेकिन जब आज्ञा चक्र का जागरण हो जाता

है और इंसान जग जाता है और जान लेता है कि यह शरीर और मन मेरे नौकर है, मैं इनका मालिक हूं।

जब तक आज्ञा चक्र का जागरण नही होता, तब तक व्यक्ति अपने को गुलाम व नौकर समझता है। जब आज्ञा चक्र का जागरण हो जाता है तो व्यक्ति अपने को मालिक समझने लगता है, मुक्त समझने लगता है।

आज्ञा चक्र जाग्रत होने पर मन व शरीर आज्ञा चक्र जाग्रत व्यक्ति के निर्देशों पर चलने लगते है।

अब कहानी बदल जाती है। जो मन बेलगाम घोड़े की तरह भागता था। वो सर्कस के घोड़े की तरह प्रशिक्षित हो जाता है और जगा हुआ व्यक्ति आत्म स्वरूप होता है। उसके निर्देशों पर मन काम करने लगता है। इसी तरह से शरीर भी आज्ञा चक्र जाग्रत व्यक्ति के निर्देशों की पालना करता है। मन और शरीर दोनों ही आज्ञा चक्र जगे हुए व्यक्ति के आदेशों की प्रतिक्षा में रहते है कि वो क्या आदेश करें, ताकि तत्काल पूरा करें।

सभी व्यक्तियों के मन एक दूसरे से जुड़े हुए है और इस सत्य का ज्ञान आज्ञा चक्र जागरण वाले व्यक्ति को हो जाता है।

आज्ञा चक्र जाग्रत व्यक्ति जहां बैठता है, वही सकारात्मक वाईब्रेशन्स को प्रेषित करता है। अतः उसके सम्पर्क में आने वाले लोगों पर सकारात्मक प्रभाव पड़ता है और सम्पर्क में आने वाले लोग भी उसके निर्देशों का पालन करने हेतु तत्पर रहते है। ऊपर 25 लक्षण बताये गये है, जो कि आज्ञा चक्र जाग्रत व्यक्ति की विशेषताओं को बतलाते है।

चेतना के स्तर को ऊंचा करना

कौन व्यक्ति कितना श्रेष्ठ है? कौन व्यक्ति कितनी प्रतिभा सम्पन्न है? कितना समृद्ध है? यह उसके चेतना के स्तर से ही जाना जा सकता है। चेतना का स्तर ऊंचा होगा तो आज्ञा चक्र का सदुपयोग होगा। आज्ञा चक्र जागरण को कुछ लोग छठी इन्द्री का जागरण भी कहते है। क्योंकि

निम्न 7 चक्रों में आज्ञा चक्र छठें नम्बर है, इसलिए इसके जागरण को छठी इंद्री का जागरण कहते है।

क्र. सं.	चक्र का नाम	विशेषताएँ	दैविक शक्ति का स्वरूप	प्रभावी ग्रह	प्रभावी तत्व
7.	सहस्त्रार चक्र	रस व आनंद प्राप्ति का चक्र।	शिव व शक्ति	—	शिव
6.	आज्ञा चक्र	मन व शरीर पर नियंत्रण चक्र।	गुरु / दत्तात्रेय	गुरू	गुरू
5.	विशुद्ध चक्र	कलाओं व अभिव्यक्ति का चक्र।	सरस्वती	—	आकाश
4.	ह्रदय चक्र	भावनाओं का चक्र।	राधा–कृष्ण राम–सीताराम	बुद्ध	वायु
3.	मणीपुर चक्र	भय / साहस का चक्र।	दुर्गा	शुक्र	अग्नि
2.	स्वाधिष्ठान चक्र	काम वासना का चक्र।	लक्ष्मीनारायण	चन्द्रमा	जल
1.	मूलाधार चक्र	आर्थिक मामलात का चक्र।	गणेश	मंगल	पृथ्वी

सातों चक्रो के जागरण की प्रक्रिया

यद्यपि चक्रों के जागरण की अनेक विधियां है। योगी लोग अलग विधी अपनाते है। आध्यात्मिक लोग दूसरी विधी अपनाते है। पैरासायकोलोजिस्ट अन्य किसी विधी को उपयोग में लेते है।

मैं एक साधारण ध्वनि विधी को बतलाना चाहूंगा। प्रत्येक चक्र की एक विशिष्ट ध्वनि है। उस ध्वनी का प्रातःकाल रोजाना तीन बार गुंजन किया जाये तो चक्र सक्रिय हो जाते है। निरंतर अभ्यास से विकसित व संतुलित हो जाते है।

प्रक्रियाः– एक सहज आसन से बैठ जाएं। आंखे बंद कर ले, दो गहरी सांस ले और छोड़ दे। धीरे से आंखे बंद कर ले। फिर बंद आंखों से अपने

ध्यान को अपने रीढ़ की हड्डी के सबसे नीचले छोर पर ले जाएं जहां पर मूलाधार चक्र है और **'लम्'** का उच्चारण करें। मात्र तीन बार उच्चारण करना है। फिर मूलाधार चक्र से करीबन डेढ़ इंच ऊपर स्वाधिष्ठान चक्र है, उसको जाग्रत करने हेतु **'वम्'** शब्द का गुंजन करें। यह गुंजन भी मात्र तीन बार करना है।

फिर नाभि के स्थान पर मणीपुरक चक्र है। यहां पर **'रम्'** ध्वनि का गुंजन करें। मात्र तीन बार गुंजन करना है। फिर हृदय चक्र जहां पर हृदय धड़कता है, वहां पर **'यम्'** ध्वनी का गुंजन करें। यह मात्र तीन बार गुंजन करना है। उसके पश्चात् कंठ चक्र में जो विशुद्ध चक्र है। यहां पर **'हूम्'** शब्द की ध्वनि करें। यह गुंजन मात्र तीन बार करना है।

उसके ऊपर दोनो भौहों के बीच में जहां आज्ञा चक्र है। वहा पर **'ऊँ'** ध्वनी का गुंजन करें। यह गुंजन मात्र तीन बार करना है।

इसके ऊपर, यानी कि सिर के सबसे ऊपरी हिस्से तालू पर **'सौऽम्'** ध्वनि का उच्चारण करें। यह मात्र तीन बार करें।

यह क्रिया का एक राउण्ड पूरा हो गया है। अब सहस्त्रार से चलकर मूलाधार तक वापिस इन्ही ध्वनियों का तीन–तीन बार गुंजन करना है।

इसके पश्चात् तीन मिनट तक शांत बैठे रहे। जो दैविक शक्ति मिली है, उसे शरीर में रच–बस जाने दे। फिर धीरे–धीरे आंखे खोले।

क्र. सं.	नाम चक्र	ध्वनि
7.	सहस्त्रार चक्र	सौऽम्
6.	आज्ञा चक्र	ऊँ
5.	विशुद्ध चक्र	हूम्
4.	हृदय चक्र	यम्
3.	मणीपुर चक्र	रम्
2.	स्वाधिष्ठान चक्र	वम्
1.	मूलाधार चक्र	लम्

नोटः– एक बार में मूलाधार से ऊपर उठते हुए सहस्त्रार तक, फिर सहस्त्रार से फिर नीचे आते हुए मूलाधार तक एक चक्र पूरा हो जाता है। ध्यान रहे, एक ही राउण्ड करना है, इससे अधिक नही करना।

थोड़ा प्रयास करें, अभ्यास करें और आशातीत लाभ उठायें।

NOTES (जो बातें आपके ह्रदय को छू गई है)

1. ____

2. ____

3. ____

4. ____

5. ____

6. ____

7. ____

8. ____

9. ____

10. ____

11. ____

12. ____

13. ____

14. ____

15. ____

16. ____

17. ____

18. ____

19. ____

20. ____

21. ____

22. ____

23. ____

24. ____

25. ____

NOTES (जो निर्णय आपने अपने जीवन में लेने हेतु तय किये है)

26. ____

27. ____

28. ____

29. ____

30. ____

31. ____

32. ____

33. ____

34. ____

35. ____

36. ____

37. ____

38. ______________________________________

39. ______________________________________

40. ______________________________________

41. ______________________________________

42. ______________________________________

43. ______________________________________

44. ______________________________________

45. ______________________________________

46. ______________________________________

47. ______________________________________

48. ______________________________________

49. ______________________________________

50. ______________________________________

अध्याय – 16

मोटी मछली आई! अंकल अभी तो और आयेगी – एक कहानी

एक सरोवर में मछुआरें मछलियां पकड़ा करते थे। लेकिन मौसम का कुछ ऐसा असर हुआ कि मछलियां जाल में फंस ही नही रही थी। सम्भवतः मछलियां गहरे पानी में चली गई थी।

एक 8–10 साल का बच्चा जिसके माता–पिता गरीब थे, उसने मछली पकड़ना सीखा और उस सरोवर पर चला गया। प्रातःकाल का समय था, एक वरिष्ठ मछुआरा भी वहां आ गया। उसने भी अपना मछली पकड़ने का कांटा सरोवर में फेंका, लेकिन उसके कांटे में कोई मछली नही फंसी। वो कई बार आटा लगा हुआ कांटा पानी में फेंकता लेकिन कांटा खाली चला आता।

उस छोटे बच्चे ने भी कांटे के आटा लगाया और पानी में फेंका। थोड़ी देर बाद एक मोटी मछली कांटे में फंसकर आ गई। पास में ही वो वरिष्ठ व्यक्ति खड़ा था। उसने सोचा कि यह क्या बात है? मेरे कांटे में तो एक भी मछली नही फंसी और इस छोटे बच्चे के कांटे में इतनी मोटी मछली फंसी है।

बच्चा बोला कि अंकल अभी तो और आयेगी। बच्चे ने फिर कांटे में आटा लगाया और सरोवर में फेंका। थोड़ी देर में एक और मोटी मछली कांटे में फंस गई। बच्चा मुस्कुराया। जब–जब भी कांटा डालूंगा, मछली फंसेगी।

वरिष्ठ व्यक्ति तो सोच रहा अथा कि सरोवर में मौसम के कारण मछलियां बची भी है या नही? कोशिश करता हूं कि शायद कोई फंस जाये। है तो मुश्किल ही।

बच्चा तो पूरी तरह उत्साहित था। उसे किसी निगेटिव बात से कोई मतलब नही था, न ही कोई उसके दिमाग में निगेटिव बात गई थी।

जो अंदर है, वही बाहर प्रकट होता है।

वरिष्ठ व्यक्ति के दिमाग में अनेक तरह की निगेटिव बाते घुसी हुई थी। इसलिए उसके नकारात्मक परिणाम आ रहे थे, जबकि बच्चा पूरी तरह सकारात्मक था। अतः उसके परिणाम भी सकारात्मक आ रहे थे।

खुशी महसूस करोगें तो समस्या का निदान सरल है तथा समस्या का समाधान होने पर खुशी महसूस करोगें तो शायद मुश्किल हो।

जो व्यक्ति समस्याओं पर केन्द्रित होता है, उसके जीवन में आकर्षण के सिद्धांत के अनुसार और समस्याएं आती रहती है। जो व्यक्ति खुश होता है और समस्या के समाधान का प्रयास करता है, तो उसे उचित समाधान भी मिल जाता है। अतः इस प्रोसेस को बदलने की जरूरत है कि समस्या के समाधान पर खुश होंगे, बल्कि खुश होंगे तो जल्दी समाधान मिलेगा।

Happiness is your Choice

एक व्यक्ति अपने जीवन में जो महत्वपूर्ण प्रोएक्टिव कार्य कर सकता है, वो यह है कि खुश रहने का चुनाव करें। यदि कोई समस्या या विपत्ती आ जाये तो उसको दृष्टा की तरह अलग होकर देखें तो वो पायेगा कि उस समस्या में ही उसका समाधान छिपा है और यदि थोड़ा और खुश होकर समस्या पर गौर करेगा तो पायेगा कि समस्या में तो कई सुनहरे अवसर छिपे हुए है। हर समस्या एक सुनहरा अवसर है। बस सकारात्मक दृष्टिकोण से देखने की जरूरत है। जैसे कि हर बादल के चारों और चांदी की लाईनिंग होती है (Every cloud is a silver lining)।

प्रसन्नता की पोशाक को धारण करें

व्यक्ति जब प्रसन्नता का चुनाव करता है, जब प्रसन्नता को अंगीकार करता है तो हर समस्या उसके लिए वरदान साबित होती है। समस्या कैसी भी हो? लेकिन अपनी प्रसन्नता की पोशाक को ना उतारें। दुःखों की पोशाक को न पहने।

आध्यात्मिक लोग जीवन को सुखमय बतलाते है

अध्यात्म वेता कहते है कि जो मूल ऊर्जा है, वो शान्ति व सुख की है। अतः इंसान मूल रूप में शांत, प्रसन्नचित व खुश है। दुःख तो आने–जाने वाले है, आगंतुक है, मेहमान है। लेकिन व्यक्ति अज्ञानवश दुःख के समय अपने आपको दुःखी मानने लग जाता है। फिर धीरे–धीरे दुःखों में खोने लग जाता है और आकर्षण के सिद्धांत के अनुसार उसके दुःख कई गुणा बढ़ने लगते है।

एक बड़े कारपोरेट के मुख्य कार्यकारी अधिकारी
की व्यथा–एक कहानी

एक बड़ा उद्योगपति था। बड़ा उसका व्यापार था। स्वयं ही उसका मुख्य कार्यकारी अधिकारी था। वो 10 सालों से व्यापार कर रहा था। कई औद्योगिक इकाईया उसने डाल रखी थी, लेकिन व्यापार की फितरत है, तेजी–मंदी आना। उस व्यापारी का उद्योग भी मंदी का शिकार हो गया, कालचक्र की गति।

मुख्य कार्यकारी अधिकारी कर्जे में आ गया और कोई रास्ता सूझ नही पड़ रहा था। कई अपने उद्योग के क्षेत्र में सफल लोगों से सलाह ली। कई टाईम मैनेजमेंट, लीडरशिप मैनेजमेंट के वर्कशॉप अटेन्ड किये, लेकिन कोई खास लाभ व्यापार में हुआ नही।

मजेदार बात यह थी कि वो व्यक्ति बीलिनियर था लेकिन अब वो कर्जे में डूब गया। इसलिए बड़ी विचित्र स्थिति थी। आखिर कार उसे एक मेंटर

मिला जो अनुभवी था और उसने पहले तो उसे एक कहानी सुनाई। कहानी निम्न प्रकार थी–

एक सभ्रांत परिवार था। उसके परिवार में एक ही लड़का था और उसकी बड़े चाव से शादी कर दी। घर में नई बहू आ गई। लड़के की मां को भी बड़ा आराम मिला। घर के काम में सहयोग करने वाली बहू मिली।

एक दिन बहू ने शुभ समाचार दिया कि वो मां बनने वाली है तो सास फूली नही समाई। लेकिन धीरे–धीरे बहू की तबीयत कभी खराब हो जाती, कभी उल्टियां आती तो कभी कमजोरी आती। वो सास को अपनी बात बताती, अपनी तकलिफों से अवगत कराती, लेकिन सास कह देती कि अभी रसोई का काम कर लो। दुबारा फिर बहू हिम्मत करके अपनी तकलीफें सास को बतलाती। सास सुनती और कहती की जाओ कपड़े धो लो।

ऐसी घटना कई बार हो गई। बहू अपनी तकलीफें सास को बतलाती और सास कोई ना कोई काम उसे सौंप देती। सास का यह व्यवहार बहू को अच्छा नही लगा। इसलिए बहू ने अपने पति को सास की शिकायत की।

पति ने एकाधबार तो आई–गई कर दी। उसने कहा कि मां तेरे खिलाफ कोई बात थोड़े ही बोलेगी। लेकिन जब बार–बार पत्नी ने पति को ताने दिये कि मैं तकलीफ पाती हूं और तुम्हारी मां मुझें कोई ना कोई काम सौंप देती है।

पति ने हिम्मत करके अपनी मां से कहा कि मां तुझे मालूम है कि बहू गर्भवती है। मां बोली कि यह तो खुशी की बात है। फिर लड़के ने कहा कि मां यह अपनी तकलीफ बतलाती है तो मां ने कहा कि यह तो और भी अच्छा है कि सबकुछ ठीक चल रहा है। मां ने लड़के की बातों को गम्भीरता से नही लिया तो लड़का टेम्पर लूज कर गया और मां से कहा कि तूझें मालूम है कि यह गर्भवती है। फिर भी तू इससे काम करवाती है? तू क्यों निर्मम हो गई? और भी कई ताने मां को दिये।

मां ने कहा बेटा बहू को जो भी तकलीफे होती है, यह पार्ट ऑफ प्रोसेस है। तू मुझ पर क्यों गुस्सा कर रहा है? मुझें तीन बच्चे पैदा करने का

अनुभव है। बहू तो पहला बच्चा पैदा कर रही है। मैं तो तीन पहले कर चूकी हूं।

मेंटर ने यह कहानी सुनाने के बाद कहा कि व्यापार में उतार–चढ़ाव होते है। मैं कई बार कर्जे में दबा हूं लेकिन बाद में मैं कर्ज से उभरा तो और ज्यादा सम्पन्न हुआ। मैं भी बीलिनियर रहा हूं और आज भी हूं।

मैं तुम्हे एक नुस्खा देता हूं कि तुम अपने को बीलिनियर समझों। जैसे कि ट्रेन में बैठकर जाते है और किसी सूरंग के अंदर से ट्रेन गुजरती है तो अंधकार महसूस होता है। लेकिन थोड़ी देर में सूरंग खत्म हो जाती है।

इसी तरह से तुम मंदी के पीरियड को सूरंग समझों। अपने आपको बीलिनियर समझों कि मंदी की सूरंग से गुजर रहा हूं। जैसे व्यक्ति सूरंग में से गुजर जाता है। वो अपने ऊपर सूरंग का असर नही होने देता। इसी तरह तुम बीलिनियर हो और मंदी की सूरंग से गुजर रहे हो। थोड़े समय में सूरंग से बाहर आ जाओगे।

यहां मनोवैज्ञानिक एक सिद्धांत है कि मंदी की सूरंग आई है तो अपने को कर्जमंद मत मानों बल्कि तुम बीलिनियर हो और कर्ज वाली सूरंग से गुजर रहे हो तथा जल्दी सूरंग से बाहर हो जाओंगे।

तुम जन्मजात खुश हो, लेकिन कभी–कभी दुःखों की सूरंग से गुजरते हो

अपने को खुश समझों और खुशी महसूस करों। यानी आपका पैराडाईम खुशी का है। आपको दुःखों में जाना पड़ सकता है। लेकिन दुःख तो ऐसे ही है जैसे ट्रेन अंधेरी सूरंग से गुजरती है।

पैराडाईम

आप अपने पैराडाईम को खुशी का पैराडाईम रखें। आपके जीवन में दुःख आ सकते है, तकलीफे आ सकती है। पर वो मेहमान की तरह है, आगन्तुक की तरह है, वो आयेंगे और चले जायेंगे।

भगवान कृष्ण ने भगवद्गीता में बतलाया है कि दुःख–सुख तो आने–जाने वाले है। जिस तरह से सर्दी–गर्मी–बसंत ऋतुएं आती–जाती है।

दुःखों व तकलीफों को दृष्टा बनकर देखने से वो आपकी भावनाओं को ठेस नहीं पहुंचेगी। घटनाएं सिर्फ तथ्य है। उन पर हमारी प्रतिक्रियाएं, हमारी मान्यताएं ही उनको दुःख–सुख का नाम देती है।

एक सेठ के लड़के की कहानी – अज्ञानवश दुःख की जुबानी

एक सेठ का व्यापार काफी चल पड़ा था। वो अपने बेटे–बहू के साथ बड़ी हवेली में रहता था। एक दिन सेठ के लड़के को अकस्मात रात्री में कही जाना पड़ गया। पास के कमरे में सेठजी सो रहे थे। उन्हें परेशानी नही हो, इसलिए घर का दरवाजा बाहर से ही बंद कर चला गया। रात के करीबन 2 बजी थी। घर में सेठजी के अलावा कोई नही था।

रात को शहर में चोर घूम रहे थे। बाहर से कुंडी बंद देख कर, कूंडी को खोल कर चोर घर में घुस गया और सेठजी के लड़के के कमरे में चला गया। सर्दियों के दिन थे, खाट पर रजाई थी। वो चोरी करने के इरादे से कुछ ढूंढ ही रहा था कि उसे पास के कमरे में सेठ के उठने की आवाज सुनाई दी तो चोर रजाई ओढ़ कर बिस्तर पर सो गया।

सेठजी ने अपने लड़के बहुत आवाजे दी, लेकिन सेठ का लड़का तो वहां था ही नही तो आवाज कौन सुनता? सेठजी ने लड़के के कमरे में आकर झकझोरा, आवाजें दी, लेकिन उनसे रजाई से मुहं बाहर नही निकाला। आखिर सेठजी ने सोचा कि लड़का कहीं मर तो नही गया। आस–पड़ौस में सूचना दी गई। लड़के को चारपाई से उतारा गया और जमीन पर सुलाया गया। सेठ जोर–जोर से चिल्लाने लगा और रोने लगा। पास के गांव से अपनी पुत्रवधु को बुला लिया व सारे रिश्तेदारों को भी बुला लिया।

अर्थी सजा ली गई। इतने में सेठ के लड़के का एक दोस्त, लड़के की मृत्यु का समाचार सुनकर आया। उसने अर्थी सजी हुई देखी तो सेठ से कहा कि आपका लड़का तो रात को दुबई चला गया था। इतनी जल्दी आ भी गया? सेठ के लड़के के दोस्त ने अपनी बात को थोड़ा जोरदार शब्दों मे कहा कि मैं उसे एयरपोर्ट छोड़ कर उतारा गया, उस पर

से कपडा हटाया तो चोर उसमें से निकल कर भाग गया। इतने में सेठ के लड़के का दुबई से फोन भी आ गया। सारा दुःख खुशी में बदल गया।

यह कहानी बतलाती है कि वो लड़का मरा नही था। मगर अज्ञानवश वो दिखाई नही दिया। इसलिए सभी दुखी हो गये। सभी की आंखों पर अंधेरा छा गया। ज्योंही लड़के का फोन आया, त्योंही बात साफ हो गई और दुःख गायब हो गया।

दुःखों का मूल कारण, अज्ञान है और दैविक कृपा होती है तो ज्ञान प्राप्त होता है तथा दुःखों से आदमी निजात पाता है।

अतः इंसान को ईश्वर की और से दी गई निम्न चार शक्तियां है। इनको व्यक्ति अभ्यास के द्वारा विकसित करें ताकि इंसान का अज्ञान रूपी अंधकार दूर हो सके और उसके दुःखों का निवारण हो सके।

1. स्वः जागरूकता की शक्ति (Self Awareness)

2. कल्पनाशीलता (Imagination)

3. अच्छे–बूरे को समझने की शक्ति (Power of Discrimination)

4. स्वतंत्र इच्छा (Independent Will)

ये चारों शक्तियां परमात्मा ने पशुओं को नही दी है, सिर्फ इंसान को दी है। इन शक्तियों को अभ्यास के जरिये बढ़ाया जा सकता है और इन शक्तियों के प्रकाश में सभी दुःखों को दूर किया जा सकता है।

जो व्यक्ति बीलिनियर बनना चाहें व सफलता की ऊंचाईयाँ छूना चाहे तो उसे उपरोक्त चारों शक्तियों का विधिवत समय देकर अभ्यास करना चाहिये ताकि उसकी प्रतिभाएं अत्यधिक विकसित हो सके और वो जिंदगी में सफल हो सके।

NOTES (जो बातें आपके हृदय को छू गई है)

1. ____
2. ____
3. ____
4. ____
5. ____
6. ____
7. ____
8. ____
9. ____
10. ____
11. ____
12. ____
13. ____
14. ____
15. ____
16. ____
17. ____
18. ____
19. ____
20. ____
21. ____
22. ____

23. _______________________________________

24. _______________________________________

25. _______________________________________

NOTES (जो निर्णय आपने अपने जीवन में लेने हेतु तय किये है)

26. _______________________________________

27. _______________________________________

28. _______________________________________

29. _______________________________________

30. _______________________________________

31. _______________________________________

32. _______________________________________

33. _______________________________________

34. _______________________________________

35. _______________________________________

36. _______________________________________

37. _______________________________________

38. _______________________________________

39. _______________________________________

40. _______________________________________

41. _______________________________________

42. _______________________________________

43. _______________________________________

44. _______________________________________

45. _______________________________________

46. _______________________________________

47. _______________________________________

48. _______________________________________

49. _______________________________________

50. _______________________________________

अध्याय – 17

मेरे और पैसे का तो छत्तीस का आंकड़ा है – एक कहानी

एक कॉलेज में एक प्रोफेसर थे। अच्छा वेतन मिलता था। कोमर्स के प्रोफेसर थे। इसलिए शेयर्स की खरीद–फरोख्त में पूरी रूची लेते थे। जब भी कोई शेयर का अलोटमेंट निकलता तो वो पूरी कोशिश करते है। ऐसा करते हुए उन्हे करीबन 5 साल हो गये थे।

एक दिन वो मुझें रेलवे स्टेशन पर मिल गये। गाड़ी आने में थोड़ा समय था। इसलिए हम वेटिंग रूम में बैठकर बातें करने लगे। वो अपने बारे में बहुत कुछ बताना चाहते थे। लेकिन मैनें उन्हे रोक कर पूछ लिया कि सुस्त कैसे दिखाई देते हो? चेहरे पर चमक–दमक नही दिखती। वो बोले आजकल कड़की चल रही है। मैनें कहा कि प्रोफेसर हो, अच्छा वेतन है, फिर भी। वो बोले कि शेयर्स में मारा गया।

मैनें पूछा कि क्यों क्या हुआ? वो बोले कि आपको तो पता ही है कि मेरा और पैसे का छत्तीस का आंकड़ा है। मैनें पूछा कि यह कैसें? वो बोले कि आप तो सरकारी सेवा में चले गये, हम यहां प्राईवेट में है। यहां कौनसी पेंशन मिलनी है?

वो थोड़ा रूके और अपनी व्यथा बताने लगे। वो बोले कि शेयर्स के अंदर मुझें काफी नुकसान हो गया। मैं अपनी पूरी बचत शेयर्स में लगाता था और आज पूरा कर्जे में आ गया। मैनें पूछा कि कितने का घाटा हुआ? और

यह हुआ कैसे? घाटा तो काफी हुआ है। आप तो जानते ही हो कि मेरा और पैसे का छत्तीस का आंकड़ा है।

मैनें कहा कि थोड़ा खुलकर बताओं। तो उन्होने कहा कि मैनें जो शेयर खरीदे थे, उनके भाव गिर गये। जो मैनें शेयर बेच दिये उनके भाव बढ़ गये। यानी जो खरीदता हूं उनके भाव गिर जाते है तथा जो बेच देता हूं उनके भाव बढ़ जाते है। मैं यही अफसोस करता रहता हूं। यानी कि जो बेच दिये उनके लिए भी अफसोस, जो खरीद कर नये लिये उनके लिए भी अफसोस। पैसे से छत्तीस का आंकड़ा जो है।

एक ज्वेलर्स की कहानी

एक अच्छा ज्वेलर्स था। वो सोना खरीदता था। अच्छे कारीगर रखे थे जो गहने बनाने का काम करते थे। वो व्यक्ति धार्मिक था, इसलिए सत्संग आदि में भी जाते था। हमारी उनसे पुरानी जान–पहचान थी, इसलिए यदा–कदा घर पर मिलने भी आ जाते था। जब भी वो आते, हम उनसे एक ही प्रश्न पूछते कि धंधा कैसा चल रहा है? वो एक ही उत्तर देते कि पैसा कमाने की क्या साइंस है? हमें आज तक पता नही लगी। ऐसे लोगों के पास पैसा आ जाता है, जो पढ़े–लिखे नही है और ऐसे लोगों के पास भी पैसा आ जाता है, जो पढ़े–लिखे है।

मजेदार बात यह है कि मैं जिस धंधे में हाथ ड़ालता हूं तो सोना समझकर काम शुरू करता हूं। मगर मेरा सोना तो मिट्टी हो जाता है। मेरा कम्पीटिटर मिट्टी में हाथ ड़ालता है तो, उसके लिए मिट्टी भी सोने की हो जाती है।

उपरोक्त पहली कहानी में भी प्रोफेसर साहब यही पूछते रहते कि मेरा पैसे से छत्तीस का आंकड़ा क्यों है? दूसरी कहानी में ज्वेलर्स पूछता है कि मैं सोने में हाथ ड़ालता हूं तो मिट्टी क्यों हो जाता है?

मैं इन दोनों मित्रों व अन्य सभी इच्छुक लोगों को यह बतलाना चाहता हूं कि हर इंसान के पास ईश्वर ने एक अपूर्व शक्ति दी है, वो है चुनाव

करने की शक्ति। फलां काम करना है अथवा नही करना, यह चुनाव आपका है। पैसा कमाना है, या नही कमाना, यह चुनाव आपका है। चुनाव करने की शक्ति हेतु ईश्वर ने किसी के भी साथ पक्षपात नही किया है। आप निम्न में से कोई भी चुनाव कर सकते हो–

1. आप बीलिनियर बनना चाहो तो बन सकते हो। नही बनना चाहों तो इच्छा आपकी।

2. आप ऑफिसर बनना चाहों तो बन सकते हो, नही बनना चाहों तो आपकी मर्जी।

3. आप एक सफल व्यक्ति बन सकते हो, नही बनना चाहते तो इच्छा आपकी।

ईश्वर के द्वारा दी गई दैविक गिफ्ट

दैविक शक्तियों ने हर इंसान को एक मुफ्त का उपहार दिया है। यह उसे जन्म से मिला है। चुनाव करने की शक्ति उसे उपहार में मिली है। क्या चुनाव करना है, यह वह जाने।

निम्न चार शक्तियां हर इंसान को ईश्वर के द्वारा दी गई है–

1. आत्म जागरूकता की शक्ति ;च्वूमत वि ूंतमदमेद्धरू.   ईश्वर ने इंसान बनाने के साथ ही उसे यह शक्ति दी है कि वो अपना आत्म अवलोकन कर सके। यह शक्ति पशुओं को नही दी है, सिर्फ इंसान को मिली है। हर व्यक्ति के पास थोड़ी बहुत मात्रा में यह शक्ति मौजूद रहती है। शुभ सूचना यह है कि इस शक्ति को बढ़ाया जा सकता है।

अतः उपरोक्त दोनों कहानियों के नायकों प्रोफेसर या ज्वेलर्स तथा अन्य लोग जो सफल होना चाहते है, उनको में आत्म जागरूकता के महत्व व इसकी शक्ति से परिचित कराना चाहूंगा।

यदि कम्प्यूटर की भाषा में कहे तो इंसान के शरीर में दो भाग है। एक तो दिखाई देने वाला शरीर जो हार्डवेयर है। दूसरा उसके अंदर बैठा हुआ दिमाग जो सॉफ्टवेयर है। हार्डवेयर वाईज लगभग सभी लोग एक जैसे है। फर्क है, सभी लोगो के दिमाग के सॉफ्टवेयर के कारण।

यह एक अच्छी बात है कि आप अपने सोफ्टवेयर के स्वयं ही प्रोग्रामर है। अतः आधा घंटे के लिए पेन व नोटबुक लेकर बैठ जाइयें। आप जीवन में क्या– क्या चाहते है? उन्हे लिख डालियें। क्या कुछ आप आपको जीवन में मिला हुआ है, उनको भी लिख डालियें। आपके विभिन्न विषयों पर क्या–क्या विश्वास है? आपके कौन–कौन से सपने है? आप किन लोगों से रिश्ते रखना चाहते है? यानी कि आप अपने जीवन की सभी बातें लिख डालिये।

आप अपने आप में ईमानदार रहे। किसी और को दिखाने की जरूरत नही है, इसलिए ईमानदार रहना सम्भव है। ये आत्म अवलोकन करने की शक्ति सिर्फ इंसान को ही दी गई है। इसका प्रयोग करके प्राचीन काल से ही लोग अपने समाज की तरक्की करते आ रहे है।

प्रक्रिया

जब आपने अपने सभी विश्वासों को, सपनों को व वर्तमान स्थिति को लिख लिया है, तब जो–जो चीजें आपको पसंद नही है, उनको डिलिट करिये और डिलिट बटन दबा दे। जो आप में नही है, मगर आपकी इच्छा है, उनको एन्ट्री बटन दबाकर अपने सोफ्टवेयर में ले–ले। अब आपके सोफ्टवेयर के अंदर विश्वासो का पैटर्न अलग तरह का होगा। आप जैसा चाहते है, वैसा ही होगा। आपने सोफ्टवेयर बदल लिया।

स्टीफन आर कोवी के शब्दों में कहे तो आपने अपने जीवन की प्रथम रचना की जिम्मेदारी आपने स्वयं ने ले ली तथा आपने अपनी जिंदगी का एक लिखित ब्ल्यू प्रिंट बना लिया। इसी को **स्टिफन आर कोवी** प्रथम रचना कहते है। ये प्रथम रचना मानसिक रचना है। यह वैसी ही वास्तविक है, जैसे कि किसी ईमारत को बनाने से पहले नक्शा बनाया जाता है। आपके दिमाग के सोफ्टवेयर में जो पैटर्न होंगे, आपके जीवन में वही धटनाएं घटेगी।

आपका पैसे से छत्तीस का आंकड़ा है, ऐसे नेगेटिव वाक्यों को डिलिट करना होगा। जहां सोने में हाथ डालू, वही मिट्टी हो जाता है, ऐसे वाक्यों को भी डिलिट करना होगा। पैसे की क्या साइंस है? मेरी समझ में नही

आई। इसे भी डिलिट करना होगा। इसकी बजाय आपको पोजिटिव बातें जैसे कि मेरे पास बहुत पैसा है। मैं पैसे को प्यार करता हूं। लोग मेरी मदद करने को तत्पर रहते है, मैं एक सफल व्यक्ति हूं, मैं बीलिनियर हूं। ये बाते आपको सोफ्टवेयर में ड़ालनी है, ताकि आपके दिमाग में यह पैटर्न बन जाये और इसी के अनुसार आपके जीवन में सफलताएं आनी आरम्भ हो जाए।

दोषी और कोई नही है। सिर्फ आप नेगेटिव बातों को अपने अंदर जाने देते है, उनमें रस लेते है। इसीलिये वैसे ही पैटर्न बन जाते है और आपके जीवन में अप्रिय बातें घटने लगती है।

आपको ज्यादा कुछ करने की जरूरत नही है। आत्म जागरूकता के साथ नेगेटिव बातों को डिलिट कर दे और पोजिटिव बातों को एन्टर कर दे ताकि आपके दिमाग में सफलता के पैटर्न बन जाये और आप दिनो–दिन सफलताएं प्राप्त कर सके।

अगर आपकी अवेयरनेस में थोड़ा सा भी ईजाफा हो जाता है तो आपके व्यक्तित्व में बहुत बड़ा सकारात्मक परिवर्तन हो जायेगा।

2. **कल्पनाशीलता (Power of Imagination):-** दैविक कृपा तो हर वक्त बरसती रहती है। दैविक कृपा तो गिली मिट्टी की तरह है। बीज ड़ालने की जिम्मेदारी आपकी है। एक सामान्य इंसान निम्न प्रकार से बीज ड़ालता है।

3. अपने विचारों द्वारा।

4. अपने भावों द्वारा।

5. अपनी वाणी द्वारा।

6. अपने कर्मो द्वारा।

7. अपने संकेतो द्वारा।

अगर बीज ड़ालने की जिम्मेदारी इंसान अपने हाथों में लेगा तो भविष्य में अपनी इच्छित फसल को प्राप्त करेगा। अगर जिम्मेदारी नही लेगा तो भूतकाल की घटनाओं में से प्रकृति अपने हिसाब से चुनकर आपके लिये बीज ड़ाल देगी और आपके जीवन में वही घटित होता रहेगा जो भूतकाल में होता रहा है।

आपने जिम्मेदारी नही ली, इसलिए आपका भूतकाल तो खराब हो ही गया और भूतकाल ने वर्तमान को भी खराब कर दिया। अब यदि भूतकाल से ही भविश्यकाल पैदा होगा, वो भी आपके लिए दुखद होगा।

यह एक दुश्चक्र है, इस दुश्चक्र को तोड़ने की आप स्वयं जिम्मेदारी ले व अच्छी कल्पनाएं करें, अच्छे विचार प्रेषित करें, अच्छे भाव सम्प्रेषित करें और इसे लगातार करते रहना होगा। सम्भव है कि आपने जिम्मेदारी लेकर विचारों को, भावनाओं को, वाणी को सकारात्मक बना लिया और अब सकारात्मक बीज ड़ाल रहे है। लेकिन भूतकाल के जो ड़ले हुए बीज है, वो अपना असर दिखाते रहेंगे। अतः एक जिम्मेदारी यह भी ले कि भूतकाल को गुड़बॉय कह दे और पूरी जिम्मेदारी से स्वयं कैसा भविष्य चाहते है? वैसे ही विचार लाये, वैसी ही वाणी बोले, वैसे ही कर्म करें, वैसे ही भाव रखे। यानी इन पांचो तरीकों से बीज ड़ाले जाते है। इनमें संतुलन रखे, सम्यकता रखे।

मैमोरी भूतकाल का विषय है। आंइस्टिन का कहना है कि मैमोरी से ज्यादा इंसान के जीवन में महत्वपूर्ण है, कल्पनाएं। मैमोरी का क्षेत्र सीमित है, जबकि कल्पनाओं का क्षेत्र असीमित है। भूतकाल को आप बदल नही सकते, जो घट गया वो घट गया। लेकिन आप अच्छे बीज ड़ालकर अपने भविष्य का निर्माण कर सकते है। अपनी कम्पना शक्ति का प्रयोग अच्छे कामों को करने की जिम्मेदारी नही लेंगे तो आपके भविष्य के बीज या तो भूतकाल की घटनाएं डाल देगी या आपके परिवेश के लोग और आप जिंदगी में कठपूतली बनकर रह जायेंगे। अतः कल्पना शक्ति का सही व सटीक उपयोग करना लाजमी है।

3. **अच्छे–बूरे का भेद करने की शक्ति (Power of Discrimination):-** इंसान को अच्छे–बूरे की पहचान है। इसे विवेक शक्ति कहते है। किसी में कम हो सकती है तो किसी में ज्यादा। लेकिन प्रयास करके, अभ्यास करके इसे बढ़ाया जा सकता है। यह भी सिर्फ इंसानों को ही दी गई है। पशुओं के पास में कोई विवेक शक्ति नही है। इस विवेक शक्ति का ही प्रयोग करके इंसान ने परिवार नामक संस्था को जन्म दिया, समाज को जन्म दिया, सरकारे बनाई।

विवेक की शक्ति से व्यक्ति अच्छे और बूरे का ज्ञान करता है और अपने लिए अच्छी–अच्छी बातें करता है।

इस विवेक की शक्ति के मैं दो भाग करता हूं–

1. **सामाजिक विवेकः–** इसका अर्थ है कि समाज की जो मर्यादाएं है, परम्पराएं है, उनके अनुसार काम करना और समाज के द्वारा मान्यता प्राप्त करना, प्रतिष्ठा प्राप्त करना। समाज क्या कहेगा या क्या नही कहेगा से बराबर प्रभावित होते रहना। कुछ लोग बहुत अधिक सामाजिक रूप से संवेदनशील होते है। वो समाज को राजी रखने के लिए अनेक प्रकार के घटिया काम भी कर लेते है और अपने आपका शोषण भी करवा लेते है। इससे कई कुरीतियां भी बनी है जैसे कि दहेज प्रथा, पर्दा प्रथा आदि।

2. **आंतरिक विवेकः–** इसमें व्यक्ति अपने अंदर झांकता है। आत्म अवलोकन करता है तो वो पाता है कि उसे अंदर से मार्गदर्शन प्राप्त हो रहा है। अंदर से सुरक्षा महसूस हो रही है। अंदर से शक्ति मिल रही है। अंदर से सहयोग मिल रहा है। ऐसा व्यक्ति आत्म नियंत्रित होता है और वो अपनी आत्मा के अनुसार जिसे श्रेष्ठ समझता है, उन कार्यों को करने में संलग्न रहता है। वो समाज के नियमों की पालना तो करता है, लेकिन समाज द्वारा सम्मान मिले इस हेतु लालायित नही रहता। न ही समाज की मान्यता का मोहताज होता।

    4. **स्वतंत्रत इच्छा शक्ति (Independent Will):-** इंसान को ईश्वर ने इच्छा शक्ति दी है। उसे इच्छा करने का अधिकार है, इच्छा को पूरी करने का अधिकार है। और सभी लोगों की इच्छाएं एक जैसी नही होती। अलग–अलग लोगों की इच्छाएं अलग तरह की होती है। इसलिए सभी इच्छाओं को पूरा होने की पूरी–पूरी सम्भावना है। ईश्वर ने इच्छा करने का मौका हर इंसान को दिया है तो उसे पूरा करने की शक्ति भी उसे प्रदान की है।

मजेदार बात यह है कि अगर दैविक शक्तियां नाराज भी हो जाये, तो उससे उसकी ये स्वतंत्र इच्छा शक्ति को नही छीन सकती।

भगवान कृष्ण ने गीता में कहा है कि 'अर्जुन तुझें मैनें सारा ज्ञान बतला दिया। गूढ़ से गूढ़ सारा ज्ञान बतला दिया। अब तू इस पर विचार कर। फिर जो तेरी इच्छा हो, वो निर्णय कर'। भगवान कृष्ण ने अर्जुन की स्वतंत्र इच्छा को बिलकुल भी नही नकारा है। बल्कि पूरा समर्थन दिया है कि विचार विमर्श के बाद जो तेरी इच्छा हो, वही कर।

'इति, ते ज्ञानम् आख्यातम् ग ुह्यात् गुह्यतरम् मया,

विमृश्य, एतत् अशेषेण यथा, इच्छसि, तथा, क ुरु।।63।।'

अनुवाद: (इति) इस प्रकार (गुह्यात्) गोपनीयसे (गुह्यतरम्) अति गोपनीय (ज्ञानम्) ज्ञान (मया) मैंने (ते) तुझसे (आख्यातम्) कह दिया (एतत्) इस रहस्ययुक्त ज्ञानको (अशेषेण) पूर्णतया (विमृश्य) भलीभाँति विचारकर (यथा) जैसे (इच्छसि) चाहता है (तथा) वैसे ही (कुरु) कर। (63द्व

NOTES (जो बातें आपके हृदय को छू गई है)

1. ____

2. ____

3. ____

4. ____

5. ____

6. ____

7. ____

8. ____

9. ____

10. _______________________________

11. _______________________________

12. _______________________________

13. _______________________________

14. _______________________________

15. _______________________________

16. _______________________________

17. _______________________________

18. _______________________________

19. _______________________________

20. _______________________________

21. _______________________________

22. _______________________________

23. _______________________________

24. _______________________________

25. _______________________________

NOTES (जो निर्णय आपने अपने जीवन में लेने हेतु तय किये है)

26. _______________________________

27. _______________________________

28. _______________________________

29. _______________________________

30. _______________________________

31. ______________________________
32. ______________________________
33. ______________________________
34. ______________________________
35. ______________________________
36. ______________________________
37. ______________________________
38. ______________________________
39. ______________________________
40. ______________________________
41. ______________________________
42. ______________________________
43. ______________________________
44. ______________________________
45. ______________________________
46. ______________________________
47. ______________________________
48. ______________________________
49. ______________________________
50. ______________________________

अध्याय – 18

ताऊ पगड़ी सम्भाल – एक कहानी

हरियाणा के एक गांव की बात है। एक बुजुर्ग व्यक्ति बड़ी पगड़ी लगाए हुए बैठे हुए हुक्का पी रहे थे। तभी उसका बेटा आया जो कि कहीं सरकारी में प्रवक्ता के पद पर लगा हुआ था। कहने लगा कि मेरा स्थानान्तरण जीन्द हो गया है, जो यहां से कम से कम 200 किमी. दूर है। मैं कैसे जाऊंगा? बच्चे भी छोटे है, मां भी बीमार रहती है।

लड़के ने बुजुर्ग पिता को एक बार बात कहीं तो वो हुक्के के कश खींचने लगा। बेटे ने दुबारा जोर देकर कहा कि मेरा स्थानान्तरण हो गया जो निरस्त भी नही हो पा रहा है। बड़ी मुश्किल है। कभी तो सोचता हूं कि नौकरी छोड़ कर खेती करने लग जांऊ।

बुजुर्ग व्यक्ति बड़ी पगड़ी बांधे हुए था। वो मुस्करा कर बोला कि पगड़ी कैसी लग रही है? बेटे ने एक बार तो अनसुनी कर दी। फिर पिता ने पूछा कि पगड़ी कैसी लग रही है? तो बेटा झल्ला उठा, और बोला कि पगड़ी को भला क्या होना था? दुःख आया है, तो मुझ पर आया है। तब पिता ने अपनी पगड़ी उतारी और अपने बेटे के सिर पर रख दी और बोला कि आज से इस पगड़ी को तू लगायेगा।

बेटे ने कहा कि क्या मजाक कर रहे हो? पिता ने कहा कि मजाक नही कर रहा हूं। तेरे सिर पर पगड़ी अच्छी लग रही है। तुम खुश हो कि मैनें तुम्हे कितनी अच्छी पगड़ी पहनाई है। बेटा बोला कि इसका क्या मतलब है? पिता ने कहा कि मैं जब भी पंचायत में जाता हूं तो लोग मुझें कहते है कि ताऊ पगड़ी सम्भाल। यानी कि पगड़ी की इज्जत रख और मैं इसको यो

कहता हूं कि यह पगड़िया तुम्हे खुशियां देती है। कुछ भी हो जाये लेकिन इस खुशी देने वाली पगड़ी को मत उतारना।

पिता ने बेटे को एक कहानी सुनाई कि एक बार कुछ लोग टेन्ट में बैठे अपना काम कर रहे थे। आंधी, तूफान आया और टेन्ट की छत उड़ गई। एक आदमी ने कहा कि आंधी, तूफान आया है, टेन्ट उड़ गये है, लेकिन अपनी खुशी की पगड़ी को मत उड़ने दो। यानी कि कैसी भी मुसीबत आ जाये? लेकिन अपनी इस खुशी की पगड़ी को मत उड़ने दो। यानी खुशी को कम मत होने दो। बेटा यह हैप्पी पगड़ी है। कोई भी मुसीबत आ जाये लेकिन अपनी इस हैप्पी पगड़ी को मत उतरने देना। यह तूझें सदैव खुश रखेगी। जब तू खुश रहेगा तो कोई भी समस्या या संकट आ जाये, तू उसको खुशी–खुशी पार कर लेगा। बेटा बोला कि ताऊ यह तो हैप्पी पगड़ी है। बाप बोला कि हां बेटा।

हैप्पीनेस इंसान को दैविक देन है। जब दिव्य शक्तियां खुश होती है तो इंसान को हैप्पीनेस प्रदान करती है। व्यक्ति स्वयं भी जब चाहे तो हैप्पी रहने का चुनाव कर सकता है। दैविक शक्तियों ने हैप्पीनेस चुनने का अधिकार भी इंसान को दिया है।

जब काम पूरे होंगे, तब खुश होंगे

एक सास अपनी बहू को समझा रही थी कि तेरे जब बेटा होगा, यानी कि जब मेरे पोता होगा, तब मुझें खुशी मिलेगी। बेटा कह रहा था कि मां जब सरकारी नौकरी मिलेगी, तब खुशी मिलेगी। यानी लोग खुशियां काम पूरे हो जाने पर ढूंढते है। उनकी खुशियां भविष्य में ही ड़ोलती रहती है। यह कोई गारन्टी नही है कि काम पूरा होने पर व्यक्ति खुश हो पायेगा और फिर वो कितनी देर खुश रह पायेगा।

इंसान के मन की आदत है कि जब तक कोई चीज नही मिलती, तब तक पीछा करता है और मिल जाने के बाद थोड़ी देर तो खुशी होती है। फिर और दूसरी चीज को प्राप्त करने में जुट जाता है। उसे नीत नई चीज चाहिये, खुशी प्राप्त करने के लिये।

खुश होकर कोई भी काम करेंगे तो सफल होंगे

खुश होकर जब भी कोई काम किया जाता है तो उसमें सफलता प्राप्त होती है। खुश होना एक प्रोएक्टिव एक्शन है। यह इंसान का अपना स्वयं का चुनाव है कि वो खुश रहे या दुखी रहे। क्योंकि वस्तुएं, घटनाएं तो जीवन में तथ्य है। हम उनको किस निगाह से देखते है, किस विश्वास से देखते है, वही हमें दु:खी–सुखी करता है।

एक तथ्य था कि मां का इकलोता बेटा बी.ए. पास करके दिल्ली चला गया। वहां पर उसने तैयारी की और आई.ए.एस. इत्यादि की तैयारी करके आई.पी.एस. के पद पर नियुक्त हो गया। वो 6 माह बाद अपने घर आया और पुलिस की वर्दी में आया। गांव में आया क्योंकि वहा पर उसका अपना घर था। वह अपने घर गया तो वहा कुंडा लगा हुआ था। उसने कुंडा खोल लिया और अंदर चला गया। पड़ौसी ने देखा कि पुलिस वाला क्यों आया है? पास के मौहल्ले में उसकी मां गई हुई थी। उसकी मां से पड़ौसियों ने कहा कि तुम्हारे घर पुलिस वाला आया है। तू घर मत जाना, कहीं पकड़ ना ले। उस बूढ़ी मां का भी पुलिस से वास्ता नही पड़ा था, इसलिए डर गई।

दोपहर के 3 बज गई। बूढ़ी मां के चाय का समय हो गया। उसने कहा कि मैं तो घर जाकर चाय बनाउंगी। पड़ौस की औरते भी उसके साथ गई। जाकर देखा कि उसका बेटा पुलिस की वर्दी में खड़ा था। मां को देखते ही बेटा उसके पांव छूएं, पड़ौस की औरतो के भी पांव छूएं। बेटे ने कहा कि मैं पुलिस अफसर बन गया। भय का माहौल खुशी में बदल गया।

अत: ज्योंही जानकारी हुई तो पुलिस का भय खत्म हुआ और अपने बेटे पर प्यार उमड़ आया। यानी कि अज्ञानतावश या तो भय लगता है या हम अपने विश्वासों के कारण किसी भय को पैदा कर लेते है।

रेड़ियों का सिद्धांत

आप एफ.एम. रेड़ियों के बारे में तो जानते ही है। अगर आप एफ.एम. रेड़ियो पर कोई गाना सुन रहे है। मान लो वो गाना दु:ख भरा है और आपको पसंद नही आ रहा है। आपने फ्रिक्वेंशी बदल कर

रेड़ियो स्टेशन बदल दिया। वहां दूसरा गाना आ रहा है। थोड़ी देर बाद आपने फिर फ्रिक्वेंशी बदल दी और अब उसमें समाचार आ रहे है। इसका अर्थ यह है कि आपने उस फ्रिक्वेंशी को किस जगह लगाया है। जादू इसी में है।

इसी तरह इस यूनिवर्स में दुःख की व सुख की फ्रिक्वेंशी घूम रही है। आप अपने आपको किस फ्रिक्वेंशी से कनेक्ट करते हो। आपकी संवेदनशीलता किसके प्रति है। यदि आप दुःख के साथ कनेक्ट करते हो तो दुःखी हो जाओगे। जीवन में दुःख ही दुःख हो जायेगा।

एक अच्छा समाचार यह है कि आप जब चाहों अपना कोन्टेक्ट बदल सकते हो। दुःख के बजाय सुख को जोड़ सकते हो। बस ऐसे ही समझियें कि कोई व्यक्ति गरीबी के रेड़ियो के स्टेशन से अपने को जोड़े हुए है, तो वो गरीबी का गीत गाता रहता है। किसी व्यक्ति ने अमीरी के स्टेशन से कनेक्ट कर रखा है, तो वो अमीरी की बातें करता है।

इस यूनिवर्स में गरीबी, अमीरी, खुशियां आदि सब की फ्रिक्वेंशिज घूम रही है। आप जिससे कनेक्ट होना चाहों, कनेक्ट हो सकते हो।

यदि आप दुःख की फ्रिक्वेंशी से कनेक्ट करते हो तो लॉ ऑफ अट्रेक्शन का सिद्धांत और ज्यादा दुःख प्रदान करता रहेगा।

यदि आप अमीरी की फ्रिक्वेंशी से कनेक्ट करते हो तो आकर्षण के सिद्धांत के अनुसार अमीर से और ज्यादा अमीर बन जाओंगे। धनी से धनी बनते रहोगे।

विजन

आप जीवन में क्या चीज चाहते है? यह आपको तय करना होगा। आप अमीर बनना चाहते है। आप अच्छा रोमांटिक पार्टनर चाहते है। आप अच्छा घर चाहते है। आप बीलिनियर बनना चाहते है। आप स्वस्थ रहना चाहते है। आप प्रतिष्ठा पाना चाहते है। बस जो भी चाहते है, उसे आप कागज पर लिख लीजिए। अब आपका चुनाव है कि अपनी सुई को किस फ्रिक्वेंशी से जोड़ते है।

जैसा कि पूर्व के अध्याय में मैनें बतलाया था कि चुनाव करने की शक्ति आपको ईश्वर के द्वारा उपहार में दी गई है।

चार प्रकार की बुद्धिमताएं

हर इंसान में निम्न चार प्रकार की बुद्धिमताएं ईश्वर ने जन्म के समय से ही दी है।

1. **शारीरिक बुद्धिमता** (Physical Intelligence)
2. **मानसिक बुद्धिमता** (Mental Intelligence)
3. **भावनात्मक बुद्धिमता** (Emotional Intelligence)
4. **आध्यात्मिक बुद्धिमता** (Spiritual Intelligence)

अच्छी बात यह है कि अभ्यास करके व प्रयास करके इन बुद्धिमताओं को बढ़ाया जा सकता है। जब यह बुद्धिमताएं बढ़ जाती है और आपस में समन्वित हो जाती है तो व्यक्ति का पूर्ण व्यक्तित्व निखर उठता है। जिसे कि अंग्रेजी में **Whole Personal Personality** कहते है।

यह व्यक्ति का अलग पैराडाईम है। ऐसे लोग अति प्रभावकारी होते है। जबकि सामान्य लोग औसत बुद्धिमता रखते है जिन्हे कि **बिखरे हुए व्यक्तित्व** (Fragmented Personality) कहा जाता है।

पूर्ण व्यक्ति (शरीर, मस्तिष्क और आत्मा) चार मूलभूत आवश्यकताओं (जीना, सीखना, प्रेम करना, विरासत छोड़ना) और चार बुद्धियां/क्षमताएं (शारीरिक, मानसिक, भावनात्मक और आत्मिक) की सर्वोच्य अभिव्यक्ति (अनुशासन, भविष्य दृष्टि, जोश, अंतर्रात्मा) करता है। जो आवाज के चार आयामों (आवश्यकता, प्रतिभा, जोश, अंतर्रात्मा) का प्रतिनिधित्व करते है।

पूर्ण व्यक्ति	4 आवश्यकताएं	4 बुद्धियां / क्षमताएं	4 गुण	आवाज
शरीर	जीना	शारीरिक बुद्धि (पी.क्यू.)	अनुशासन	आवश्यकता (अनावश्यकताओं को पूर्ण करना, देखना)
मस्तिष्क	सीखना	मानसिक बुद्धि (आई.क्यू.)	भविष्य–दृष्टि	योग्यता (अनुशासन एकाग्रता)
ह्रदय	प्रेम करना	भावनात्मक बुद्धि (ई.क्यू.)	जोश	जोश (काम करने से प्रेम)
आत्मा	विरासत छोड़ना	आत्मिक बुद्धि (एस.क्यू.)	अंतरात्मा	अंतरात्मा (सही काम करना)

उपरोक्त चार्ट में **स्टिफन आर कवी** ने अपनी पुस्तक **'8वीं हेबिट्स'** में पूर्ण व्यक्ति की स्थिति को समझाया है। वास्तव में चारों बुद्धिमताओं व उनके सर्वोच्च स्वरूपों को विकसित कर लिया जाये तो व्यक्ति हैप्पी एवं कोन्ट्रीब्यूटरी लाईफ जी सकता है और उसी को हम सार्थक जीवन कह सकते है।

भारतीय परिपेक्ष्य में एक और बुद्धिमता को अलग से रखे जाने की जरूरत है

यह बुद्धिमता है **'वित्तीय बुद्धिमता'**। भारतवर्ष की शिक्षा पद्धति में इस बुद्धिमता को विकसित करने हेतु कोई पाठ्यक्रम नही रखा जाता है। परिणाम यह होता है कि युवक ग्रेजुएट/पोस्ट ग्रेजुएट हो जाता है। लेकिन उसकी वित्तीय बुद्धिमता जहां है, वहीं रह जाती है। वो अपने उचित रोजगार को नही पा सकता और रोजगार करते हुए भी उसका हाथ तंग रहता है।

शैक्षणिक संस्थानों के अलावा भी परिवारों में कुछ व्यापारिक परिवारों को छोड़ दे तो शेष लोग अपने बच्चों को वित्तीय बुद्धिमता की कोई बात नही

सीखाते। उल्टा वित्तीय बुद्धिमता के विपरीत पैसे के प्रति हेय भावना पैदा की जाती है।

सम्भव है इसका कारण देश का लम्बे समय तक गुलाम रहना रहा है। गुलामी के समय शासकों ने भारतीय लोगों के अंदर पैसे के प्रति नफरत पैदा की। पैसे के महत्व को कमत्तर बताया और उन्ही की आवाज में आवाज मिलाने लगे, उस समय के साधू–संत लोग। पैसे के बारे में समाज में निम्न लोकोक्तियां चल पड़ी।

1. जो लोग पैसे वाले है, वो बुरे है।

2. ईश्वर के पास कैसे जाया जाये? यह बतलाते हुए ईसा मसीह कहते है कि सूई के छेद में से ऊंट निकल सकता है, लेकिन अमीर आदमी ईश्वर के पास नही जा सकता।

3. पैसा सारी बुराईयों की जड़ है।

4. सांई इतना दीजिए जामे कुटुम्ब समाएं। मैं भी भूखा ना रहूं, साधु भी भूखा ना जाये। यानी कि हम तो थोड़े में ही गुजर–बसर कर लेंगे, ज्यादा की जरूरत नही है।

5. ते–ते पांव पसारिये, ते–ते लाम्बी सोर।

6. शादी के समय लड़की का पिता कहता है कि मैं तो गरीब आदमी हूं। मेरे पास कुछ नही है। मेरे पास तो सिर्फ लड़की है।

7. बड़ा भाई कहता है कि मैं पैसे को ठोकर मारता हूं। मैं रिश्तों को महत्व देता हूं।

8. कुछ लोग कहते है कि पैसा क्या पेड़ो पर लगता है?

9. बड़े–बड़े लोग कहते है कि पैसा कैसे कमाते है? हम ही जानते है। कैसे कस–बट करके परिवार चला रहे है।

10. पैसे से कोई बड़ा थोड़े ही होता है, मान–सम्मान से बड़ा होता है।

11. पैसा नही, त्याग से इंसान बड़ा होता है। भगवान राम ने राज्य तो त्यागा था। गौतम बुद्ध ने राज्य को छोड़ा था।

यानी कि पैसे के बारे में ऐसी–ऐसी धारणाएं है कि पैसा किसी के पास में आते हुए झिझकता होगा कि कहीं मेरी बेकद्री ना हो जाए। जब से

आइंस्टिन ने यह बात कही है कि सभी वस्तुए एनर्जी है। अगर एनर्जी कन्डेंस्ड है तो वस्तु है नही तो एनर्जी का अदृश्य रूप है।

पैसा भी लाईफ एनर्जी है। इसका महत्व शरीर के किसी भी स्वरूप से कम नही है। अतः शरीर के जो उपरोक्त चार स्वरूप बतलाये है, चार बुद्धिमताएं बतलाई है। उनके अतिरिक्त यह पांचवी बुद्धिमता (पैसा कमाने की बुद्धिमता) भी बराबर का महत्व रखती है।

दैविक शक्तियां भी समृद्धि की पोषक है। दैविक शक्तियों की कृपा की बारिश हर वक्त होती रहती है। बस हम हमारी सूई को समृद्धि की फ्रिक्वेंशी से कनेक्ट करते है या गरीबी से अथवा मध्यमवर्गीय से, यह हमारी च्योईस है।

गरीबी या अमीरी का कोई यथार्थ नही है। बल्कि यह माइंड सेट के परिणाम है। जिस व्यक्ति के दिमाग में गरीबी की मान्यतांए घुस गई, वो उम्र भर गरीब रहेगा और लॉ ऑफ अट्रेक्शन व आकर्षण का सिद्धांत उसे और भी गरीब बनाता रहेगा।

जिस तरह से मध्यमवर्गीय व्यक्ति के दिमाग में आर्थिक तंगी की मान्यताएं बैठ जाती है, तो वो उम्र भर मध्यमवर्गीय की चक्की में पीसता रहता है। आकर्षण का सिद्धांत उसे और पक्का मध्यमवर्गीय बना देता है।

लेकिन जिन लोगों ने अपने विश्वासों, मान्यताओं व धारणाओं को बदलते हुए अमीरी के विश्वास, मान्यताएं व धारणाएं स्थापित कर ली है, वो अमीरी की और बढ़ चलते है। आकर्षण का सिद्धांत उन्हे और ज्यादा अमीर बनाता है।

नजरियां, मेहनत, निरन्तर प्रयास आदि कॉमन बातें है, जो सभी लोग अपनाते है। पोजिटिव नजरियां भी रखते है, मेहनत भी खूब करते है, निरंतर प्रयास भी करते है फिर भी गरीबी, मध्यमवर्गीय एंव अमीरों के बीच जो अंतर है वो इनका नही है, वो अंतर माइंड सेट का है। भारतीय लोग मेहनत करने में कहीं कम नही है। नजरियां भी सदैव उनका अच्छा रहता है। लेकिन विश्वास, धारणाएं व मान्यताएं गरीबी की पकड़ बैठे है।

अब समय आ गया है कि विश्वास बदले जाए, मान्यताएं बदली जाए व धारणाएं बदली जाए ताकि आम भारतीय बीलिनियर बन सके। दैविक शक्तियां हर व्यक्ति को बीलिनियर बनाने में सदैव तत्पर हैं।

NOTES (जो बातें आपके ह्रदय को छू गई है)

1. ____

2. ____

3. ____

4. ____

5. ____

6. ____

7. ____

8. ____

9. ____

10. ____

11. ____

12. ____

13. ____

14. ____

15. ____

16. ____

17. ____

18. ____

19. ____

20. ____

21. ____

22. ____

23. ____

24. ____

25. ____

NOTES (जो निर्णय आपने अपने जीवन में लेने हेतु तय किये है)

26. ____

27. ____

28. ____

29. ____

30. ____

31. ____

32. ____

33. ____

34. ____

35. ____

36. ____

37. ____

38. ____

39. ____

40. ____

41. ____

42. ____

43. ____

44. ____

45. ____

46. ____

47. ____

48. ____

49. ____

50. ____

अध्याय – 19

प्रेम का नियम – एक कहानी

दिव्य कृपा का सर्वोच्च अहसास व्यक्ति को प्रेम के रूप में होता है। यदि कोई व्यक्ति शारीरिक रूप से स्वस्थ नही है अथवा उसका हाथ तंग है अथवा उसके रिश्ते मधुर नही है अथवा समाज में कहीं अपमानित होना पड़ रहा है, तो एक ही कमी है, सब मामलो में और वो है, प्रेम की कमी।

आभार, सद्भावना, आशीर्वाद, मैत्रीपूर्ण सम्बंध, समृद्धि व आरोग्य ये सभी प्रेम के ही विभिन्न स्वरूप है।

एक नवयुवती की कहानी

एक नवयुवती ने हाल ही में शादी की लेकिन अपने वैवाहिक सम्बंध में कुछ खराश महसूस करने लगी। वो अपनी वैवाहिक स्थिति की तुलना अन्य बराबर की उम्र वाली लड़कियों से करती थी। उसे यह महसूस होने लगा कि उसका पति उसे प्यार नही करता है। उसका ध्यान भी नही रखता है। धीरे–धीरे उसने यह देखा कि बराबर की हम उम्र लड़कियां अपने पति के साथ पर्यटन स्थलों पर घूमने जा रही है। उसका पति अपने ऑफिस के कार्यो में ही व्यस्त रहता है।

एक आध बार उसने अपने पति से कहा कि अपना निजी घर होना चाहिये, निजी जिंदगी होनी चाहिये और अपन भी यूरोप घूमकर आयें। पति ने समझाया कि अभी मैं ऑफिस में नया–नया पदोन्नत हुआ हूं। अभी मैं छुट्टी नही ले सकता। लेकिन जल्दी ही मैं छुट्टियों के लिये आवेदन करूंगा और अपन घूमने चलेंगे।

लेकिन पत्नी को यह बात रास नही आई और उसमे हीनता की भावना आने लगी कि बराबर की लड़कियां तो घूमने जाती है, मैं नही जा पा रही हूं। धीरे–धीरे वो अपने पति के प्रति उदासीन हो गई और अंतरंग सम्बंधो में दूरी रखने लगी। इसका परिणाम हुआ कि पति ऑफिस के कार्यो में ज्यादा रूचि लेने लगा और ज्यादा समय देने लगा। दोनों के बीच दूरियां बढ़ गई। एक दिन पति ऑफिस के कार्य से विदेश जा रहा था और हवाई दुर्घटना में मृत्यु हो गई।

युवती बहुत परेशान हुई। वो पति से परेशान थी, उदासीन थी लेकिन पति की मृत्यु हो जायें, ऐसा वो नही चाहती थी। अतः उस युवती का दिल रो पड़ा कि मैनें अपने पति के साथ ठीक व्यवहार नही किया। अब वो मानसिक रूप से अवसाद में आ गई और पीहर आकर अपने माता–पिता के पास रहने लगी।

बेटी की अवसाद की स्थिति देखकर उसके पिताजी ने उसे मनोचिकित्सक को दिखाना उचित समझा। मनोचिकित्सक ने पूरी जानकारी करने के बाद बताया कि इस युवती की लगातार 6 महिने तक काउंसलिंग किये जाने की जरूरत है।

यह युवती गलत विश्वासों, गलत मान्यताओं व गलत धारणाओं की शिकार हो गई है। अतः इसे अपनी मान्यताएं, धारणाएं व विश्वासों को बदलना पड़ेगा, सकारात्मक करना पड़ेगा। तब ही इसके जीवन में पुनः खुशियां लौट सकती है।

प्रेम ही खुशियों का खजाना है

जिन चीजों से आप प्रेम करते है, वही चीजे आपके पास आती है। जिन घटनाओं से प्रेम करते है, वही घटनाएं आपके साथ घटित होती है। आकर्षण का सिद्धांत प्रेम के जरिये ही काम करता है। प्रेम एक भावना है। भावनाएं ही इंसान को नियंत्रित करती है।

सामान्य इंसान भावनाओं पर नियंत्रण करना न तो जानता है और न ही इसको आवश्यकता समझता है। ऐसे व्यक्ति को भावनाएं कन्ट्रोल करने लग जाती है। घटनाएं कोई भी घटे लेकिन अगर भावनाएं दुःख भरी है तो हर घटना दुःख देने वाली महसूस होती है।

भावनाओं को प्रशिक्षण देना

हर व्यक्ति चार प्रकार के व्यक्तित्व से घिरा हुआ है।

1. **शारीरिक व्यक्तित्व**
2. **मानसिक व्यक्तित्व**
3. **भावनात्मक व्यक्तित्व**
4. **आध्यात्मिक व्यक्तित्व**

ईश्वर ने हर व्यक्ति को आत्मनिरीक्षण की शक्ति दी है। अतः आधा घंटा एकांत में बैठकर व्यक्ति अपने आपकी स्थिति पर विचार करें। अपने शरीर के अंग—प्रत्यंग को देखें और उसके प्रति कृतज्ञता के भाव प्रकट करें, तारीफ करें व प्यार प्रकट करें। इससे यह स्पष्ट होता है कि व्यक्ति कोई और है। यह शरीर व्यक्ति का है। इसी तरह से इंसान मन का भी अवलोकन कर सकता है। मन में कौन—कौन सी कल्पनाएं उठती हैं? कौनसे विचार उठते हैं? उन पर विचार कर सकता हैं। उनमें बहने के बजाय उनको दृष्टा होकर देख सकता है।

इसी तरह से हर वक्त व्यक्ति में कोई ना कोई भावना उठती रहती है। अतः अपने अंदर उठने वाली भावनाओं को चौकीदार की तरह देखें और धीरे—धीरे वो भावनाएं प्रकट करें जो सकारात्मक है। जैसे कि प्रेम की भावना, सहयोग की भावना, साहस की भावना, उत्साह की भावना व पारस्परिक मैत्रीपूर्ण सम्बंधो की भावना।

अगर रोजाना आधा घंटे के लिये नियमित रूप से यह प्रयास किया जाये तो 90 दिन के अंदर इंसान की भावनाओं को उचित प्रशिक्षण प्राप्त हो जायेगा और व्यक्ति को भावनाओं पर नियंत्रण महसूस होने लग जायेगा। फिर वो जो भी भावना प्रकट करेगा, वो घटनाओं के रूप में उसके जीवन में प्रकट होगी।

प्रक्रियाः–

भावनाओं को किस तरह से प्रशिक्षित किया जाये, इसकी मैं एक सरल प्रक्रिया बता सकता हूं जो कि सरल है लेकिन है, अति लाभकारी व प्रभावकारी।

एक सामान्य आसन से कुर्सी पर बैठ जाइयें। आंखे बंद कर ले और फिर एक–एक करके अपने चारों शरीरों को देखें।

चरण–1– बंद आंखों से अपने पांव के अंगूठो को देखें। फिर अपनी टांगो को देखें, घूटनों को देखें और उनके प्रति कृतज्ञता प्रकट करें। इसी तरह धीरे– धीरे पूरे शरीर को देखें और शरीर के प्रति कृतज्ञता को प्रकट करें व प्रेम की निगह से पूरे शरीर को देखें। शरीर आपके द्वारा केयर चाहता है, तारीफ चाहता है, कृतज्ञता चाहता है, प्रेम चाहता है। जब आप अंजाने में यह चीजें शरीर को नही दे पाते है, तो वो इनके अभाव में बीमार हो जाता है। अतः आप अपने शरीर पर गौर करें और जिन चीजों की शरीर को मांग है, वो उसे प्रदान करें। इससे आपकी शारीरिक बुद्धिमता में वृद्धि हो जायेगी और शरीर स्वस्थ रहने लगेगा।

चरण–2– अपनी बंद आंखो से आने–जाने वाली सांसों को देखें। बिल्कुल चौकीदार की तरह देखें। चूंकि सांस आ रही है, जा रही है, यह गति निरंतर चल रही है। इसी से आपका जीवन है। अतः अपनी सांसो के प्रति, प्राणों के प्रति कृतज्ञ रहें। कृतज्ञता के भाव प्रकट करें। गर्वित हो कि आप जिन्दा है, अपने प्राणों को प्यार करें। प्राणों की यह चाहत है कि आप उनके वजूद को स्वीकार करें, उनकी तारीफ करें, उनके प्रति कृतज्ञ रहे और प्यार करें, तो प्राणमय शरीर ठीक प्रकार से कार्य करता रहेगा। इससे आपको कोई असाध्य बीमारी नही होगी और अगर पहले से कोई असाध्य बीमारी मौजूद होगी तो वो दूर हो जायेगी।

चरण–3– आप अपनी बंद आंखों से अपने विचारों को देखें, अपनी कल्पनाओं को देखें। किसी भी विचार या कल्पना में अटकना नही है, बस चौकीदार की तरह देखना है। आपके विचार, आपकी कल्पनाएं आपसे अपने वजूद की पहचान चाहती है, सराहना चाहती है व प्रेम चाहती है। आप जब अपने विचारों के प्रति, कल्पनाओं के प्रति कृतज्ञता प्रकट करेंगे, प्रेम प्रेषित

करेंगे तो आपके विचार एकाग्र व सकारात्मक होकर कार्य करेंगे ओर आपका व्यक्तित्व संकल्पवान बन जायेगा।

चरण—4— अपनी बंद आंखों से आपके अंदर उठने वाली भावनाओं पर निगह करें। किसी भी भावना के अंदर आपको शरीक नही होना है। एक चौकीदार की तरह देखें। अगर क्रोध की भावना आ रही है तो आने दे, होने दे। यदि कोई कामवासना जाग्रत हो रही है तो होने दे। आप भावनाओं के साथ घालमेल ना करें। दृष्टा होकर देखें। आपकी भावनाएं आपसे उम्मीद करती है कि आप उनके वजूद को पहचानें। बो जो नृत्य करती है, उस नृत्य को देखें। आप भावनाओं की तारीफ करें। आप भावनाओं के कृतज्ञ रहे व आप भावनाओं को प्रेम प्रेषित करें। यदि आप ऐसा करेंगे तो आपकी भावनाएं सकारात्मक होगी व आपके नियंत्रण में रहेंगी। आप जैसा चाहेंगे वैसा भावनाओं को निर्देश दे सकेंगे। भावनाएं प्रशिक्षित बंदर की तरह आपके अनुसार काम करेंगी।

चरण—5— आप अपनी बंद आंखो से ही अपने आपको देखें। अपने स्वंय का अनुभव करें। चूंकि उपरोक्त चारों प्रकार की क्रियाएं प्रशिक्षित हो चुकी है और आपके निर्देशों को मानने के लिए उत्सुक है। अतः आप अपने स्वंय का अनुभव कर सकते है। इससे आपकी आत्मा अपने आपको गौरवशाली समझेगी। क्योंकि पहली बार किसी ने आत्मा के वजूद को स्वीकार किया है।

उपरोक्त प्रक्रिया को मात्र आधे घंटे करना है और 90 दिन तक नियमित रूप से करना है ताकि आपके पांचो प्रकार के शरीर प्रशिक्षित हो सके और उनमें प्रेम के बीज पनप सके।

यह बातें कहने में मनोवैज्ञानिकों को कोई जिझक नही हैः—

1. कोई व्यक्ति गरीब है तो इसका एक ही अर्थ है कि उसमें प्रेम की भावनाओं का अभाव है।

2. कोई व्यक्ति असाध्य बीमारी से ग्रसित है तो इसका मतलब है कि उसमें प्रेम की भावना का अभाव है।

3. यदि किसी व्यक्ति का हाथ तंग है और बार–बार प्रयास करने पर भी समृद्धि प्राप्त नही हो रही है तो इसका सीधा सा अर्थ है कि उसमें प्रेम की भावनाओं का अभाव है।

4. यदि किसी व्यक्ति के परिवार में अथवा परिवेश में मधुर रिश्ते नही है तो इसका भी सीधा कारण है, प्रेम का अभाव।

आकर्षण का सिद्धांत ही प्रेम का सिद्धांत है

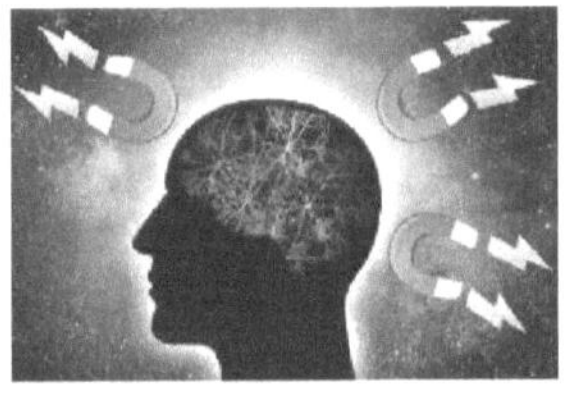

आप जीवन में क्या चीज आकर्षित करते है? यह बात अब स्पष्ट है कि जैसी आपकी भावनाएं होंगी वैसी ही बातें आपके जीवन में आकर्षित होंगी और वही बातें, वही घटनाएं आपके जीवन में घटेगी।

आप अपने जीवन में होने वाली घटनाओं को देखें और अपनी भावनाओं को भी देखें। दोनों में आपको को–रिलेशन नजर आयेगा। आप यदि चाहते है कि आपके जीवन में अच्छी घटनाएं घटे, तो आप अपनी भावनाओं को पवित्रता के साथ प्रकट करना आरम्भ कर दे। चूंकि अब आपकी भावनाएं प्रशिक्षित हो चुकी है। अतः आपके लिए यह किया जाना सम्भव है।

51 प्रतिशत भावनाओं को प्रेममय बना देना

चूंकि बचपन से ही आपके माता–पिता ने अंजाने में आपके अंदर नेगेटिव भावनाएं भर दी है। आपके परिवेश, पड़ौस व परिवारजनों ने भी जाने–अंजाने आपके अंदर नकारात्मक भावनाएं भर दी है। चूंकि आप अबोध बच्चे थे, इसलिए जिसने जैसे भावनाएं प्रेषित की, आपने स्वीकार की और आत्मसात की। अतः नकारात्मक भावनाएं आपके अंदर धर कर गई। यही भावनाएं आपको सुखी और दुःखी करती है।

एक अच्छी खबर है कि आप जब चाहे, तब इन भावनाओं की दिशा मोड़ सकते है। यदि आप दक्षिण की तरफ जा रहे है और उत्तर की तरफ जाना चाहते है, तो आपको ज्यादा कुछ नही करना सिर्फ दिशा बदलनी है।

इसी तरह से आप अपनी भावनाओं पर गौर फरमायें, उन्हें प्रशिक्षित करें, थोड़ा समय लगेगा लेकिन आप प्रयास करेंगे तो सफलता मिलनी आरम्भ हो

जायेगी। उपरोक्त बताई गई प्रक्रिया अनुभूत है। मैनें खुद अनुभव की है व सैकड़ों लोगों ने अनुभव की है।

यदि 51 प्रतिशत भावनाएं आपकी अच्छी हो गई, प्रेममय हो गई तो आपके जीवन में क्रान्ति घटने लग जायेगी, जैसे कि तराजू के एक पलड़े में आपने 51 प्रतिशत भावनाएं रखी तो वो पलड़ा नीचे झूकने लग जायेगा और आपके जीवन में खुशियां, मधुरता, स्वास्थ्य, समृद्धि दिखाई देना आरम्भ कर देगी।

प्रेम ही सभी अच्छी चीजों को प्रदान करने वाला है

कुछ आध्यात्मिक लोग प्रेम को न केवल साधना बतलाते है बल्कि प्रेम को ही साध्य कहते है। मनोवैज्ञानिक भी इस बात से सहमत है कि जीवन में प्रेम की फ्रिक्वेंशी सबसे ऊपर है।

भक्त लोग कहते है कि **'सबसे ऊंची प्रेम सगाई। दुर्योधन के मेवे त्यागे, पात विधुर घर खाई।'**

आपके जीवन में जो आप चाहते हो, यदि वो प्राप्त नही हो रहा है तो इसका एक ही कारण है कि उस वस्तु की प्राप्ति हेतु जो आपकी भावनाओं की फ्रिक्वेंशी उतनी ऊंची नही हुई। अतः आप प्रेम की भावनाएं बढायें और जो वस्तुएं व घटनाएं आप  चाहते है उनकी फ्रिक्वेंशी के बराबर अपनी प्रेम की फ्रिक्वेंशी को बनाले ताकि रिजोनेन्स बन जाये और प्रेम के कारण वो चीजें आपके जीवन में अवतरित हो जायें।

कृतज्ञता व प्रेम

जीवन में आपके अनेक सकारात्मक वस्तएं प्राप्त हुई है। उनके लिए आप कृतज्ञ रहते है। कृतज्ञ रहना ही उन चीजों को पसंद करना है। जो चीजें आप पसंद करते है, इसका अर्थ है कि उन्हें ही आप प्रेम करते है।

अतः कृतज्ञता ही प्रेम का आधार है। कृतज्ञता ही विश्वास का आधार है। अतः कृतज्ञ व्यक्ति के पास वो सब चीजें कई गुणा होकर आने लगती है,

जिनके प्रति वो कृतज्ञ होता है। कृतज्ञ है, इसका अर्थ है कि उन वस्तुओं के प्रति आपको प्रेम है।

आप जिन वस्तुओं व घटनाओं से प्रेम करते है, उन्हें ही आकर्षित करें

'द सिक्रेट बुक' में रोनाल्ड बर्न ने एक दृष्टांत दिया है कि एक व्यक्ति फिल्म क्षेत्र में कार्य करता था। लेकिन उसके जीवन में रोमांस नही था जबकि वो रोमांस चाहता था। जहां वो रहता था, उस कमरे में उसने चारों और प्रेमी युगलों के चित्र बना रखे थे।

एक दिन उसके कमरें में एक मनोवैज्ञानिक महिला आई और उसने कहा कि आपका रोमांटिक जीवन कैसा चल रहा है? तो उसने कहा कि कोई मजेदारी नही है। उसने कहा कि आप ऐसा कीजिए कि आपने घर में जो प्रेमी युगलों के चित्र लगा रखे है, उनको हटा दीजिए। क्योंकि इनमें लड़की दूसरी तरफ देख रही है और लड़का दूसरी तरफ देख रहा है। यानी कि लड़की को रोमांस से कोई मतलब नही है। उस व्यक्ति ने कहा कि यह चित्र तो मेरे खुद के बनाये हुए है। उसने कहा कि यह तो और भी बूरी बात है कि आपने अपनी पूरी भावनाएं इन चित्रों में लगा रखी है।

अतः आप इन चित्रों को हटा दीजिए और इन चित्रों स्थान पर ऐसे चित्र बनाइये जिसने लड़की खुश होकर आपसे रोमांस कर रही है। यह सलाह देकर वह मनोवैज्ञानिक महिला तो चली गई।

तीन महिने बाद वो महिला फिर किसी काम से उनके पास आई। उसने पूछा कि अब आपका रोमांस कैसा चल रहा है? उसने कहा कि शानदार। चार–चार लड़कियां मेरे साथ डेट पर जाना चाहती है।

अब आप क्या चाहते है? उसने कहा कि मैं अब शादी करना चाहता हूं। तो उस महिला मनोवैज्ञानिक ने कहा कि आप अपने कमरे में दुल्हन व दुल्हे की तस्वीर बनाइये। यह कहकर महिला मनोवैज्ञानिक तो चली गई।

6 महिने बाद फिर वो किसी काम से उस व्यक्ति के पास गई। फिर उसने पूछा कि कैसा चल रहा है? उसने कहा कि मैनें एक सुंदर, सुशील लड़की से शादी कर ली है और मेरा वैवाहिक जीवन बहुत अच्छा चल रहा है।

तब उस व्यक्ति ने महिला मनोवैज्ञानिक से पूछा कि ऐसा पहले क्यों नही हुआ? उसने उत्तर किया कि पहले आपने एनर्जी के फ्लो को विपरीत कर रखा था। जब आपने उसे ठीक कर लिया तो जीवन में वही होने लगा जो आप चाहते थे। एनर्जी के फ्लो को ठीक करने का एक तरीका है कि प्यार की मात्रा को बढ़ा दे। अधिक से अधिक प्यार करना आरम्भ कर दे। जीवन में वही चीज चाहें जिसे प्यार करते है। जिसे प्यार नही करते है, उससे उदासीन हो जाये, कोई सरोकार नही रखे।

प्यार ही आपके जीवन की समस्त घटनाओं को निर्धारित करता है। अतः अधिक से अधिक जीवन में प्रेम की भावनाओं को विकसित करें ताकि आप बीलिनियर बन सके, स्वस्थ हो सके, आपके रिश्ते मधुर हो सके और आप जीवन में ऊंची सफलताएं प्राप्त कर सके।

लेकिन जीवन में प्यार की भावनाओं को प्रकट करने के लिए आपको प्रोएक्टिवली काम करना होगा। तब ही प्यार की भावनाएं प्रेषित करने में आपको सफलता मिलेगी। नकारात्मक भावनाओं के प्रेषण हेतु किसी भी प्रकार के प्रयास की जरूरत नही है। यह तो प्राकृतिक रूप से स्वतः ही होता रहता है। जैसे कि ऊपर से पानी नीचे गिरना, स्वाभाविक है। लेकिन यदि नीचे से पानी ऊपर ले जाना है तो प्रोएक्टिवली जतन करना पड़ता है।

NOTES (जो बातें आपके ह्रदय को छू गई है)

1. ___________________________________
2. ___________________________________
3. ___________________________________
4. ___________________________________
5. ___________________________________
6. ___________________________________
7. ___________________________________
8. ___________________________________
9. ___________________________________
10. ___________________________________
11. ___________________________________
12. ___________________________________
13. ___________________________________
14. ___________________________________
15. ___________________________________
16. ___________________________________
17. ___________________________________
18. ___________________________________
19. ___________________________________
20. ___________________________________
21. ___________________________________
22. ___________________________________

23. _______________________________

24. _______________________________

25. _______________________________

NOTES (जो निर्णय आपने अपने जीवन में लेने हेतु तय किये है)

26. _______________________________

27. _______________________________

28. _______________________________

29. _______________________________

30. _______________________________

31. _______________________________

32. _______________________________

33. _______________________________

34. _______________________________

35. _______________________________

36. _______________________________

37. _______________________________

38. _______________________________

39. _______________________________

40. _______________________________

41. _______________________________

42. _______________________________

43. _______________________________

44. ____

45. ____

46. ____

47. ____

48. ____

49. ____

50. ____

अध्याय – 20

विश्वास की करामात – एक कहानी

दैविक कृपा तो हर वक्त होती रहती है लेकिन जो विश्वास के साथ कृपा को स्वीकार करते है, उन्हे कृपा महसूस होती है। चुनौती यह रहती है कि व्यक्ति अपनी बुद्धिमता को ईश्वर से भी अधिक बढ़ी चढ़ी मानता है।

बीज तो इंसान ही बोता है लेकिन फल का अधिकार परम बुद्धिमता को है, ईश्वर को है। लेकिन जो फल मिलता है, उसको इंसान स्वीकार करने के बजाय उसे अच्छा–बुरा बताने लगता है। यानी अपनी बुद्धि को परमात्मा की बुद्धि से भी अधिक ऊंची मानता है। प्रकृति में जो भी घटना घटती है, उस पर इंसान अच्छे बुरे का लेबल लगाता रहता है। परिणाम यह रहता है कि वो किसी भी फल से खुश नही हो पाता। उसका मन तुलना करता रहता है और मन के तराजू में कोई चीज लम्बी देर तक फिट नही बैठती।

वो धीरे–धीरे अविश्वास करने का अभ्यास कर लेता है और जाने–अंजाने वो पूरी तरह ईश्वर के द्वारा दिये जाने वाले फलों व घटनाओं पर शक करने लगता है।

ईस्लाम धर्म तो पूरी तरह ईश्वर पर विश्वास करने को ही आध्यात्मिकता मानता है। ईसाई धर्म भी आस्था व विश्वास को सर्वोपरी कहता है। सनातन धर्म भी विश्वास के महत्व को स्वीकारता है।

आज के मनोवैज्ञानिक भी विश्वास के महत्व को स्वीकारते है। लोग विश्वसनीय होते है तो उन पर विश्वास किया जाता है। इंसानी रिश्तो में तो विश्वसनीयता मुख्य है।

किसी भी सफलता को प्राप्त करने हेतु प्रथम आवश्यकता है, 'इच्छा' की

ईश्वर ने सभी इंसानों को इच्छा करने की शक्ति दी है। इंसान इच्छा कर सकता है और उसकी पूर्ति करने की उसे शक्ति मिली हुई है जिसे कि **'इच्छा शक्ति (Will Power)'** कहा जाता है।

अच्छी बात यह है कि हर व्यक्ति की इच्छाएं अलग–अलग है। इसलिए इच्छाओं के बीच में कम्पिटिशन भी नही रहता। जैसे सभी लोगों के चेहरे एक जैसे नही होते। सभी की चाल एक जैसी नही होती। सभी का रंग एक जैसा नही होता। उसी तरह से सभी की इच्छाएं भी एक जैसी नही होती।

कुछ लोग डॉक्टर बनना चाहते है, तो कुछ लोग इंजीनियर बनना चाहते है, कुछ लोग व्यापार करना चाहते है, तो कुछ लोग नौकरी करना चाहते है।

दैविक कृपा तो सबके लिए बराबर उपलब्ध है। दैविक कृपा को यू समझियें कि जैसे किसी बगीचे की उपजाऊ गिली मिट्टी। बगीचे में आप अपनी इच्छा के अनुसार जो बीज बोयेंगे, वही पेड़ उगेगा और उसके उसी के अनुसार फल लगेंगे।

मैं आपको जिंदगी में सफल होने के लिए एक सरल रास्ता सुझा सकता हूँ

आप एक कुर्सी पर बैठ जायें और कागज, पेंसिल ले–ले। अपनी तमाम इच्छाओं को कागज पर लिख लें। आप पायेंगे कि मुश्किल से पांच–छः इच्छाएं है जो आपके लिए महत्वपूर्ण है। जैसे कि–

1. स्वास्थ्य

2. धन की मात्रा

3. रिश्तों की मधुरता

4. सामाजिक प्रतिष्ठा

5. सामाजिक योगदान

6. आमोद–प्रमोद व मनोरंजन

उपरोक्त 6 इच्छाओं में आपकी सारी इच्छाएं लगभग सिमट कर आ जायेगी। इन्हे आप अपने सपने कह सकते है।

अब आप इनको अलग कागज पर लिख ले और सपनों को पूरा करने की तारीख लगा दे। ये आपके लक्ष्य निर्धारित हो गये। लक्ष्य से तात्पर्य है कि अब आपके पास में काम करने की दिशा है और काम करने हेतु क्षेत्र भी उपलब्ध है।

सारी इच्छाएं / लक्ष्य पूरे नही होंगे – लेकिन जो प्रबल इच्छाएं / लक्ष्य है, वे अवश्य पूरे होंगे।

लक्ष्य पर मेहनत करने से लक्ष्य पूरे होने आरम्भ हो जायेंगे लेकिन यदि विश्वासपूर्वक अपनी भावनाओं को प्रगाढ़ता से लक्ष्य के साथ जोड़ देंगे तो वो लक्ष्य अच्छी तरह से यथा समय प्राप्त होंगे।

विश्वास फलम् दायकम्

विश्वास करके यदि अपने लक्ष्यों को पूरा करने हेतु प्रयास किये जाते है तो सफलता अवश्य मिलती है। इस सम्बंध में मैं आपको एक कहानी सुनाना चाहूंगा।

एडिसन के बिजनस पार्टनर की कहानी

बर्न्स नाम का एक व्यक्ति था, जो ना तो ज्यादा पढ़ा लिखा था और न ही उसके पास पैसे थे। लेकिन कहीं से उसने एडिसन का नाम सुन लिया। कई उन्होनें आविष्कार किये है तथा वो अपने किये आविष्कारों के विक्रय का कार्य भी करते है।

बर्न्स ने ठान लिया कि वो एडिसन का बिजनस पार्टनर बनेगा और उसने अपने आपको चिंतन–मनन करके तैयार कर लिया कि वो एडिसन का बिजनस पार्टनर बनकर ही रहेगा। उसने प्रतिदिन 100–100 बार यह बात बोल–बोल कर अपने आपको सुनाई कि मैं एडिसन का बिजनस पार्टनर बन गया हूं। यानी कि उसने अपने आपको ऑटो सजेसन्स दिये।

लेकिन अद्भुत बात यह थी कि एडिसन कहां रहता है, उसे मालूम नही था। वो कभी एडिसन से मिला भी नही था। लेकिन प्रयास करने से मालूम चल गया कि एडिसन औरेंज (न्यू जर्सी, यू.एस.ए.) में रहता है। अब चुनौती यह रही कि न्यू जर्सी जाने के लिये उसके पास में ट्रेन का किराया तक नही था।

लेकिन इरादा इतना दृढ़ कि एडिसन का बिजनस पार्टनर बनकर ही रहूंगा। विश्वास भी इतना असीम कि अपने आपको एडिसन का बिजनस पार्टनर ही समझने लगा।

यह दैविक प्रतिज्ञा है कि यदि कोई व्यक्ति किसी भी बात पर असीम विश्वास करने लगे तो वो बात उसके जीवन में घटित होने लगती है।

भगवान कृष्ण ने भगवत् गीता में कहा है कि –

सर्वधर्मान्परित्यज्य मामेकं शरणं व्रज।

अहं त्वां सर्वपापेभ्यो मोक्षयिष्यामि मा शुच:॥

यानी सब धर्मों को छोड़, मेरी बात पर विश्वास कर और मेरी शरण में आ जा, तो मैं तुम्हे सब पापों से मुक्त कर दूंगा और चिंता रहित कर दूंगा।

बर्न्स एक दिन विश्वास से पूरी तरह भर गया कि वो एडिसन का बिजनस पार्टनर बनकर ही रहेगा और वो रेलवे स्टेशन पर आया। वहां से एक मालगाड़ी जो औरेंज की तरफ जा रही थी। उसने मालगाड़ी के गार्ड से निवेदन किया तो गार्ड ने भी मान लिया कि विश्वासी आदमी की आंखो में एक अलग ही चमक होती है। अतः गार्ड ने उसकी बात मान ली और उससे कहा कि बैठ जाओं तथा उसे औरेंज स्टेशन पर उतार दिया।

एक फुटपाथिये की तरह वो चला, एडिसन के ऑफिस हेतु। लेकिन अंदर से वो अपने आपको एडिसन का बिजनस पार्टनर मान चुका था, पूरी तरह विश्वास कर चुका था। वो एडिसन के ऑफिस में पहुंचा तो उसे वहां पर एडिसन ही बैठे हुए मिले। उसने अपना मकसद बतलाया कि मैं आपका बिजनस पार्टनर बनना चाहता हूं।

एडिसन ने उसकी शक्ल–सूरत देख कर उसको कहा कि तुम मेरे यहां कोई छोटी–मोटी नौकरी कर सकते हो। उसने कहा कि मुझें मंजूर है। वो उनके यहां सहायक की नौकरी पर लग गया। लेकिन उसके मंसूबे और विश्वास तो एडिसन का पार्टनर बनना था।

वो पूरी मेहनत के साथ काम करने लगा। जब तक एडिसन आते, तो उनको नमस्कार करना नही भूलता। करीबन 7 वर्ष वो काम करता रहा, कभी ऐसा मौका नही मिला कि वो एडिसन का बिजनस पार्टनर बन पाए। क्योकि न तो उसके पास कोई टेक्निकल ज्ञान था और ना ही पैसे थे कि वो बिजनस कर सके।

एडिसन ने एक नई मशीन **'डिक्टाफोन'** नाम की बनाई और वो उसे बाजार में विक्रय हेतु उतारना चाहते थे लेकिन इस कार्य के लिए कोई भी स्टॉफ का व्यक्ति तैयार नही हुआ और ना ही उसका कोई मित्र। क्योकि सभी ने कहा कि यह मशीन किसी काम की नही है। यह लोगों की जरूरत पूरी नही करती।

लेकिन एडिसन जानता था कि मैंने **बल्ब** बनाया। किसकी जरूरत थी बल्ब। लेकिन मैनें लोगों में जरूरत विकसित की। मैनें **ग्रामोफोन** बनाया। किसको जरूरत थी ग्रामोफोन की। पर मैनें लोगों में ग्रामोफोन की जरूरत विकसित की। इसी तरह से आज लोग इस मशीन का महत्व नही समझ रहे है। अगर लोगों को समझाया जायेगा, ट्रेनिंग दी जायेगी तो यह मशीन मार्केट पकड़ सकती है।

इस बात की जानकारी बर्न्स को लग गई कि मशीन बेचना चाहते है, लेकिन न तो स्टॉफ तैयार है, न ही उनके मित्र। बस बर्न्स को अंदर से ईहलाम हुआ कि यही मौका है, इसे झपट लो और उसने एडिसन से निवेदन किया कि यह मशीन मैं बेचूंगा। एडिसन ने भी देखा कि कोई और बेचने वाला है नही, तो उन्होनें उसे एक मौका दे दिया।

बर्न्स ने हजारों मशीने 6 माह की अवधि में बेच डाली तो एडिसन ने उसे पूरे यू.एस.ए. में डिक्टाफोन बेचने की मार्केटिंग एजेन्सी दे दी। अब वो

एडिसन का बिजनस पार्टनर था। उसका विश्वास वास्तविकता में बदल गया। एक असाधारण कार्य को वो करने में सफल हो गया।

ईसा मसीह ने तो यहां तक कहा है कि विश्वास से पर्वत उखाड़े जा सकते है। विश्वास हो तो पानी व अग्नि पर चला जा सकता है।

इंसान और भगवान के बीच अगर कोई लिंक है तो वो विश्वास ही है। यह बात कबीरदास जी ने अपने दोहों में कही है कि **'ना मैं हूं मस्जिद में, ना मैं हूं मंदिर में, मैं तो हूं विश्वास में। ईश्वर विश्वास ही में बसता है।'**

इस विश्वास को जितना ज्यादा बढ़ाया जाये, उतना ज्यादा व्यक्ति अपने लक्ष्यों को पूरा करने में समर्थ होता है।

अनेक ग्रंथों में विश्वास का महत्व बतलाया गया है लेकिन विश्वास/आस्था बढ़ाया कैसे जाये? यह कही नही बताया गया है। अतः आज के मनोवैज्ञानिक विश्वास को बढ़ाने के निम्न उपाय बतलाते हैः–

1. थोड़ी देर आराम से बैठे, आंख बंद करें और जो आपके लक्ष्य है, उनको बंद आंखो से देखे। जैसे कि आपने उन्हें प्राप्त कर लिये हो। नित्य 10 मिनट इसका अभ्यास करें।

2. आप अपने लक्ष्यों को बार–बार उच्चारित करें तो धीरे–धीरे वो लक्ष्य आपके सबकोन्सियस में चले जायेंगे और सबकोन्सियस में स्थापित होने पर आपको उनके प्राप्त होने की योजनाएं सूझ पड़ेगी और आपको विश्वास हो जायेगा कि आप इनको प्राप्त कर सकते है।

3. जो आप लक्ष्य प्राप्त करना चाहते है, उनके बारे में ज्ञान अर्जित करें।

4. लक्ष्य अर्जित करने हेतु प्रयास करें, अभ्यास करें। ज्यों–ज्यों अभ्यास बढ़ेगा त्यों–त्यों विश्वास बढ़ जायेगा।

एक छोटे बच्चे की कहानी सुनाता हूं

एक बच्चा स्कूल में जाता था। छोटा ही था। वहां पर वो गिनती सीखता था। लेकिन जब उसे स्कूल में जाते हुए 6–8 महिने हो गये तो जब वो स्कूल से निकलता था तो उसे किस बस में घर आने के लिए बैठना है, वो

नम्बरों को पहचान लेता और उसी बस में बैठता। यानी अब उसको विश्वास हो गया कि वो नम्बर पहचान सकता है और सही बस में बैठ सकता है। तात्पर्य यह है कि अभ्यास करने से विश्वास बढ़ता है।

एक मेड़िकल कॉलेज के छात्र की कहानी

एक होनहार युवक लेकिन हिन्दी भाषी क्षेत्र का था। मेड़िकल कॉलेज में उसको प्रवेश मिल गया लेकिन वहां सब अंग्रेजी में पढ़ाई करवाई जाती थी। उसको अंग्रेजी नही आती थी। उसका बड़ा ड़र लग रहा था कि मैं कैरो पढ़ूंगा? लेकिन धीरे–धीरे जो क्लास में प्रोफेसर पढ़ाते थे उनको देखकर अंग्रेजी सीख ली। अब उसे विश्वास हो गया कि मैं भी अच्छा डॉक्टर बन सकता हूं। यानी उसे अब विश्वास हो गया।

विश्वास से तो अद्भुत घटनाएं घटित हो जाती है
विश्वास की एक अद्भुत कहानी

एक छोटा बच्चा था। मां का इकलोता बेटा। वो पांच साल को हो गया तो मां ने उसे पढ़ाने के लिए स्कूल में भेजना चाहा। लेकिन स्कूल उसके गांव से काफी दूर थी और बीच में नदी भी पड़ती थी।

एक दिन मां बच्चे को लेकर नदी पार करके स्कूल गई और बच्चे का स्कूल में एडमिशन करवा दिया। रोजाना मां बच्चे को तैयार करके स्कूल ले जाती और शाम को उसे वापिस लेने जाती। मां ने महिने–दो महिने तो यह सब कर लिया लेकिन उसे अपनी रोजी–रोटी के लिये नौकरी पर भी जाना होता था। अतः उसने बेटे से कहा कि कल से तुम अकेले ही स्कूल जाओं और अकेले ही वापिस आओं। बेटे ने कहा कि नही मां बीच में नदी पड़ती है और जंगल भी बहुत घना है, मुझें बहुत ड़र लगता है। मैं अकेला नही जा पाऊंगा।

मां ने कहा कि ठीक है मैं तुम्हे छोड़ आऊंगी लेकिन वापिस तुम अकेले घर आ जाना। लेकिन बेटे ने कहा कि नही मां मैं अकेला नही आ पाऊंगा। मेरे तो ड़र के मारे प्राण ही निकल जायेंगे।

मां ने कहा बेटा आज मैं तेरे लिये खीर बनाती हूं और तुझें एक बात बतलाती हूं कि तेरे एक बड़ा भाई है, जिसका नाम गोपाल है, जो जंगल में गायें चराता है। तुझें जब भी ड़र लगे तो उसे आवाज दे लेना, वो जायेगा। ड़रने की कोई जरूरत नही है। अबोध बालक विश्वास जल्दी कर लेता है और विश्वास भी प्रगाढ़ होता है। बच्चे का विश्वास भी प्रगाढ़ होता है, अतः उसने अपनी मां की बात पर विश्वास कर लिया।

मां उसे स्कूल छोड़ कर आ गई। आते समय बच्चा अकेला आया लेकिन नदी के पास उसे ड़र लगने लगा। तभी उसे याद आया कि मां ने कहा है कि मेरा बड़ा भाई गोपाल जंगल में रहता है, तो उसने उसे आवाज लगाई कि गोपाल भइया मुझें ड़र लग रहा है।

इतने में एक व्यक्ति एक हाथ में लाठी व दूसरे हाथ में दूध से भरा हुआ लोटा लेकर आया और बोला कि मैं ही गोपाल हूं। यह दूध पी लो, डरों मत। दूध पीने पर बच्चे में साहस आया तो गोपाल उसे छोड़ने के लिये गांव के पास तक आया। फिर गोपाल ने कहा कि देखों मुझें गायों को सम्भालने जाना है, इसलिए अब तुम अकेले घर चले जाओं। बच्चे ने कहा कि ठीक हैं अब मैं अकेले घर चला जाऊंगा।

बच्चा रोजाना खुशी–खुशी स्कूल जाने लगा। वापिस अकेले घर आने लगा। जब भी जरूरत होती वो अपने बड़े भइया गोपाल को आवाज लगा लेता। यह क्रम तीन साल तक चलता रहा। तीन साल बाद बच्चे ने अपनी मां से कहा मेरा जन्मदिन कब है? मैं भी अपना हैप्पी बर्थ डे मनाऊंगा? स्कूल में सभी बच्चे अपना हैप्पी बर्थ डे मनाते है।

मां ने कहा कि ठीक है। बर्थ डे मनाने की बात तय हो गई। सप्ताह बाद जन्मदिन था। बच्चे ने कहा कि मैं अपने बड़े भाई गोपाल को भी बुलाऊंगा। वो रोजाना मुझें स्कूल से नदी तक छोड़ कर जाते है व दूध भी पीलाते है। वो बहुत अच्छे है।

मां ने सोचा कि यह कौन गोपाल भइया है? वो बोली कि आज शाम को स्कूल से लेने मैं तुम्हे आऊंगी। तुम मुझें गोपाल से मिलाना। क्योंकि मां ने बच्चे को बहलाने के लिये कह दिया था कि तुम्हारा बड़ा भाई गोपाल जंगल में रहता है लेकिन वो तो इकलोता बच्चा था।

शाम को मां बच्चे को स्कूल से लेने पहुंची। नदी के पास जब वो आयें तो उसने बच्चे से कहा कि तुम्हारा भइया कहा है? बच्चे ने गोपाल भइया को आवाज दी। उसने बच्चे को दूध पीलाया। मां ने पूछा कि तुम्हारा गोपाल भइया कहा है? तो बच्चे ने कहा कि आ तो गये और मुझें दूध भी पीला रहे है। बच्चे ने कहा कि आप मुझें तो दिखाई दे रहे हो, लेकिन मेरी मां को दिखाई क्यों नही दे रहे? तो गोपाल ने कहा कि तुम्हारी मां को मुझ पर विश्वास नही है लेकिन तुम्हारा विश्वास सच्चा है। इसलिए मैं इसे दिखाई नही दूंगा।

बच्चे ने कहा कि गोपाल भइया मेरी मां को तो दिखाई दो नही तो मैं झूठा पड़ जाऊंगा और लोग कहेंगे कि यह बच्चा तो झूठ बोलता है। गोपाल भइया ने कहा कि तुम बैठ जाओं और अपनी गोद में अपनी मां को बैठा लो। तुम्हारी गोद में बैठने से तुम्हारी मां का ह्रदय भी पवित्र हो जायेगा और मैं उसे दिखाई देने लग जाऊंगा।

बच्चे ने अपनी मां को गोद में बैठाया। गोद में बैठते ही मां को गोपाल दिखाई देने लगे। मां ने कहा कि यह तो कृष्ण गोपाल है। यह तो समस्त संसार के गोपाल भइया है।

अतः विश्वास से पर्वत उड़ सकते है, विश्वास से असाध्य बीमारियां दूर हो सकती है, विश्वास से व्यक्ति सफलता प्राप्त कर सकता है।

मेहनत करने से सफलता मिले अथवा ना मिले लेकिन विश्वास के साथ मेहनत करने से सफलता अवश्य मिलती है।

अगर आप विश्वास के साथ कार्य करेंगे तो आप बीलिनियर भी बन सकते है। आप हर क्षेत्र में सफलता प्राप्त कर सकते है। विश्वास वो गोंद है जो आपके कर्म को सफलता से चिपकाता है। स्वंय पर विश्वास करें, परमात्मा पर विश्वास करें और अपनी टीम पर विश्वास करें तो सफलता आपकी झोली में स्वतः आ पड़ेगी।

NOTES (जो बातें आपके हृदय को छू गई है)

1. ____

2. ____

3. ____

4. ____

5. ____

6. ____

7. ____

8. ____

9. ____

10. ____

11. ____

12. ____

13. ____

14. ____

15. ____

16. ____

17. ____

18. ____

19. ____

20. ____

21. ____

22. ____

23. _______________________________

24. _______________________________

25. _______________________________

NOTES (जो निर्णय आपने अपने जीवन में लेने हेतु तय किये है)

26. _______________________________

27. _______________________________

28. _______________________________

29. _______________________________

30. _______________________________

31. _______________________________

32. _______________________________

33. _______________________________

34. _______________________________

35. _______________________________

36. _______________________________

37. _______________________________

38. _______________________________

39. _______________________________

40. _______________________________

41. _______________________________

42. _______________________________

43. _______________________________

44. ____

45. ____

46. ____

47. ____

48. ____

49. ____

50. ____

अध्याय – 21

आकांक्षा का नियम (Law of Expectation) – एक कहानी

एक खूबसूरत लड़की थी। वो सपने देखती थी कि एक दिन एक राजकुमार घोड़े पर चढ़कर आयेगा और उसका हाथ थाम लेगा। उसके साथ उसकी शादी हो जायेगी। उसके माता–पिता उस लड़की को अच्छी शिक्षा–दीक्षा देकर डॉक्टर बनाना चाहते थे।

उस लड़की की आकांक्षा थी कि कोई राजकुमार आये, वो घोड़े पर चढ़कर आये और उसका हाथ थामें। लेकिन उसके माता–पिता की आकांक्षा थी कि वो लड़की को पढ़ा लिखाकर डॉक्टर बना दे। आखिरकार लड़की ने अपने माता–पिता की इच्छा को मानते हुए पढ़ना स्वीकार कर लिया और एक दिन वो डॉक्टर बन गई।

लड़की ने जब अपना एम.बी.बी.एस. पूरा किया तो उन्ही दिनों मिलट्री हॉस्पिटल में डॉक्टर्स की वैकेन्सियां अखबार में प्रकाशित हुई। उस लड़की ने अप्लाई किया तो उसका चयन हो गया। उसने मिलट्री हॉस्पिटल में डॉक्टर के पद पर ज्योईन कर लिया।

मिलट्री ट्रेनिंग के बाद उसे हॉर्स ब्रिगेड़ के हॉस्पिटल में तैनात कर दिया गया। वहां पर उसके पास जो भी मरीज आते वो या तो घोड़े से गिरकर जिनके पांव टूट गये होते, वो आते अथवा कोई घोड़े से गिर पड़ा होता, वो आता। चूंकि वो पढ़ीलिखी डॉक्टर थी तो उसने एक दिन विचार किया कि मेरे पास सारे ऐसे मरीज ही क्यों आते है? जिन्हे घोड़ों से ही चोट लगी है।

एक दिन हॉर्स ब्रिगेड की सेरेमनी थी। पूरी हॉर्स ब्रिगेड़ सजी–धजी थी। पूरा मैदान भव्य रूप से सजाया गया था। उस डॉक्टर को चीफ गेस्ट बनाया गया था। इस तरह की व्यवस्था रखी गई कि दो किलोमीटर की दूरी

से घुड़सवार आते और जो पहले पहुंचता, उसे जो युवती डॉक्टर थी, वो उसे सम्मानित करती।

करीबन 10 घुड़सवारों को उसने सम्मानित किया। फिर वो रिलेक्स होकर बैठ गई। अचानक उसकी आंखे बंद हो गई और उसे ख्याल आया कि बचपन में मैं यह सपने देखा करती थी कि कोई घुड़सवार आयेगा और मेरा हाथ मांगेगा। इतने में ही अनाउंसमेन्ट हुआ कि जो–जो घुड़सवार सम्मानित हुए है, उनका पेवेलियन के पीछे चीफ गेस्ट के साथ लंच रखा गया है।

लंच आरम्भ हुआ। एक सैन्य ऑफिसर जो कि घुड़सवार के रूप में सम्मानित हुआ था, डॉक्टर युवती के पास आया। उसने मुस्कुराकर कहा आप मुझे थोड़ा समय दे सकेंगी। इतने में युवती डॉक्टर बोल पड़ी कि क्या तुम मेरा हाथ मांगने आये हो? सैन्य ऑफिस ने मिलट्री अंदाज में कहा, बेशक। सभी लोगों ने तालियां बजाई, स्वागत किया कि हम सभी लोग स्वागत करते है। उसकी उस सैन्य ऑफिसर से उस डॉक्टर युवती की शादी हो गई।

आकर्षण का सिद्धांत और कुछ नही है, प्रेम का सिद्धांत है। प्रेम का सिद्धांत कुछ नही है, आकांक्षाओं का सिद्धांत है। जीवन में जो आप चाहते है, वो मिलने वाला नही है। लेकिन जिसके प्रति आप प्रेम करते है, जिसके लिए आपकी आकांक्षा है, वो अवश्य मिलेगा।

मजेदार बात यह है कि यूनिवर्स आपकी आकांक्षाओं व अन्य लोगों की आकांक्षाओं को मिलाकर रिजोनेन्स भी कर देता है।

जैसा कि इस कहानी में हुआ कि लड़की सपने देखती थी कि राजकुमार घोड़े पर बैठकर आयेगा, मुझसें मेरा हाथ मांगेगा। लड़की के अंदर की जो आकांक्षा थी व लड़की के परिवार की जो आकांक्षा थी की लड़की डॉक्टर बने, दोनों में यूनिवर्स ने रिजोनेन्स बैठा दिया और लड़की को अपने सपने का घुड़सवार राजकुमार मिल गया।

आकांक्षा का सिद्धांत बिलकुल स्पष्ट है। जो आपके अंदर आकांक्षाऐं उठ रही है। वही आपके जीवन में फलीभूत है। अतः उन आकांक्षाओं को बदलना पड़ेगा, जो आप नही चाहते।

Be Self Aware
(होश में आईये, होश में रहिये)

एक नवयुवती के सीने में दर्द की शिकायत हुई। उसने डॉक्टर को दिखाया। डॉक्टर ने कहा कि आपके स्तनों में गांठे है। अतः गांठे किस तरह की है, जांच करवाना जरूरी है। इसलिए जांच हेतु सेम्पल भेजे गये।

दो दिन बाद जांच रिपोर्ट आई और डॉक्टर ने बताया कि आपके ब्रेस्ट कैंसर है। अतः ब्रेस्ट को हटाने पड़ेंगे।

युवती की मां के ब्रेस्ट कैंसर हुआ था और उस कारण उसकी मां की मृत्यु हो गई थी।

युवती जब बच्ची थी तब से उसने अपनी मां की सेवा की थी। उसने अपनी मां को तिल–तिल कर तड़प कर मरते हुए देखा था। अतः उसने किसी मनोवैज्ञानिक से सलाह लेने का मानस बनाया। लगभग सभी मनोवैज्ञानिकों ने मना कर दिया कि कैंसर का मामला है। इसलिए आप कैंसर विशेषज्ञ को दिखावें। लेकिन वो एक रेकीचिकित्सक के पास गई। रेकीचिकित्सक ने कहा कि रोग तो सिर्फ दो कारणों से होते है, या तो आप कृतज्ञ नही हो, या आप प्रचुरता में विश्वास नही करती हो। तीसरा कोई कारण नही है।

युवती ने कहा कि मैनें आपकी बात नही समझ पा रही हूं। मुझें तो आप इसका उपचार सुझावें। उसने कहा कि आप कुछ ज्यादा ना करके सिर्फ दो काम करें:–

1. हंसना–मुस्कुराना आरम्भ कर दे। जब भी किसी से मिले तो बड़ी सी मुस्कुराहट दे और सुबह चलाकर जोर–जोर से हंसे। कम से कम 20 मिनट तक हंसती रहे। हंसी मजाक वाली फिल्मे देखे, लोगों से हंसी मजाक करें। यानी कि आपको हर वक्त हंसते, खिलते, खुश रहना है।

2. आप आधा घंटे आंख बंद करके यह ध्यान करें कि आप बिलकुल स्वस्थ है। फिर आंखे खोलकर 100 बार बोले कि मैं पूरी तरह स्वस्थ हूं, मैं पूरी तरह स्वस्थ हूं।

तीन महिने तक आप इन क्रियाओं को खुलकर करें और आनन्द ले। किसी से कैंसर के बारे में बात नही करनी है, न मुंह से बोलना है, न किसी को बताना है। कोई पूछे तो भी यही कहना कि मैं पूरी तरह स्वस्थ हूं। हाँ अगर दर्द हो तो दवा ले सकती हो।

तीन माह बाद वो युवती पुनः डॉक्टर के पास गई और कहा कि आप मेरी वापिस बॉयोप्सी कीजिए। डॉक्टर ने कहा कि आपकी बॉयोप्सी तो एक बार हो चुकी है। अब दोबारा करने से क्या होगा? लेकिन उस युवती ने कहा कि आप एक बार पुनः मेरी बॉयोप्सी कीजिए। पहले वाली रिपोर्ट शायद गलत हो सकती है। डॉक्टर ने सोचा कि यह तो पहले वाली रिपोर्ट को गलत बता रही है। तब तो दुबारा इसकी बॉयोप्सी करनी चाहिये।

दुबारा बायोप्सी करवाई गई। उसकी रिपोर्ट जब आई तो डॉक्टर देखकर दंग रह गया कि रिपोर्ट में कैंसर निगेटिव बताया गया।

यह विश्वास का फल है। उस युवती ने विश्वास किया कि मैं पूरी तरह स्वस्थ हूं। अपने को प्रसन्न रखा और हंसी—मजाक में अपना समय लगाया। इस कारण से उसके शरीर से कैंसर के सेल्स गायब हो गये।

'द सिक्रेट' नामक विश्वप्रसिद्ध पुस्तक में भी **रोण्डा बर्न** एक ऐसी महिला का दृष्टांत देती है, जिसका भी कैंसर ठीक हो गया था। क्योंकि वो महिला भी अपने आपको स्वस्थ महसूस करने का अभ्यास करने लगी, मनोरंजन वाली फिल्मे देखने लगी। अपने आपको स्वास्थ्य पर फोकस किया।

विश्वास और आकांक्षाएं

जैसा आपका विश्वास होगा, उसी के अनुरूप आपकी आकांक्षाएं होंगी। जैसी आकांक्षाएं होगी, वैसी ही जीवन में घटनाएं घटेंगी। लॉ ऑफ अट्रेक्शन अपना काम करता है, लेकिन आप जो चीज चाहते है, उस पर आपका विश्वास

होना चाहिये और उन्ही बातों की आकांक्षाएं होनी चाहिये। यदि विश्वास नही है तो बार–बार यह उच्चारण करे कि मुझें मेरी पसंद की चीज मिल गई है, मिल गई है, मिल गई है। ऐसा रोजाना 10 मिनट बोले ताकि सबकोन्सियस माइंड में विश्वास बन जाये और आकांक्षाएं बन जाये।

दैविक शक्तियों में जिन लोगों को विश्वास होता है, उनके लिए यह काम करने को तत्पर रहती है। मैं आपको इसके बारे में एक घटना सुनाना चाहूंगा।

एक न्यायाधीश के कोर्ट में श्रीकृष्ण का गवाह बनकर आना

एक बार मैं वृंदावन में घूमने गया था। वहां बांकेबिहारी जी के मंदिर के बाहर एक रिटायर्ड व्यक्ति बैठे थे। सभी लोग मंदिर में दर्शन करने के लिए जा रहे थे, लेकिन वो बाहर आराम से बैठे थे। मैं जब दर्शन करके आया तो देखा कि वह बाहर ही बैठे थे। ऐसा मैनें तीन दिन तक देखा। फिर मुझसे रहा नही गया और मैनें उनसे पूछ लिया कि क्या आप मंदिर में दर्शन करने नही जाते? उन्होनें मेरी बात सुनी, तो उनकी आंखों से आंसू गिरने लगे, वो भावविह्ल हो गये और बोले कि मेरी बिसात क्या है? मेरी औकात क्या है? क्या मैं इस काबिल हूं कि उनके दरबार में जा सकू? और फूट–फूट कर रोने लगे।

मैनें उन्हें ऐसे भावविह्ल होते देख कर कहा कि मैं आपके लिए चाय मंगवाता हूं, आप चाय पी लीजिए। उन्होनें सहमति में हां भर दी। जब उन्होनें चाय पी ली, साथ में बिस्कुट व नमकीन खा लिया तो उनमें थोड़ी सी हिम्मत आई। उन्होनें मुझसे पूछा कि आप कौन है? मैंने कहा कि मैं राजस्थान सरकार में प्रशासनिक अधिकारी हूं। उन्होने मुझसे कहा कि बैठों मैं अपनी व्यथा तुमको बतलाता हूं और उन्होनें संक्षेप में अपनी आप बीती बताई।

मैं गुजरात के एक जिले में सेशन जज था। एक मुकदमा आया। जिस मुकदमें में एक सीधे–साधे व्यक्ति की जमीन को एक होशियार व्यक्ति ने हड़प ली। सीधे–साधे व्यक्ति को जब मैनें पूछा कि कोई तुम्हारा गवाह है। तुम कहते हो कि तुमने उधार पैसे लिये और पैसे ब्याज सहित वापिस लौटा दिये, फिर भी गिरवी रखे हुए कागज उस व्यक्ति ने वापिस नही दिये और

तुम्हारी जमीन हड़प ली। उस व्यक्ति का नाम कृष्ण भरोसे था। उसने कहा कि मेरे पक्ष में तो कोई गवाह देने वाला नही है। मैं तो मंदिर में रहता हूं। आप सम्मन जारी कर दो, श्रीकृष्ण गवाही देने आ जायेंगे। मैनें सरसरी तौर पर यह समझा कि श्रीकृष्ण नाम का कोई आदमी है, जिसके लिये यह सम्मन जारी करवाना चाहता है, तो मैनें सम्मन जारी कर दिया।

सुनवाई के दिन कृष्ण भरोसे आ गया, उसका वकील आ गया, दूसरी पार्टी का वकील और गवाह आ गये लेकिन कृष्ण भरोसे का गवाह नही आया। अदालत खत्म होने को आ गई। शाम के 4.30 बजे एक व्यक्ति आया तो उसने पूछा कि कृष्ण भरोसे कहां है? तो लोगों ने कहा कि वह तो घर चला गया क्योंकि उसका कोई गवाह नही आया। उसने कहा कि मै हूं ना उसका गवाह, मैं गवाही दूंगा। तब मैनें कहा कि इसे कटघरे में खड़ा करों और इसकी गवाही को रिकॉर्ड करों।

उस व्यक्ति की बांकी अदा, चेहरे पर मुस्कान, दिव्य तेज और उसमे से ऐसा प्रकाश निकल रहा था, जिससे पूरा न्यायालय प्रकाशित हो रहा था। दूसरी पार्टी के वकील ने पूछा कि आपके पास क्या सबूत है कि उस व्यक्ति ने पैसे जमा करवा दिये? उसने कहा कि उस व्यक्ति के घर पर अदालत आदमी भेजे, जिस कमरे में वो अपना हिसाब –किताब करता है, उसमे एक अलमारी है,  जिसमें कांच लगे हुए है। उस आलमारी के अंदर दूसरे खाने में एक भागवत की मोटी पुस्तक रखी हुई है। उस पुस्तक के अंदर वो कागजात रखे हुए है, जिन पर पैसे की भरपाई के अंगूठे की निशानी लगे हुए है तथा उस व्यक्ति को अदालत अगर वो यहां है, तो उसे मेरे सामने प्रस्तुत करें।

वो व्यक्ति प्रस्तुत हुआ तो उसने कहा कि मैनें तुम्हे 7,500/– रूपये दिये थे तो उस व्यक्ति ने कहा कि हां दिये थे। तुमने जमा की रसीदे दी थी, तो उसने कहा कि हां दी थी। वो बोले कि वो कृष्ण भरोसे के रूपये थे। जब तुम्हारे पैसे जमा हो गये तो तुम उसकी जमीन के कागजात और जमीन उसे क्यों नही देते? इस पर वो व्यक्ति नाराज होने लगा कि तुम कौन होते हो? यह मेरे और कृष्ण भरोसे के बीच का मामला है।

जब गवाही चल रही थी, तो ऐ.सी. चल रहा था, कमरा ठंडा था, इसलिए मुझें तो झपकी आ गई। जब आंख खुली तो अलमारी की बात चल रही थी कि अलमारी के अंदर भागवत गीता में रसीद रखी हुई है। मैनें एक वकील को आदेश दिया कि तुम तत्काल उस व्यक्ति के घर जाओं, वहां अलमारी में दूसरा खंड देखों, अगर उसमें भागवत के अंदर कोई रसीद है, तो उसे तत्काल लेकर आओं।

वकील गया और अलमारी में देखा तो भागवत मिली, उसमें रसीद मिली, वो रसीद लेकर कोर्ट में आया। मैनें रसीद देखी और कृष्ण भरोसे के पक्ष में आदेश दे दिया। इतने में कृष्ण भरोसे भी अपने निर्णय की जानकारी प्राप्त करने के लिए कोर्ट में आ गया। मैनें उस गवाह को एक बार फिर देखना चाहा, लेकिन वो गवाह तो गायब हो गया था। उस गवाह के जाते ही न्यायालय में अशांति और अंधकार हो गया।

मैनें कृष्ण भरोसे से पूछा कि यह गवाह कौन था? तुम इस गवाह को कब से जानते हो? उसने कहा कि कौन गवाह? वही श्रीकृष्ण तुम जिसके पुजारी हो, वही श्रीकृष्ण।

कृष्ण भरोसे ने कहा कि क्या स्वंय श्रीकृष्ण यहां गवाही देने आ गये थे? मैनें उनसे निवेदन किया था। कृष्ण भरोसे ने कहा कि वो कोई सामान्य व्यक्ति नही थे। वो तो स्वंय जगदीश्वर श्रीकृष्ण थे, क्या वो मेरे जैसे तुच्छ व्यक्ति के लिए वो स्वंय गवाही देने आये थे?

यह बात सुनते ही मेरे अंदर तो उथल–पुथल हो गई। मैनें कहा वो जो जगत का न्यायाधीश है, उसको मैनें कटघरे में खड़ा रखा। मुझसें बड़ा अहंकारी व दोषी कौन होगा? इसलिए मैंने तत्काल न्यायाधीश पद से स्तीफा दे दिया। मैं यहां वृंदावन में आ गया और यहां मंदिर के बाहर ही बैठकर उन्हे हाथ जोड़ लेता हूं क्योंकि मेरी हिम्मत नही होती कि मैं उनके सामने जाकर उनसे आंख मिला सकूं।

कृष्ण भरोसे का अगाध विश्वास श्रीकृष्ण को गवाह के रूप में बुला लाया। विश्वास में बड़ी ताकत है। विश्वास होता है, आपस का तो बड़ी–बड़ी बातें भी आदमी आई–गई कर लेता है और यदि विश्वास की कमी हो जाये तो फिर अनेक तर्क देने पर भी सुलह नही बनती।

सम्बंधो का आधार ही विश्वास है। दो व्यक्तियों के बीच में यदि गहरा विश्वास है तो उनमें मैत्रीपूर्ण सम्बंध रहते है और आपस का संवाद तीव्र गति से हो जाता है। शब्दों को बोलने की जरूरत भी नही रहती, ईशारे से ही आदमी भाव समझ जाता है। इसीलिये कहा जाता है कि ईश्वर शब्दों को नही देखता, विश्वास को देखता है। जब विश्वास बढ़ता है तो उनके बीच घनिष्ठता बढ़ जाती है।

आप अपने लक्ष्यों को तय करें। चाहे आप बीलिनियर बनना चाहते हो, चाहे आप सफल व्यक्ति बनना चाहते हो अथवा चिकित्सक व इंजीनियर। यदि आप विश्वास का आधार मजबूत बनायेंगे तो सफलता सुनिश्चित है।

NOTES (जो बातें आपके ह्रदय को छू गई है)

1. ____

2. ____

3. ____

4. ____

5. ____

6. ____

7. ____

8. ____

9. ____

10. ____

11. ____

12. ____

13. ____

14. ____

15. ______________________________________

16. ______________________________________

17. ______________________________________

18. ______________________________________

19. ______________________________________

20. ______________________________________

21. ______________________________________

22. ______________________________________

23. ______________________________________

24. ______________________________________

25. ______________________________________

NOTES (जो निर्णय आपने अपने जीवन में लेने हेतु तय किये है)

26. ______________________________________

27. ______________________________________

28. ______________________________________

29. ______________________________________

30. ______________________________________

31. ______________________________________

32. ______________________________________

33. ______________________________________

34. ______________________________________

35. ______________________________________

36. ____

37. ____

38. ____

39. ____

40. ____

41. ____

42. ____

43. ____

44. ____

45. ____

46. ____

47. ____

48. ____

49. ____

50. ____

अध्याय – 22

प्रचुरता का अलौकिक सिद्धांत – एक कहानी

प्रकृति में दिव्य शक्तियां जो भी वस्तुएं पैदा करती है। अनेक संख्या में व वृहद मात्रा में करती है।

एक बच्चे की कहानी

एक 10–12 साल का बच्चा था। उसके माता–पिता किसान थे। जब भी बारिश होती तो माता–पिता खेत में बीजों को बोते थे। फिर फसल आती। यह बात कई वर्षों से वो बच्चा देख रहा था। एक दिन उसने सोचा कि मेरे पास भी एक चवन्नी है। मैं भी इस चवन्नी को जमीन को गिली करके बो देता हूं और उसने उस चवन्नी को जमीन में बो दिया। उसे प्रतिदिन पानी देता था। वो बहुत खुश हो रहा था कि एक चवन्नी बोई है। इसका पेड़ लगेगा तो इसमें कई चवन्नियां लगेंगी। बच्चा बहुत खुश था। करीब एक महिने बाद उसने जमीन खोद कर देखा कि चवन्नी काली पड़ गई है।

उसने यह बात अपने चाचा को बताई। चाचा ने कहा कि बेटा चवन्नी बॉयो एनर्जी है। यह मुद्रा है। इसकी फसल करने का तरीका अलग है और धरती में बीज बोने का तरीका अलग है। यद्यपि धरती में जो बीज बोते है, वो कई गुणा होकर मिलते है। इसी तरह चवन्नी भी कई गुणा होकर मिलेगी लेकिन उसका तरीका अलग है।

प्रकृति की फितरत है कि वस्तुओं को कई गुणा कर देना। यदि इस चवन्नी को तू किसी बैंक में जमा करवाता तो यह कई वर्षों बाद यह दुगुनी हो जाती। फिर धीरे–धीरे इसकी कीमत और कई गुणा हो जाती।

पेड़–पौधे भी प्रचुरता में उगते है

एक बीज से एक पेड़ बनता है। एक पेड़ के अनेक फल लगते है। एक–एक फल में अनेकानेक बीज होते है। फिर वो बीज अनेको पेड़ तैयार कर सकते है। मेरे कहने का अर्थ यह है कि एक बीज पूरा जंगल तैयार कर सकता है।

पशु भी कई गुणा सन्तति पैदा करते है

एक गाय अपने जीवनकाल में अनेक बछडे–बछड़ियां जन्म देती है। इसी तरह से बंदरियां, सूअर आदि भी अनेकानेक बच्चे पैदा करते है। यानी कि प्रकृति प्रचुरता में विश्वास रखती है।

आसमान में तारें अनगिनत

प्रकृति की बहुतायत का अंदाज देखिए हमे एक सूर्य दिखाई देता है। वैज्ञानिक कहते है कि ऐसे हजारों सूर्य एक आकाश गंगा में है और ऐसी हजारो आकाश गंगाएं इस ब्रह्मांड में है। यानी कि प्रकृति प्रचुरता के सिद्धांत पर चलती है।

लेकिन इंसानी मन अभाव की मानसिकता पर चलता है

दिव्य शक्तियां व्यक्ति को देती है, तो छप्पर फाड़ कर बहुतायत में देती है। मैं तो यह देखकर दंग रहा जाता हूं कि जिनके पास पैसा आ रहा है, वो इतना आ रहा है कि उनसे गिना ही नही जाता।

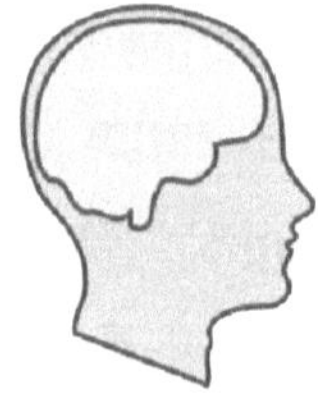

अभाव की मानसिकता

इंसान का मन अभाव की मानसिकता रखता है, तुलना की मानसिकता रखता है, अस्थिरता की मानसिकता रखता है, ईर्ष्या की मानसिकता रखता

है, प्रतिस्पर्धा की मानसिकता रखता है। लेकिन जिन लोगों को दैविक सम्पत्तियां प्राप्त हो जाती है, वो लोग अपने को तृप्त समझते है। वो लोग प्रचुरता में विश्वास रखते है। वो लोग समन्वय में विश्वास रखते है, वो लोग संस्लेशण में विश्वास रखते है।

एक महात्मा द्वारा उसका उत्तराधिकारी को तय किया जाना

एक महात्मा थे, उनका मठ था। उनके चार शिष्य थे। चारों शिष्य ही योग्य थे। लेकिन किसको उत्तराधिकारी बनाया जाये, यह प्रश्न चुनौती पूर्ण था। लेकिन महात्मा बूढ़े हो गये थे, तो अब इस प्रश्न का समाधान तलाशना भी जरूरी था।

अतः उन्होनें अपना उत्तराधिकारी तय करने के लिए चारों शिष्यों को बुलाया और कहा कि मैं साल–दो साल के लिए तीर्थयात्रा पर जा रहा हूं। वहां से जब वापिस आऊंगा तो मैं उत्तराधिकारी तय कर दूंगा। चूंकि मैं लम्बी अवधि के लिए बाहर रहूंगा। इसलिए मैं तुम्हे कुछ उपहार देना चाहता हूं। इसलिए महात्मा ने चारों शिष्यों को एक–एक गेहूं की बोरी दे दी और स्वंय तीर्थयात्रा पर चले गये।

एक शिष्य जो विवाहित था, बच्चे थे। उसने देखा कि एक बोरी गेहूं आये, महात्मा जी ने दिये है। चलों इसे घर ले चलते है। बच्चों को बड़े दिन से गेहूं की रोटियां नही मिली है। वो बोरी को अपने घर ले गया और महिने–दो महिने में उस गेहूं का उपभोग कर लिया।

दूसरे शिष्य ने सोचा कि महात्मा जी देकर गये है, हो सकता है कि वापिस मांग ले। इसलिए उसने अपने घर पर ले जाकर गेहूं को बोरी को रख लिया कि जब वो आयेंगे तो उन्हें वापिस कर दूंगा।

तीसरा शिष्य जो था, उसने गेहूं की बोरी को अपने मंदिर में रखा और उसे रोजाना अगरबत्ती करने लगा क्योंकि वह गुरूदेव का दिया हुआ उपहार था।

चौथे शिष्य ने विचार किया कि गुरूदेव ने गेहूं की बोरी ही क्यों दी है? कुछ और भी दे सकते थे? उसे गेहूं के गुणित होने का सिद्धांत समझ में आया। बोरी में से आधे गेहू घर पर ले गया और आधी बोरी के गंहू को आश्रम की खाली पड़ी जमीन में बो दिये। आश्रम की जमीन कई वर्षो से काम में नही ली गई थी। वो उपजाऊ पड़ी थी इसलिए फसल हुई जोरदार। उसमें से दो बोरी गेहूं तो वो शिष्य अपने बच्चो के लिए खाने–पीने के लिये ले गया। आठ बोरी में से चार बोरी तो बाजार में बेच दी बाकि चार बोरियों का गेहूं फिर बारिश होने पर जमीन में बो दिया।

वो प्रकृति की प्रचुरता के सिद्धांत को जानता था। इस बार चार बोरी के बदले 64 बोरी गेहूं पैदा हुई। वो फिर उसमें से दो बोरियां अपने बच्चों के खाने के लिए ले गया तथा शेष बची 62 बोरियों में 30 बोरी बाजार में बेच दिया तथा उससे जो पैसा मिला उससे आश्रम की टूट–फूट सही करवाई। आश्रम बिलकुल अच्छा हो गया। बाकि की बची हुई 32 बोरी जो बची थी उसको फिर उसने खेत में बो दिया। इस बार तो काफी बरसात हुई। उसमें बम्पर फसल हुई। करीब 400 बोरी गेहूं हुये जिसमें 200 बोरी बाजार में बेच दी और उससे जो पैसा आया उससे आश्रम के लिए नई जमीन खरीदी और नया आश्रम बनवाया। बाकि जो गेहूं बचा उसे आगामी वर्षा में बोने हेतु रख लिया। अन्य शिष्यों को भी जब कभी गेहूं की जरूरत होती थी तो उनको भी वो गेहूं देता था।

महात्मा जी तीन साल आश्रम लौट कर आये और चारों शिष्यों को बुलाया। उनसे पूछा कि गेहूं की बोरियां जो मैं तुम्हे उपहार में देकर गया था, उनका तुम लोगों ने क्या किया? पहला शिष्य बोला कि मेरा पूरा परिवार आपका ऋणी है क्योंकि वो गेहूं उनके खाने में काम आ गये।

दूसरा शिष्य बोला कि मैनें वो गेहूं कि बोरी स्टोर में रख दिया है। मैं अभी लेकर आता हूं। उसने जैसे ही स्टोर का दरवाजा खोला तो उसमें से बदबू आ रही थी। वो खराब हो गये थे। तीसरे शिष्य ने कहा कि मैनें आपकी बोरी को मंदिर में रख दिया है और रोजाना उसकी पूजा करता हूं।

चौथे शिष्य ने कहा कि मुझें जो आपने गेहूं की बोरी दी थी मैंने उसमे से आधे तो अपने परिवार के लिये व आधे गेहूं आश्रम की खाली जमीन में बो दिये। उससे जो फसल मिली, उससे और ज्यादा गेहूं अगले वर्ष बो

दिये। अब करीब 400 बोरी गेहूं की हुई है, जिसे बाजार में बेचने पर जो रूपया मिला है, उससे आश्रम की मरम्मत करवा दिया है और आश्रम के लिये नई जमीन भी खरीद ली है। शेष जो 15,000 रूपये बचे है, वो मैं आपको भेंट करता हूं।

उत्तराधिकारी का फैंसला हो गया है। इस चौथे शिष्य ने प्रकृति की प्रचुरता के सिद्धांत को समझा है और अपने जीवन में उतारा है। अतः इसी को आश्रम का उत्तराधिकारी बनाया जाना उचित है।

कोई भी व्यक्ति तभी सफलता प्राप्त कर सकता है, जब उसे दैविक सहयोग प्राप्त होता है। दैविक सहयोग उसे ही प्राप्त होता है, जिसका अपना कोई लक्ष्य हो, अपना कोई चरित्र हो।

चरित्र में हम निम्न बातों को देख सकते है:–

1. **निष्ठाः–** जो व्यक्ति अपने आपसे कोई वादा करें तो उसे पूरा करें। दूसरे लोगो से भी कोई वादा करे तो उसे पूरा करें। यद्यपि वादा करना आसान है लेकिन कई बार पूरा करने में बड़ी चुनौतियां आ जाती है। अतः छोटे–छोटे कामों को, छोटे–छोटे वादों को करे और उन्हें पूरा करने का अभ्यास करें। क्योंकि मन का स्वभाव है, वादों को आधा–अधूरा छोड़ देना। जबकि दैविक शक्तियां उसको सहयोग करती है, जो अपने वादे पूरे करता है।

2. **साहस व संवेदनशीलताः–** यह चरित्र का दूसरा गुण है, जिसे कि दैविक शक्तियां पसंद करती है। एक इंसान दूसरे लोगों के प्रति उदार रहे और उनकी मदद करें। लेकिन उसके साथ ही इतना साहस भी रखे कि अपनी बात को अच्छे ढंग से बता सके। अपना खुद का शोषण ना हो, इस हेतु अपनी खुद की सुरक्षा करें और दूसरों की मदद करने हेतु संवेदनशीलता रखें। यह दोनों गुण होने से व्यक्ति में दैविक सामर्थ्य विकसित होती है।

3. **प्रचुरता की मानसिकताः–** यह चरित्र का मुख्य गुण है। प्रचुरता की मानसिकता होने पर व्यक्ति में दैविक सामर्थ्य विकसित होती है और वो बड़े–बड़े कार्यो को सुगमता पूर्वक कर सकता है।

इसके विपरीत जो लोग अभाव की मानसिकता के होते है, उन्हें बहुत कुछ प्राप्त होने के बाद भी अभाव बना रहता है। वो यह महसूस करते है कि यदि किसी अन्य व्यक्ति को कोई लाभ मिला है, तो उसे उनके हक से छीना गया है। ऐसे व्यक्तियों को हर चीज मिलने के बाद, कम ही नजर आती है और दूसरों की थाली में घी ज्यादा दिखाई देता है।

प्रचुरता की मानसिकता ईश्वरीय गुण है। इसे इंसान को अपने में प्रयास पूर्वक विकसित करना चाहियें। जिसमें यह गुण आ जाता है, वो व्यक्ति दैविक सम्पदाओं से विभूषित हो जाता है।

रामचरितमानस में लिखा है 'जे जाने तेही, जाचकता चली जाय'। इसका अर्थ यह है कि जिन्होनें दिव्य शक्तियों को जाना है कि उनकी मांगने की प्रवृति तथा अधूरेपन की मानसिकता खत्म हो जाती है।

बिखरा हुआ व्यक्तित्व बनाम् पूर्ण व्यक्तित्व

स्टीफन आर कोवी ने एक व्यक्ति के चार आयाम बताये है, जो निम्न प्रकार है:—

1. **शारीरिक आयाम**

2. **मानसिक आयाम**

3. **भावनात्मक आयाम**

4. **आध्यात्मिक आयाम**

इसके साथ ही ईश्वर ने हर व्यक्ति को चुनाव करने की शक्ति दी तथा कुछ सिद्धांत बतलाये है। अतः जो व्यक्ति अपनी चुनाव करने की शक्ति का सदुपयोग करता है, सिद्धांतो के अनुसार काम करता है व उपरोक्त चारों आयामों को अभ्यास करके बढ़ाता है तो उसका व्यक्तित्व, पूर्ण व्यक्तित्व बन जाता है तथा जो व्यक्ति इनकी अनदेखी करता है, उसका व्यक्तित्व बिखरा हुआ (Fragmented) रहता है।

प्रचुरता की मानसिकता रखने से व्यक्ति समृद्ध रहता है, तृप्त रहता है, प्रसन्नचित रहता है व कृतज्ञ रहता है। इसलिए यूनिवर्स उसको कई गुणा यह सब सम्पदाएं देता रहता है।

कोई व्यक्ति बीलिनियर बनना चाहता है, अपने जीवन में सफल होना चाहता है, अच्छा डॉक्टर बनना चाहता है अथवा अपने जीवन के किसी क्षेत्र विशेष में कीर्तिमान स्थापित करना चाहता है तो उसे प्रचुरता के सिद्धांत को जीवन में अपनाना चाहिये व इसका अभ्यास करना चाहिये ताकि वो जीवन में सफल हो सके और अपने चाहे गये क्षेत्र में कीर्तिमान स्थापित कर सके व एक सार्थक जीवन जी सके।

NOTES (जो बातें आपके ह्रदय को छू गई है)

1. ____

2. ____

3. ____

4. ____

5. ____

6. ____

7. ____

8. ____

9. ____

10. ____

11. ____

12. ____

13. ____

14. ____

15. ____

16. ____

17. ____

18. ____

19. ____

20. ____

21. ____

22. ____

23. ____

24. ____

25. ____

NOTES (जो निर्णय आपने अपने जीवन में लेने हेतु तय किये है)

26. ____

27. ____

28. ____

29. ____

30. ____

31. ____

32. ____

33. ____

34. ____

35. ____

36. ____

37. ____

38. ___________________________________

39. ___________________________________

40. ___________________________________

41. ___________________________________

42. ___________________________________

43. ___________________________________

44. ___________________________________

45. ___________________________________

46. ___________________________________

47. ___________________________________

48. ___________________________________

49. ___________________________________

50. ___________________________________

अध्याय – 23

निरंतरता एक दैविक गुण है – एक कहानी

चींटी की कहानी

चींटी से निरंतरता का दैविक गुण सीखा जा सकता है। चींटी अपने से ज्यादा बड़े चीनी के दाने को लेकर निरंतर चलती रहती है। यदि कोई रास्ते में रूकावट आ जाती है, तो वो घूम कर फिर अपनी मंजिल की और चलती रहती है। चींटी के इस दैविक गुण से  कईयों को अपने अवसाद व पराजय की अवस्था में प्रेरणांए मिली।

एक हारे हुए राजा की कहानी

एक राजा था। बहादुर था, न्यायप्रिय था, लेकिन वो प्रेमी भी था। कुछ लोग उसे इश्कमिजाजी कहते थे। उसकी वजह थी कि वो अपनी पत्नी को बहुत प्यार करता था। जहां भी जाता, वहां अपनी पत्नी को साथ ले जाता। यहां तक कि वो युद्ध करने भी जाता तो पत्नी को साथ ले जाता। रात्रि में जब युद्ध बंद हो जाता तो वो पत्नी के साथ टेन्ट में रहता।  कुछ लोग उस राजा का नाम **राजा रतन सिंह** बताते है। यद्यपि नाम के बारे में इतिहासकारों में मतभेद है, लेकिन अपने को यहां पर कहानी से सिर्फ संदेश लेना है।

जब राजा रतन सिंह युद्ध में अपनी पत्नी के साथ दुश्मन से लड़ने गये और रात्रि में टेन्ट में पत्नी के साथ रहे तो दुश्मन के जासूसों ने उसकी पत्नी को देख लिया। उसकी पत्नी इतनी सुन्दर थी कि अगर वो पानी पीती तो उसके गले में पानी दिखाई देता था। राजा रतन सिंह भी अपनी पत्नी

पर न्यौछावर रहता था। दुश्मन के जासूसों ने अपने सुल्तान को खबर दी कि राजा रतन सिंह की पत्नी बेहद खूबसूरत है।

लेकिन सुल्तान को किसी कारणवश दिल्ली लौटना पड़ गया। दिल्ली में भी उसे चैन नही पड़ी और उसने चित्तौड़ पर चढ़ाई की और राजा रतन सिंह की पत्नी को प्राप्त करने हेतु किले पर आक्रमण कर दिया। सुल्तान ने डोंड़ी पिटवा दी कि हमें कोई खून–खराबा नही करना है। हमे सिर्फ **रानी पद्मिनी** को प्राप्त करना है। इसलिए उसे हमारे हवाले कर दिया जाए। क्योंकि अगर ऐसी कोई स्त्री है, जो पानी पीए और उसके गले में पानी दिखाई दे, तो ऐसी स्त्री हिन्दुस्तान के सुल्तान के पास होनी चाहिये, किसी अन्य के पास नही।

दोनों और से विचार विमर्श हुआ, बातचीत हुई कि जैसे–तैसे किसी तरह युद्ध को टाला जाए और अंत में यह निर्णय रहा कि पद्मिनी का चेहरा किसी दर्पण में **अलाउद्दीन खिलजी सुल्तान** को दिखा दिया जाए और वो चेहरा देखकर दिल्ली लौट जायेंगे।

तय शर्तानुसार किसी बड़े दर्पण के सामने पद्मिनी खड़ी हुई और उसकी परछाई को **अलाद्दीन खिलजी** ने देखा। **पद्मिनी** की खूबसूरती देखकर अलाउद्दीन खिलजी के होश उड़ गये। लेकिन अलाउद्दी खिलजी वादे का पक्का था। इसलिए उसने अपनी फौज को आदेश दिया कि काम हो गया है, अब दिल्ली लौट चलों।

अलाउद्दीन खिलजी निरंतर 6 माह तक इंतजार ही करता रहा कि पद्मिनी के दीदार हो। 6 महिने की निरंतरता के फलस्वरूप उसे पद्मिनी के दीदार हुए।

राजा रतन सिंह व उनके सरदारों ने मंत्रणा की कि जब यह लोग जा रहे है, तो इनसे अच्छे सम्बंध रखे जाएं और रतन सिंह व उसके सिपाही अलाउद्दीन खिलजी से अंतिम मुलाकात करने हेतु किले से बाहर आये व मदद करने के लिए निवेदन किया और अपनी मालवा विजय हेतु उनकी सहायता के लिए पेशकश की।

अलाउद्दीन खिलजी तो मंजा हुआ सुल्तान था। वो स्थिति को भांप गया कि राजा रतन सिंह कमजोर पड़ गया और इसे मेरी मदद की जरूरत है। अतः उसने अपने साथियों को ईशारा किया कि इसे गिरफ्तार कर लो। साथियों ने गिरफ्तार कर लिया और इतिहासकार कहते है कि वहीं पर उनकी मृत्यु हो गई। उनकी मृत्यु का समाचार सुनकर इतिहासकार कहते है कि **रानी पद्मिनी ने अनेक सहेलियों सहित अग्नि में कूद कर जौहर कर लिया।**

इस कहानी में यह संदेश पकड़ने की जरूरत है कि अलाउद्दीन खिलजी निरंतर रूप से कार्य करते हुए सुल्तान बना। फिर निरंतरता रखते हुए राजा रतन सिंह को साजिश के तहत गिरफ्तार करके कत्ल किया।

मुसलमान शासकों की एक खूबी रही है कि वो निरंतर युद्ध के मैदान में ड़टे रहते थे। जब तक कि उनको विजय प्राप्त नही हो जाती जबकि राजपूतों में यह रहा है कि विजय प्राप्त करते ही जश्न मनाने लग जाते और आगे भूल जाते।

शेरशाह सूरी की निरंतरता का उदाहरण मशहूर है। शेरशाह सूरी ने जब हूमायू दक्षिण विजय करने के लिए रवाना हुआ तब शेरशाह सूरी हूमायू का सेनापति था। उसने अपने आपको दिल्ली का बादशाह घोषित कर दिया। क्योंकि उसे मालूम था कि हूमायू दक्षिण भारत से दो वर्ष भी लौटकर नही आने वाला।

शेरशाह सूरी ने निरंतर अपनी शक्ति को बढ़ाया और मारवाड़ व चित्तौड़ पर आक्रमण किये। साल भर तक निरंतर युद्ध करता रहा, कभी खाना मिला कभी नही, लेकिन वो चित्तौड़ को जीत नही पाया। एक बार तो ऐसा हुआ कि राजपूत राजाओं ने उसे घेर लिया और उसने माफी मांगकर अपनी जान बचाई और राजपूतों ने माफ कर दिया, क्योंकि राजपूत क्षमाशील थे। तब शेरशाह सूरी ने कहा कि 'दो **मुट्ठी बाजरे के लिये मैं हिन्दुस्तान की बादशाहत खो देता।**'

इतिहासकार लिखते है कि राजपूतो के शौर्य के आगे शेरशाह सूरी टिक नही पाये लेकिन उन्होनें अपना विजयी अभियान निरंतर जारी रखा और उन्होनें अधिकांश मारवाड़ पर कब्जा कर लिया।

निरंतरत में संवेग (मोमेन्टम) रहता है

जैसे एक ट्रक अपनी रफ्तार से चला जा रहा है, निरंतर चला जा रहा है। उसके सामने कोई आ जाता है तो जबरदस्त टक्कर होती है। यद्यपि रफ्तार धीमी थी लेकिन फिर भी मोमेन्टम के कारण जबरदस्त भिड़ंत हुई।

निरंतरता से एक अदृश्य बल पैदा होता है,
जिससे अनेक प्रकार के कार्य सिद्ध होते है।

यद्यपि यह कहानी हास्यास्पद है, लेकिन संदेश बड़ा प्रभावकारी है।

एक व्यक्ति शिव मंदिर में दीपक जला कर आने का प्रण करता है

एक व्यक्ति ने प्रण किया कि मैं सावन–भादों दो महिने में अमुक मंदिर जो पहाड़ी पर स्थित है, वहां पर रोजाना जाऊंगा और दीपक जला कर आऊंगा। वो प्रतिदिन सांयकाल जाता और दीपक जला कर आता। शिव का पक्का भक्त जो था।
लेकिन एक अन्य व्यक्ति जो उससे जलता–भूनता था, उसने भी प्रण किया कि वह भी रोजाना पहाड़ी पर जायेगा और उस मंदिर पर जले हुए दीपक को बूझा कर आयेगा।

भादवें का महिना था, घनघोर बारिश, दिन में ही अंधेरा। चारों और पानी ही पानी। शिव भक्त ने सोचा कि इतने पानी में भीगते हुए कैसे जायेंगे? उसने यह विचार लिया कि आज के बजाय कल दो दीपक जला देंगे और दीपक जलाने नही गया। दीपक बुझाने वाले व्यक्ति में तो बड़ी ईर्ष्या की बड़ी भावना थी, निरंतरता थी। उसने अपनी निरंतरता को नहीं छोड़। उसने छाता लिया, पानी में तैरता हुआ पहाड़ी पर मंदिर में चला गया। पुजारी ने पूछा कि इतनी बारिश में तुम क्यों आये हो? उसने कहा कि वह कहां है, जो रोजाना दीपक जलाने आता है। पुजारी ने कहा कि वह तो आज आया

ही नही। उसने कहा कि तो तुम दीपक जलाओं, मैं उसे बुझाउंगा। पुजारी ने दीपक जलाया और उसने बुझा दिया। यह देखकर भगवान शंकर प्रसन्न हो गये। उन्होनें प्रकट होकर कहा कि कहो वत्स क्या मांगते हो। यह देखकर वह व्यक्ति बोला कि मैं तो आपका भक्त भी नही हूं। फिर आप मुझें क्यों वरदान दे रहे हो? भगवान शंकर ने कहा कि मैं दीपक का मोहताज नही हूं। मैं तो निरंतरता में बसता हूं। तुम निरंतर अपना काम कर रहे हो, इसलिए मैं प्रसन्न हूं।

कहानी काफी हास्यास्पद लगती है लेकिन संदेश प्रभावकारी है। बतलाता है कि निरंतरता में दैविक शक्ति है, निरंतरता से ईश्वर भी प्रसन्न हो जाते है।

निरंतरता से बटलर ने बीमा बेचने का कीर्तिमान स्थापित किया

बटलर बीमा बेचने का व्यवसाय करते थे। उन्होनें अपने व्यवसाय में कुछ बातें सीखी, जिनमें एक बात यह थी कि साप्ताहिक कलेण्डर बनाया जाए ताकि यह तय हो सके कि कितने लोगों को मुझें बीमा पॉलिसी के बारे में जानकारी देनी है? और हर सप्ताह मुझें निरंतरता से इस कार्य को करना है।

अतः वह प्रत्येक रविवार को आगामी सप्ताह के लिये प्लान करता और सिर्फ इतना ही प्लान करता कि मुझें प्रतिदिन एक व्यक्ति से मिलना है और उसे जीवन बीमा पॉलिसी के बारे में समझाना है। ज्यादा से नही, मात्र एक व्यक्ति से। सप्ताह भर में किन–किन को प्लान दिखाना है? उनकी सूची और उनके अपायंटमेन्ट रविवार को ही ले लेते है।

दृढ़ता पूर्वक वो निरंतर प्रति सप्ताह 6 प्लान दिखाता था। तीन महिने तक तो सप्ताह में वो 6 प्लान दिखाता तो हफ्ते में उससे एक व्यक्ति पॉलिसी खरीदता था। तो कुल 72 लोगों ने उससे पॉलिसी खरीदी। धीरे–धीरे उसके काम में पैनापन आने लगा। वो अपनी गलतियों से सीखता था, निरंतर सीखता था। अतः उसके काम में निपुणता आने लगी और वो प्रति सप्ताह 6 प्लान दिखाता तो उनमें से दो लोग जीवन बीमा पॉलिसी खरीद लेते।

उसने वर्ष के अंत में 300 पॉलिसिज बेची और प्रत्येक पॉलिसी पर उसे 100 डॉलर मिले, यानी कि 30,000 डॉलर की उसे प्रतिमाह आमदनी होने लगी जो कि एक बहुत बड़ी रकम थी। बटलर लिखते है कि मैनें कोई जीवन बीमा बेचने के ज्ञान में वृद्धि नही की थी। बस मात्र रोजाना एक पॉलिसी दिखाता। रविवार के अलावा बाकि छहों दिन एक पॉलिसी दिखाता और उसका पूरा हिसाब रखता। अतः यदि मेरी सफलता का कोई कारण है, तो वो निरंतरता है।

मेरी अपनी कहानी

मैनें अपने **जन्मदिन 24 सितम्बर, 2021** को यह तय किया कि मैं रोजाना एक संदेश देने वाली कहानी लिखवाऊंगा जो प्रायःकर 6 पेज की होगी। मुझें करीबन 10 माह हो गये। 10 माह में करीबन 250 प्रेरणादायक कहानियां लिखवा चुका हूँ, जो कि लोगों में वित्तीय चेतना जागृत करने के लिये प्रभावकारी है।

250 कहानियों में करीबन 1500 पृष्ठ हुए। लेकिन जब पब्लिशर ने छापना आरम्भ किया तो 370 पृष्ठ की 5 किताबें तैयार कर दी। अभी मैं करीबन 75 कहानियां 23 सितम्बर, 2022 से पहले लिखवाना चाहता हूँ। यानी कि करीबन 7 किताबें पब्लिश हो सकेंगी। इन किताबों में मोमेन्टम यह आया कि जो विश्वप्रसिद्ध लेखक है, जैसे कि **'थिंक एण्ड ग्रो रिच'** के **नेपोलियन हिल व 'रिच डेड पूअर डेड' के लेखर रॉबर्ट कियोस्की** के समकक्ष मेरी पुस्तके प्रमाणित होने लगी।

काफी बड़ा काम हो गया जो कि अन्तर्राष्ट्रीय स्तर के महत्व का है। इसमें मैं अगर किसी एक बात को महत्व देना चाहूं, तो वो सिर्फ निरंतरता है।

अब मुझें पूरा विश्वास हो गया कि यदि निरंतरता पूर्वक कोई कार्य किया जाए तो देर–सबेर वो चमत्कार की श्रेणी में आ जाता है।

जापान में एक शब्द प्रचलित है जिसे **'काईजेन'** कहते है। जिसका अर्थ है, **थोड़ा करों, पर निरंतर करों।** पूरी जापानीज प्रगति की जो अनूठी विशेषता है, वो यह **'काईजेन'** ही है, जिसका अर्थ यह है कि निरंतरता पूर्वक कार्य करें।

वेदों में भी लिखा है कि सत्त प्रयासों में सत्य बसता है। अतः जो भी व्यक्ति बीलिनियर बनना चाहता है, जीवन में सफल होना चाहता है, अपने क्षेत्र विशेष में कीर्तिमान स्थापित करना चाहता है। वो इस दैविक गुण निरंतरता को अपनावें व इसका अभ्यास करें।

NOTES (जो बातें आपके ह्रदय को छू गई है)

1. ______________________________________

2. ______________________________________

3. ______________________________________

4. ______________________________________

5. ______________________________________

6. ______________________________________

7. ______________________________________

8. ______________________________________

9. ______________________________________

10. ______________________________________

11. ______________________________________

12. ______________________________________

13. ______________________________________

14. ______________________________________

15. ______________________________________

16. ____

17. ____

18. ____

19. ____

20. ____

21. ____

22. ____

23. ____

24. ____

25. ____

NOTES (जो निर्णय आपने अपने जीवन में लेने हेतु तय किये है)

26. ____

27. ____

28. ____

29. ____

30. ____

31. ____

32. ____

33. ____

34. ____

35. ____

36. ____

37. ____

38. ____

39. ____

40. ____

41. ____

42. ____

43. ____

44. ____

45. ____

46. ____

47. ____

48. ____

49. ____

50. ____

अध्याय – 24

योगःकर्मसुकौशलम् – इस तकनीक से व्यक्तिगत जीवन व व्यावसायिक जीवन में लाभ उठाना – एक कहानी

अफसोस! एक ढंग का कारपेन्टर नही मिलता। कार्यकुशल प्लम्बर नही मिलता। जिम्मेदार व निपुण शिक्षक नही मिलता। अनुभवी व व्यवहारकुशल चिकित्सक नही मिलता। फिर भी लोग कहते है कि बहुत कम्पीटिशन है। जो लोग अपने काम में निपुण है, उनके लिए कोई कम्पीटिशन नही है। लेकिन कम्पीटिशन है और यह राक्षस भी है, लेकिन है ये औसत लोगों के लिए है।

उपरोक्त भगवद्गीता का श्लोक एक तकनीक की तरह इस्तेमाल किया जाये तो इंसान अपने व्यक्तिगत जीवन में कार्यकुशल व प्रभावी बन सकता है। व्यावसायिक संगठन भी कार्यदक्ष व संवेदनशील बन सकते है।

एक बार मैं किसी कार्य से देहरादून गया। फिर मुझें घूमने की इच्छा हुई तो में मसूरी गया। देहरादून से मसूरी के रास्ते में एक बहुत बड़ा संस्थान बना हुआ है। जहां पर भारतीय प्रशासनिक सेवा (आई.ए.एस.) लोगों को प्रशिक्षण दिया जाता है, जिसे आई.ए.एस. एकेडमी कहा जाता है।

यह देखकर मैं दंग रह गया कि गीता का यह मंत्र आई.ए.एस. एकेडमी के बाहर खूबसूरत अंदाज में लिखा हुआ है। मैं कोतूहलवश एकेडमी के अंदर गया तो वहां एक ट्रेनर ने मुझें बताया कि यह गीता का श्लोक हमारा मोटो है, हमारी पंचलाईन है।

जब भारतीय प्रशासनिक सेवा के अधिकारियों को भी प्रशिक्षण में इस श्लोक को बार–बार पढ़ाया–सीखाया जाता है, तो आम आदमी को तो इसकी और ज्यादा जरूरत है।

कार्यकुशलता से पूर्णता आती है और पूर्णता से योग की स्थिति बनती है

व्यक्ति प्रसन्नतापूर्वक कार्य करें और पूरी प्रभावकारिता से कार्य करें तो यह योग की स्थिति है। दैविक कृपाएं उस व्यक्ति पर अवश्य होती है जो अपने कार्य को निपुणता से करता है।

अभ्यास और व्यवसाय से व्यक्ति की कार्यक्षमता चमत्कार की श्रेणी तक आ सकती है।

जब एक कार्य को बार–बार किया जाता है और लम्बी अवधि तक किया जाता है, तो वह कार्य करना आदत में आ जाता है। इसलिए उस कार्य को करना सरल प्रतीत होता है। दूसरा उस कार्य में पैनापन आ जाता है, प्रखरता आ जाती है और ऐसा व्यक्ति समाज में सम्मानित होता है। लोगों की नजरों में उसका आदर बढ़ जाता है।

एक कहानीः–   एक बार **बाबा रामदेव** जयपुर पधारे थे। उन्होनें अपना प्राणायाम आदि का प्रदर्शन किया था। यह करीबन 20 वर्ष पुरानी बात है। तब केवल 100–200 लोग उपस्थित हुए थे। प्रश्नोत्तर सत्र में उनसे लोगों ने पूछा कि आप यह कपाल भाती इस कदर करते हो, जैसे कि मशीन में पंखा चल रहा हो। इसकी वजह क्या है? तो बाबा रामदेव ने संक्षिप्त उत्तर दिया कि कुछ नही, सिर्फ अभ्यास। समझदारी से किया गया अभ्यास।

रामदेव बाबा फिर 3–4 साल बाद जयपुर आये, तो उनके प्रोग्राम में हजारों लोगों की संख्या थी। वहां पर भी कुछ लोगों ने प्रश्नोत्तर सत्र में पूछा कि आप बिल्कुल बंदर की तरह उछलते–कूदते है, इसकी क्या वजह है? तो उन्होनें जवाब दिया सिर्फ अभ्यास। लगातार व विवेकयुत अभ्यास।

तीसरी बार फिर मैनें जयपुर में ही उनके प्रोग्राम को देखा। मैं दंग रह गया यह देखकर कि प्रातःकाल 5 बजे राजस्थान सरकार के मंत्री मण्डल के लगभग सभी सदस्य उनके उस कार्यक्रम में मौजूद थे। **मुख्यमंत्री श्रीमती वसुंधरा राजे** भी उपस्थित थी।

वहां पर भी प्रश्नोत्तर सत्र में लोगों ने पूछा कि आप इतनी तेज गति से सांस को बाहर लाते हो, लेते हो, कपाल भाती करते हो, यह कैसे सम्भव होता है? तो उन्होनें उसी पुराने उत्तर को थोड़ी तरमीम के साथ दिया। अभ्यास केवल अभ्यास, लेकिन विवेकपूर्वक नियमित अभ्यास।

तभी उन्होनें **'योगःकर्मसुकौशलम्'** श्लोक को बोलते हुए बताया कि अगर व्यक्ति शारीरिक व प्राणमयी क्रियाओं को समझदारी से लगातार लम्बी अवधि तक करता है तो उसके कार्य करने की कुशलता अत्यधिक बढ़ जाती है और जब वो असाधारण रूप से अपने कार्यो में कुशल हो जाता है तो योग की स्थिति बन जाती है। योग का अर्थ है **'संतुलन में रहना'**। कार्य करते हुए भी प्रसन्नचित रहना। प्रसन्नता के साथ कार्य करना। प्यार के साथ कार्य करना।

जब प्यार और प्रसन्नता के साथ कार्य किया जाता है तो **नेपोलियन हिल** इसे अपनी 12 सम्पत्तियों में एक सम्पत्ति स्वीकार करते है, जिसे उन्होनें **'वर्क विद लव'** कहा है।

राबर्ट कियोस्की अपनी पुस्तक **'रिच डेड पूअर डेड'** में लिखते है कि व्यक्ति को अपनी कार्यकुशलता निम्न क्षेत्रों में बढ़ानी चाहिये।

1. अपने आर्थिक केशफ्लो सिस्टम

2. लोगों का प्रबन्धन

3. समय का प्रबन्धन

जब कोई कार्य कुशलतापूर्वक किया जाता है तो वह व्यवस्थित रूप से होता है और इसको पुराणों में दैविक सम्पत्ति कहा गया है। आसूरी और दैविक सम्पत्तियों में मुख्य यही फर्क है।

रावण आसूरी प्रवत्तियों का द्योतक है व **राम** दैविक प्रवत्तियों के द्योतक है। **तुलसीदासजी** ने **रामचरितमानस** में लिखा है कि जब **हनुमानजी** लंका पहुंचे तो उन्होनें देखा – **'लंका निषीचर निकर निवासा, यहां–कहां सज्जन करी वासा'**। जो साज सज्जा के साथ अपने घर, परिवार, मकान को रखता है, वह सज्जन है। जो अव्यवस्थित रूप से रखता है, वह दुर्जन है। दुर्जन होना आसूरी प्रवत्ति है, जबकि सज्जन होना दैविक प्रवत्ति है। **हनुमानजी** ने देखा कि लोग लंका में खाना खा रहे है, तब भी आपस में लड़ रहे है। खाने के बरतनों को एक दूसरे पर फेंक रहे है। जबकि अयोध्यापति राम के यहां बंदर भी बाकायदा सैनिकों की तरह अनुशासित और परेड़ करते थे।

मैं एक ग्रामीण लड़की की कहानी लिखना चाहूंगा। मरूस्थल के एक गांव की बात है। सावन का महिना था। बारिश होती, बच्चे–बच्चियां मिट्टी में खेलते, घरोंदे बनाते और एक दूसरे से सुंदर घरोंदे बनाते हैं।

5–7 हम उम्र लड़कियां भी जो 18–19 साल की रही होगी, वो भी मौजमस्ती में रेतीले टीलों में घरोंदे बना रही थी। अपने पांव के ऊपर गीली मिट्टी रखती और सुंदर रचनात्मत घर बनाती, एन्जोय कर रही थी। अचानक कोई 3–4 अपरिचित व्यक्ति वहां पर आते दिखाई दिये तो सभी लड़कियों ने शर्माकर अपने घरोंदो को मिटाकर जैसे कि आम परम्परा है, अपने घरों को जाने लगी। एक युवती ने अपना घरोंदा मिटाने से मना कर दिया और बोली मैं तो इसी घरोंदे को कल आकर और अच्छे ढंग से बनाऊंगी। मैं अपना घरोंदा तोड़ूंगी नही। यह बात उन अजनबी लोगों ने भी सुनी। वो 5–6 हम उम्र की लड़कियां एक ही परिवार की थी। वो अजनबी लोग अपने लड़के के लिए रिश्ता देखने के लिए आये हुए थे। जब वो उन लड़कियों के घर पर पहुंचे तो उनका आदर सत्कार किया गया। फिर उन्होनें अपने लड़के के सम्बंध के बारे में चर्चा की कि हमारे तो आधा दर्जन लड़कियां शादी के योग्य है। आपको किस तरह की लड़की चाहिये।

उन लोगों ने कहा कि हमने आपकी छहों लड़कियों को बाहर खेलते हुए देख लिया। हमें तो उस लड़की से सम्बंध करना है, जिसने अपना घरोंदा फोड़ने से इंकार कर दिया। जो घरोंदा फोड़ना नही, बल्कि घरोंदे को और ज्यादा खूबसूरत बनाना चाहती है, हमें तो उसे ही बहू के रूप में स्वीकार करना है।

अभ्यास की, कुशलता की और रचनात्मकता की सभी जगह तारीफ होती है। घरोंदा न फोड़ने वाली लड़की से अभिप्राय है कि ऐसी लड़की जो घर बसाना जानती है, उसे घर तोड़ना पसंद नही है। कार्यकुशल लड़कियां घर को सजाना, संवारना व सम्भालना जानती है।

योगःकर्मसुकौशलम् जितना व्यक्तिगत जीवन में उपादेय है, उतना ही संगठनात्मक जीवन में भी

चाहें कोई संगठन पारिवारिक हो, व्यवसायिक हो अथवा कोई एन.जी.ओ. हो, उसके सदस्यों व कर्मचारियों की कुशलता ही संगठन को कुशल बनाती है।

एक साधारण व्यक्ति और विशेषज्ञ में फर्क

मेरे पड़ोस में दो डॉक्टर है। दोनों ही एम.बी.बी.एस. एम.डी. है। दोनों ही सरकार में असिस्टेंट प्रोफेसर लगे हुए है। दोनों ही अपने घरों पर प्राईवेट मरीज भी देखते है। एक डॉक्टर जो अपने कार्य में निखार लाता रहता है, नये ज्ञान को अर्जित करता रहता है और अपने चिकित्सकीय ज्ञान के अलावा लोगों के व्यवहार का प्रशिक्षण भी लेता रहता है। परिणाम यह है कि उसके घर पर बीमारों की लाईन लगी रहती है। जबकि दूसरा जो सामान्य रूप असिस्टेन्ट प्रोफेसर है, उसके यहां इक्के–दुक्के मरीज आते है।

अगर साधारण व्यक्ति और मीलिनियर के बीच यदि कोई फर्क है तो मात्र यही है कि मीलिनियर व्यक्ति अपनी कुशलता पर ध्यान देते है और अपने कौशल को बढ़ाते रहते है। धीरे–धीरे उनका कौशल इतना पैना हो जाता है कि वो चमत्कार की तरह प्रकट होने लग जाता है। कार्य की सूक्ष्म जानकारी सूक्ष्म विशेषज्ञता आदमी को अपने क्षेत्र का बादशाह बना देती है।

भगवद्गीता का यह श्लोक हर व्यक्ति के लिए जरूरी है। अतः इसको जीवन में उतार कर कोई भी साधारण व्यक्ति मीलिनियर बन सकता है। जीवन में चरम सफलताएं प्राप्त कर सकता है। अपने क्षेत्र विशेष में कीर्तिमान स्थापित कर सकता है।

एक परिवार की दो बहुओं की कहानी

एक बहू कार्य तो बहुत करती थी लेकिन काम को तरीके से करना, रचनात्मक तरीके से करने की ओर ध्यान नही देती थी। परिणाम यह हुआ कि परिवार के सभी लोग उससे बेरूखी करने लगे जबकि छोटी बहू काम करती थी, आराम तलबी भी थी। लेकिन  जिस काम को करती उसे पूरे मनोयोग से करती, विवेकशील तरीके से करती और रचनात्मक तरीके से करती।

एक बार परिवार में लड़की की शादी समारोह हेतु गहने बनवाने थे तो सास–ससुर अपनी छोटी बहू को अपने साथ ले गये। उस बहू ने गहने पसंद किये और गहने बनवायें। बड़ी बहू को जब इस बात की जानकारी हुई तो उसे बहुत बुरा लगा। उसने छोटी बहू से ईर्ष्या व द्वेष रखना आरम्भ कर दिया।

छोटी बहू समझदार थी। वो समझ गई कि भाभीजी को गहने वाली बात अच्छी नही लगी। अतः छोटी बहू ने अपना व्यवहार बदला और अपनी जेठानी को भी काम करते समय अपने साथ रखती ताकि वो भी काम को सुंदर तरीके से परफेक्शन के साथ करना सीख जाये। धीरे–धीरे जेठानी भी कार्य करने में निपुण हो गई। उनके कार्य करने का कौशल और अधिक विकसित हो गया और घर में शान्ति व प्रेम का माहौल बन गया।

कार्य कुशलता जन्मजात हो, आवश्यक नही है, सीखी जा सकती है

ईश्वर ने हर व्यक्ति को अनूठा बनाया है। किन्ही दो व्यक्तियों के चेहरे आपस में नही मिलते। किन्ही दो व्यक्तियों के अंगुलियों के निशान आपस में नही मिलते। किन्ही दो व्यक्तियों की चाल आपस में नही मिलती। किन्ही दो व्यक्तियों के डील–डौल एक जैसे नही होते। ईश्वर ने हर व्यक्ति को कोई ना कोई विशेषता देकर पैदा किया है। अतः यदि व्यक्ति अपना अवलोकन करे तो उसे अपनी जन्मजात प्रतिभा का ज्ञान हो सकता है। वो उस क्षेत्र में अधिक मेहनत व ऊर्जा लगाये तो वो उस क्षेत्र में बहुत अधिक कार्यकुशल बन सकता है।

कार्यकुशलता बनाम् प्रभावकारिता

वस्तुओं को ठीक से जमाना भौतिक वस्तुओं का निर्माण उन्हें संवारना, सजाना कार्यकुशलता है। जबकि लोगों के साथ काम करना, लोगों से काम लेना प्रभावकारिता है। जो बीलिनियर बनना चाहे उसे तो अपनी कार्यकुशलता में तो वृद्धि करनी ही है। उसे अपनी प्रभावकारिता भी बढ़ानी होगी। प्रभावकारिता को बढ़ाने हेतु टीम 360 द्वारा प्रभावकारी लोगों की 7 आदतों को सीखाने हेतु वर्कशॉप का आयोजन किया जाता है। इन वर्कशॉप्स में भाग लेने वाले प्रतिभागियों ने भी **'योगःकमसुकौशलम्'** के श्लोक को जीवन में उतारने हेतु शपथ ली है।

यह टीम 360 के लिये ही नही बल्कि पूरे देश के लिए गौरव की बात है कि लोग अपने कौशल को बढ़ाने हेतु जागरूक हो रहे है और प्रयत्नशील बन रहे है।

बीलिनियर बनने वाले हर व्यक्ति को अपने कौशल को बढ़ाना चाहिये और अपनी प्रभावशीलता को इतना बढ़ा लेना चाहिये कि वो महानता की श्रेणी में आ जाये।

NOTES (जो बातें आपके हृदय को छू गई है)

1. ____

2. ____

3. ____

4. ____

5. ____

6. ____

7. ____

8. ____

9. ____

10. ____

11. ____

12. ____

13. ____

14. ____

15. ____

16. ____

17. ____

18. ____

19. ____

20. ____

21. ____

22. ____

23. ____

24. ____

25. ____

NOTES (जो निर्णय आपने अपने जीवन में लेने हेतु तय किये है)

26. ____

27. ____

28. ____

29. ____

30. ____

31. ____

32. ____

33. ____

34. ____

35. ____

36. ____

37. ____

38. ____

39. ____

40. ____

41. ____

42. ____

43. ____

44. ____

45. ____

46. ____

47. ____

48. ____

49. ____

50. ____

अध्याय – 25

आसमान में घटाएं तो स्वतः आती है लेकिन जीवन में घटनाएं घटानी पड़ती है – एक नसीहत

जेम्स नाम की एक लड़की थी। वो अपनी माता–पिता की इकलौती संतान थी। उनके 10 एकड़ जमीन थी। जमीन उबड़–खाबड़ थी। अतः वो परिवार बकरियां चराकर अपना गुजारा करता था।

जेम्स को जब स्कूल में पढ़ने के लिए भेजा गया तो उसके स्कूल में कई बच्चों को माता–पिता कार में छोड़ने आते थे। उसे बड़ा आश्चर्य होता कि हमारे यहां तो साईकिल ही नही है और ये बच्चे कार में आते है।

एक दिन तो वो यह देखकर दंग रह गई कि एक कार से एक बच्चा उतरा, उसके साथ में एक डॉगी भी था और डॉगी के गले में एक गोल्ड का पट्टा भी बंधा हुआ था। उस अबोध बच्ची के दिमाग में एक कौंध आई कि क्या मेरी जिंदगी इस कुत्ते से भी कमजोर है, दीन–हीन है?

लेकिन बच्ची समझदार थी। पढ़ाई में मन लगाती रही और पढ़ती रही। जब वो 15–16 साल की हुई तो उसके माता–पिता ने उसकी शादी करवानी चाही। लेकिन लड़की ने मना कर दिया और कहा कि मैं अभी पढ़ूंगी। ग्रेज्युएट होते–होते वह 18 साल की हो गई।

एक दिन उस युवती ने अपने माता–पिता से कहा कि मैं अमीर बनना चाहती हूं, करोड़पति होना चाहती हूं। माता–पिता ने कहा कि बेटा अपने ऐसे भाग्य कहां है? हाँ कोई योग बन जाये और तेरी शादी किसी ऐसे लड़के से हो जाये जो पैसे वाला हो, तो अलग बात है।

लड़की ने मुंह बिचकाया और बोली करोड़पति होना लोगों के जीवन की घटनाएं है अतः मेरे जीवन में भी घटकर रहेगी। करोड़पति होने के लिए क्या–क्या चीजे चाहिये, उसके लिये मेहनत करूंगी?

एक बार वहीं सोने का पट्टा लगा हुआ कुत्ता घूमते हुए उसके घर के सामने आ गया। वो जानती थी कि पड़ौस के घर का डॉगी है। इसको कोई मार ड़ालेगा, इसलिए उसने उसे मीटादि खिलाकर प्यार से गोद में लिया और उसके मालिक के पास ले गई। मालिक बहुत खुश हुआ कि यह डॉगी भाग गया था। चलो अच्छा हुआ जो मिल गया। उस युवती से उस डॉगी के मालिक ने कहा कि बताओं तुम्हे क्या गिफ्ट दू। युवती ने कहा कि मुझें गिफ्ट नही, परामर्श चाहिये।

डॉगी के अमीर मालिक का परामर्श

जेम्स तुम्हारे परिवार को मैं अच्छी तरह जानता हूं। पहले हम भी बकरियां रखा करते थे। हमारी बकरियों को तुम्हारे माता–पिता चराने के लिये ले जाते थे। पर हमने अब बकरियों का व्यापार बंद कर दिया है। क्या तुम्हे बकरियों का व्यापार वापिस करने की इच्छा है? युवती ने कहा, नही। मुझें तो वो परामर्श दीजिए जिससे मैं आपकी तरह अमीर बन सकू और मैं भी सोने का पट्टा गले में लगा हुआ डॉगी रख सकू।

डॉगी के अमीर मालिक ने कहा कि इसमें कौनसी बड़ी बात है? तुम्हारे पास 10 एकड़ जमीन है, जो फालतू पड़ी हुई है। तुम और तुम्हारे माता–पिता गिलकर उस जमीन को उपजाऊ क्यों नही बना लेते? अगर उसमें खेती होगी तो तुम हर साल फसल ले सकोगे, गाय, भैंसे रख सकोगे। युवती ने कहा कि आप मुझें सब्जबाग दिखा रहे जो अच्छी बात है। लेकिन मुझें गम्भीर योजना बताइये कि कैसे मैं अमीर हो सकूं?

अमीर व्यक्ति ने अपने अनुभव से बताई योजना

सबसे पहले तो तुम अपनी जमीन को खोदकर समतल करों। फिर उसमें तुम खेत के चारो और फलदार वृक्षों के पौधों के बीज लगा दो। पड़ौस के खेत में कुंआ है, उससे निवेदन करके पानी ले लो। खेत के चार भाग कर लो। एक भाग में पड़ौसी से पानी लेकर सब्जियां उगा लो। दूसरे भाग में फसल तैयार करों। तीसरे भाग में घास के बीज ड़ाल दो और चौथा हिस्सा अपने घूमने–फिरने के लिए खाली रख लो। जब बारिश होगी तो फसल भी तैयार होगी, सब्जियां भी होगी और पशुओं के खाने के लिये चारा भी पैदा होगा। जितना तुम बीज ड़ालोगी उससे 100–200 गुणा ज्यादा फसल होगी। तुम्हे लाखों रूपये का हर साल मुनाफा होगा।

युवती ने बातें ध्यान पूर्वक सुनी और बोली कि वो चारों और जो फलदार वृक्ष लगाये है, उसका क्या हुआ? उन्होने कहा कि वो 4 साल बाद फल देंगे और फिर हर साल फल देंगे। वो तुम्हे दीर्घकालीन आर्थिक लाभ देंगे। आपको दोनों तरह से लाभ होंगे। तत्काल में भी और दीर्घकाल में भी।

युवती तो खिल उठी। उसके सपने उसे पूरे होते हुए नजर आये। वो अपने घर गई और अपने माता–पिता से बोली कि कुदाली ले लो। हम तीनों मिलकर उस जमीन को समतल करेंगे जो बरसों से बंजर पड़ी है। यद्यपि माता–पिता बूझें हुए थे। कुछ करने की उनमें हिम्मत नही थी। लेकिन बेटी ने जब उत्साहित किया, प्रोत्साहित किया तो उनमें जोश आ गया। खेत को समतल करने हेतु खुदाई की गई। खुदाई में जो पत्थर निकले उनके बेचा गया। उससे जो पैसा मिला उससे बीज खरीदे गये। पड़ौसी से बात करके पानी लिया और कहा कि हम बाद में इसका भुगतान कर देंगे। फलदार वृक्ष लगाये।

लड़की पढ़ी लिखी थी, समझदार थी। बारिश हुई तो उसने अमीर व्यक्ति के बताये अनुसार सारे कार्य कर दिये। जो जगह खाली थी, जो कि घूमने फिरने के लिये छोड़ी थी। युवती ने सोचा कि क्यों ना यहां पानी इकट्ठा करने का तालाब बना ले? उसमें बारिश का पानी इकट्ठा हो जायेगा और पड़ौसी से पानी मांगना नही पड़ेगा। साथ ही स्वीमिंग भी की जा सकती है।

बारिश हुई, अच्छी फसल हुई, अच्छी पैदावार हुई। उसे काफी लाभ हुआ। अब तो 4 साल हो गये तो वृक्ष भी फल देने लगे जिससे उसे काफी लाभ हुआ। एक दिन वो उस डॉगी वाले अमीर आदमी के पास गई और उसे अपनी उपलब्धियां बताई। डॉगी के अमीर मालिक ने कहा कि तुम तालाब बनवा रही, उसके चारों तरफ पत्थर लगवालों ताकि उसमें आस–पड़ौस के लोग स्वीमिंग करने आ सके। लड़की बोली, स्वीमिंग पूल, उसने कहां, हाँ।

युवती गई और उसने स्वीमिंग पूल बनाने हेतु कारीगर बुलाये और स्वीमिंग पूल बनवा लिया। युवती को ख्याल आया कि मुझें डॉगी के मालिक ने इतनी अच्छी सलाह दी है तो मुझें उसका धन्यवाद अदा करना चाहिये और कुछ गिफ्ट उसके लिये लेकर जाना चाहिये। अतः उसने एक मीठें आमों की पेटी तैयार की और डॉगी के अमीर मालिक के यहां धन्यवाद देने पहुंची। इस बार वो अपने माता–पिता को भी अपने साथ ले गई थी। लड़की ने धन्यवाद ज्ञापित किया तो डॉगी के अमीर मालिक ने पूछा कि अब क्या चाहती हो? वो बोली कि मैं किसी अच्छे लड़के से शादी करना चाहती हूं। डॉगी के अमीर मालिक ने कहा कि अगर तुम्हें मेरा बेटा पसंद आये तो देख लो। लड़के को बुलाया गया। दोनों ने आपस में एक–दूसरे को देखा, पसंद किया और शादी हो गई। अब वो एक अमीर घर की बहू बन गई। यह सुअवसर उसको दैविक शक्तियों ने दे दिया। जो स्वयं अवसर सृजित करता है, उसको बहुधा दैविक शक्तियां भी सुअवसर प्रदान करती रहती है।

जेम्स खुद्दार लड़की थी। उसने सुअवसरों को जन्म दिया और उस व्यक्ति से सलाह ली जो पहले से ही काफी अमीर था।

इसी तरह से जीवन में घटनाओं को घटाये जाने के अवसर पैदा करने होते है। अपने आप कोई अवसर मिलता है, उसे बोनस समझें। वो तो सभी को मिलेंगे, कभी ना कभी। लेकिन स्वंय अवसर रचता है, यहां तक कि संकटो को भी सुअवसर में बदल देता है। यानी कि सांप को भी सीढ़ी में बदल देता है। उन्हें जीवन में सफल होने से, बीलिनियर होने से कौन रोक सकता है?

अवसर कैसे पैदा किये जाते है?

एक व्यक्ति ने पोस्ट ग्रेज्युऐशन किया। पोस्ट ऑफिसेज में क्लर्क लग गया। चूंकि उसने नई नौकरी ज्योईन की थी। इसलिए अपने ऑफिस के सबसे बड़े बॉस से मिलने गया। बॉस ने देखा कि होनहार अच्छा लड़का है। इसे कुछ सलाह देनी चाहिये। बॉस ने सलाह दी कि तुम तनख्वाह में से 10 प्रतिशत पोस्ट ऑफिस सेविंग में जमा करावोगे, उसे कभी नही निकलवाओगे। जब उस खाते में 50000 रूपये हो जाये, तब तुम मेरे पास आना कि क्या करना है?

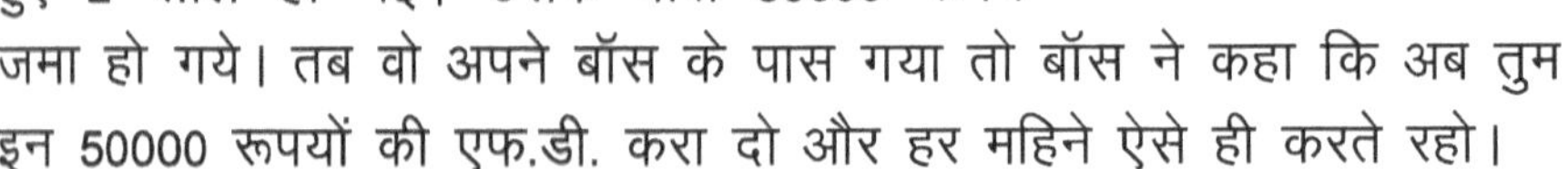

बॉस की बात उसे जचीं तो नही, लेकिन बॉस का अनुभव था, इसलिए उसने वो बात मान ली और हर महिने 10 प्रतिशत आमदनी को पोस्ट ऑफिस में जमा कराने लगा। उसे नौकरी करते हुए 2 साल हो गई। उसके पास 50000 रूपये जमा हो गये। तब वो अपने बॉस के पास गया तो बॉस ने कहा कि अब तुम इन 50000 रूपयों की एफ.डी. करा दो और हर महिने ऐसे ही करते रहो।

उसे नौकरी करते हुए 5 साल हो गये। उसके खाते में लाखों रूपये हो गये। उसका भी उन्होनें उचित निवेश करवा दिया। 10 साल बाद लड़के के पास कई गुना बचत हो गई और उसने अपनी बचत से शादी भी कर ली तथा एक बैंक से लोन लेकर मकान भी बनवा लिया। व्यक्ति बॉस का अहसानमंद है कि उसने नये अवसर पैदा करना सीखा दिया।

सफलता भी सहयोगों पर नही अवसर रचने पर प्राप्त होती है

सफलता अगली बड़ी सफलता के लिए बीज का काम करती है। फिर धीरे–धीरे अगली सफलता का बड़ा जंगल बन जाता है। लेकिन अवसर स्वंय को निर्मित करने पड़ते है। जो अनायास अवसर आ जाये उन्हें ईश्वर की और से दिये हुए बोनस समझों।

> **Success is never final.**

> **Failure is not fatal.**

> **It is courage to create golden chances that counts.**

> ➤ **Success begets success.**
> ➤ **Success succeeds success.**

सफलता से सफलता जन्म लेती है। यानी कि सुअवसर बोएं जायेंग तो नये सुअवसर पैदा होंगे। कितनी बार फेल हुए, यह आप भी भूल जाओंगे। मगर एक बार सफल हो गये तो वो सफलता गाई जायेगी।

एक सेमिनार में एक प्रसिद्ध वकील की सुनाई हुई आत्म कहानी

हमने एक सेमिनार आयोजित किया था। उसमें अच्छे वक्ताओं को बुलाया गया था। उनमें शहर के एक प्रसिद्ध वकील भी आये थे। उन्होनें अपना अनुभव हमें बतलाया। उन्होनें अपनी जेब से बार कॉंसिल का खुद का पहचान पत्र निकाल कर दिखाया कि मैं बार कॉंसिल का सम्मानित सदस्य हूं।

मैं पढ़ने में ज्यादा अच्छा नही था। मुझसें एल.एल.बी. करने में पसीने आ गये, पर मै पीछें पड़ा रहा। 2 साल में जो एल.एल.बी. होते है, उसे मैनें 6 साल में पूरा किया और फिर वकालत करने लग गया। धीरे–धीरे वकालत चल पड़ी। आपको मेरे इस पहचान पत्र में कहीं यह दिखाई देता है क्या कि मैनें 2 साल की एल.एल.बी. में 6 साल लगाये। मुझें कोई यह याद नही दिलाता है कि मैं 6 बार फेल हुआ था। लेकिन मैं एक प्रसिद्ध वकील हूं, इसकी सब तारीफ करते है।

मैनें प्रयत्न करके, बार–बार प्रयास करके एल.एल.बी. किया और एक अवसर को पैदा किया। इसने मुझें अनेक सुवअसर दिये। मैं आज जो प्रतिष्ठित वकील हूं, वो किसी चांस से नही बना हूं। मैनें अनेक अवसर खुद ने तैयार किये है। कोई शानदार मकान अपने आप नही बनता, उसे बनाना पड़ता है। किसी की भी समृद्ध और शानदार जिंदगी स्वतः नही बन जाती। बार–बार उन अवसरों को पैदा करना पड़ता है। जो अनायास अवसर आ जाये, वो बोनस है।

'Magic of Thinking Big' में प्रो0 स्वार्ज लिखते है कि बहुत बार मेरा लिखने का मूड़ नही होता था। लेकिन मैं जानता हूं कि अवसर बीज की तरह है, बोने पड़ते है। अतः मैं कागज–पेंसिल लेकर बैठ जाता और काई ना कोई विचार जो दिमाग में आता उसे लिखने लग जाता। कभी–कभी

बहुत उत्तर विचार अनायास भी आते थे, उन्हें मैं बोनस समझता था। पर मैं कभी उनके भरोसे नही रहा।

परिणाम आपके सामने है कि मेरी पुस्तक विश्वप्रसिद्ध हुई और बेस्ट सेलर बनी। इस पुस्तक से प्रमाणित है कि मैनें अवसरों की रचना की और आप लोगों से भी प्रार्थना है कि आप भी अवसर के भरोसे नही बैठे बल्कि नये अवसरों की रचना करें।

आप बीलिनियर बनना चाहते है। दैविक शक्तियां सदैव आपके साथ है। आप प्रोफेसर स्वार्ज की तरह पेन, पेंसिल लेकर बैठ जाईये। जो अवसर दिखे, उसे लिख डालियें। फिर प्लान बनाईये और फिर कार्यकारी योजना और फिर क्रियाशील हो जाईये और सफलता प्राप्त करिये।

अंत में मैं स्टीफन आर कोवी का एक पॉवरफुल सेन्टेन्स इस्तेमाल करना चाहूंगा जो कि उन्होनें '7 हेबिट्स ऑफ हाईली पीपुल' में लिखा है। You are the programmer of your software of your brain. There is a good news you can change your software whenever you desire.

अपनी **'आंठवी आदत'** पुस्तक में **स्टीफन आर कोवी** लिखते है कि उत्तर दिशा में जाने के लिए सिर्फ उत्तर की तरफ घूमने की जरूरत है। पहले आप दक्षिण की और जा रहे थे। अब आपने कहा कि मुझें उत्तर की तरफ जाना है, तो क्या करना है? सिर्फ घूमना है, यानी दिशा परिवर्तित करनी है।

बस आपकों अपनी औसत जिंदगी की दिशा समृद्धि की ओर बदलनी मात्र है।

NOTES (जो बातें आपके ह्रदय को छू गई है)

1. ____

2. ____

3. ____

4. ____

5. ____

6. ____

7. ____

8. ____

9. ____

10. ____

11. ____

12. ____

13. ____

14. ____

15. ____

16. ____

17. ____

18. ____

19. ____

20. ____

21. ____

22. ____

23. ____

24. ____

25. ____

NOTES (जो निर्णय आपने अपने जीवन में लेने हेतु तय किये है)

26. ____

27. ____

28. ____

29. ____

30. ____

31. ____

32. ____

33. ____

34. ____

35. ____

36. ____

37. ____

38. ____

39. ____

40. ____

41. ____

42. ____

43. ____

44. ____

45. ____

46. ____

47. ____

48. ____

49. ____

50. ____

अध्याय – 26

दिव्य शक्तियां कहती है, लक्ष्य आप तय करें।
पूर्ति में हम सहयोग करेंगी।

(आप लक्ष्य प्राप्ति में रूचि रखते है या प्रतिबद्ध है – एक कहानी)

औसत लोगों की आदत होती है, अच्छी बातों में रूचि रखना। जहां कहीं बैठते है, दो अच्छी बातें करके लोगों को प्रभावित करते है। ऐसे लोग समाज में यत्र–तत्र सभी जगह देखने को मिलते है।

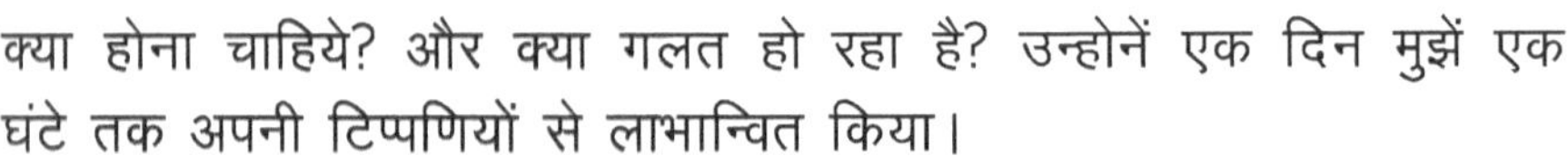

मेरे एक मित्र हैं। यूनिवर्सिटी में प्रोफेसर रहे है, विचारशील व्यक्ति है, देश की वर्तमान स्थितियों पर टिप्पणियां करते रहते है। काफी गम्भीर टिप्पणियां भी करते है कि कौनसी सरकार काम ठीक नही कर रही है? कौनसी व्यवस्था ठीक नही चल रही है? क्या होना चाहिये? और क्या गलत हो रहा है? उन्होनें एक दिन मुझें एक घंटे तक अपनी टिप्पणियों से लाभान्वित किया।

मैनें निवेदन पूर्वक पूछा कि आप इन बातों को अखबार में छपवा दे। कुछ आपने ऐसे मुद्दे उठाये है, इनके लिए हाईकोर्ट में रिट लगा दे ताकि जनयाचिका पर उचित निर्णय न्यायालय दे सके। उन्होनें कहा नही–नही, मैं तो चर्चा के बतौर चर्चा करता हूं। मुझें कहां अखबार में देनी है। मुझें किसलिये हाईकोर्ट में रिट लगानी है।

ऐसे मित्र आपको भी अनेक मिलते होंगे जो माहौल बनाने का काम करते होंगे, इससे से अधिक कुछ नही। ऐसे लोगों की रूचि है कि देश में अच्छे काम हो। इसमें भी रूचि है कि गलत काम ना हो। लेकिन सिर्फ रूचि

से काम चलता नही है। किसी भी सुधार के लिए अथवा किसी लक्ष्य को पूरा करने के लिए दत्तचित्त होकर प्रतिबद्ध (Committed) होना पड़ता है।

जो लोग कमिटेड होकर अपने लक्ष्यों की पूर्ति हेतु लग जाते है, उनकी दैविक शक्तियां मदद करना आरम्भ कर देती है।

1. **कमिटेड होना दैविक गुण है:–** जो लोग कमिटेड होकर काम करते है, वो दिव्य आदेशों की पालना करते है। जो लोग Easy Going होते है, वो अपने Comfort Zone से बाहर नही निकल पाते। उनकी गति ऐसे है, जैसे सर्दियों की रात हो। सवेरा हो गया हो, रजाई से मुंह बाहर निकालते है, थोड़ी सी ठण्डक लगती है तो वापिस रजाई में मुंह डाल लेते है। गर्म बिस्तर से बाहर नही निकलना चाहते। ऐसे लोग दैविक प्रवृति की बजाय आसूरी प्रवृति के कहलाते है।

2. **नियमितता (Regularity):–** यह दैविक गुण है। जो व्यक्ति नियमित कार्य करते है, चाहें थोड़ा ही करते है, तो उनको दैविक शक्तियां मार्गदर्शन करने लग जाती है और मदद करने लग जाती है। जो लोग कभी करते है, कभी नही करते है। ऐसे लोगों की प्रवृति दैविक नही होती, उन्हें आसूरी प्रवृति कहा जाता है।

3. **अनुशासन (Discipline):–** यह भी दैविक गुण है। जो लोग अनुशासित होकर काम करते है, उनके शरीर स्वस्थ रहते है और जब कई शरीर मिलकर एक साथ कार्य करते है तो एक टीम बन जाती है, जैसे एक कुटुम्ब है। जहां कुछ लोग अनुशासित होकर एक साथ होकर कार्य करते है, वहां दैविक कृपा बरसती है, ऐसा वेदों में लिखा है। जो लोग अनुशासित नही होते, वो जीवन में कोई बहुत बड़ा कार्य नही कर सकते।

4. **भविष्य दृष्टि (Vision):–** यह भी दिव्य गुण है। जो लोग अपने गोल्स व योजनाएं तय करके कार्य करते है, उनको दिव्य शक्तियां मार्गदर्शन भी देती है, मदद करती है और प्रोत्साहित करती है। इसको भगवान कृष्ण ने **'ज्ञानयोग'** कहा है।

यह भी कहा है कि ज्ञानी भक्त मुझें सबसे प्रिय है। भक्त से तात्पर्य है, कमिटेड़ होकर काम करना और ज्ञान से तात्पर्य है, विजन के साथ काम करना। अतः जो लोग अपने जीवन का ब्ल्यू प्रिंट बनाते है, उनको दैविक शक्तियां मदद करती है और वो जीवन में अवश्य सफल होते है। अपने लक्ष्यों को यथा समय प्राप्त करते है और प्रफुल्लित व प्रसन्नचित रहते है।

5. **जज्बा (Passion):–** यह भी उच्च दिव्य गुण है। जो लोग जोश–जुनून और भावनाओं के साथ कार्य करते है, उनको दिव्य शक्तिंयां पूरा समर्थन देती है।

इस विश्व में जो भी महान लोग हुए है, उनमें चार गुण सदैव देखने को मिले है।

1. दूरदृष्टि (Vision)

2. लक्ष्य के प्रति कमिटेड।

3. अनुशासित।

4. जज्बे के साथ काम करना।

आप किसी भी महान व्यक्ति को देख सकते है, चाहे वो **अब्राहिम लिंकन** हो, चाहे **महात्मा गांधी** हो। उनमें ये चारों गुण कूट–कूट कर भरें थे।

इंसान का दिखाई देने वाला शरीर जो है,
वो पांच शरीरों से मिलकर बना है।

पांचों शरीर निम्न प्रकार है:–

1. अन्नमय शरीर (Physical Body)

2. प्राणमय शरीर (Ethereal Body)

3. बौद्धिक शरीर (Intellectual Body)

4. भावनात्मक शरीर (Emotional Body)

5. आत्मिक शरीर (Spiritual Body)

इन पांचो प्रकार के शरीरों पर गौर करने की जिम्मेदारी इंसान की है। जब व्यक्ति इन पांचो शरीरों की सम्भाल करता है तो दिव्य शक्तियां उसकी मदद करती है, उसे मार्गदर्शन देती है, उसे समर्थन देती है।

इस अध्याय में हम प्राणमय शरीर के महत्व पर विचार करेंगे। आगामी अध्यायों में अन्य शरीरो पर विस्तार से चर्चा करेंगे।

चूंकि दिखाई देने वाला शरीर (Physical Body) प्राण के बिना कोई गति नही कर सकता। यह गतिशील ही प्राण से होता है और जब प्राण निकल जाते है, तो यह मुर्दा हो जाता है। इसका अर्थ यह नही है कि भौतिक शरीर का महत्व नही है। लेकिन भौतिक शरीर की सार–सम्भाल तो आप प्रायःकर करते हो लेकिन प्राणमय शरीर की अधिकांश लोगों ने अनदेखी कर रखी है। इसलिए इस पर विचार प्रथमतः किया जाना आवश्यक है।

प्राणमय शरीर ऊर्जा का शरीर है

व्यक्ति के चेहरे पर जवानी में जो रोनक दिखाई देती है। जवान लड़कियों के चेहरे में जो कमनीयता (सौंदर्य एवं आकर्षण) दिखाई देता है, वो प्राणों के कारण है। जिसके भौतिक शरीर में जितना ज्यादा प्राणतत्व है, उस व्यक्ति में हमें उतनी ही खूबसूरती नजर आती है, उतनी ही स्फूर्ति नजर आती है और उतना विश्वसनीय नजर आता है।

दुर्भाग्य की बात है कि इस प्राणमय शरीर के बारे में चिकित्सकों एवं वैज्ञानिकों को ज्यादा जानकारी नही है।

एक समय था जब भारत में योग विद्या का प्रचलन था। घर–घर में लोग योगिक क्रियाएं करते थे और अपने योगबल के द्वारा प्राण शक्ति को बढ़ाते थे और अनेक प्रकार के करिश्में भी दिखाते थे।

प्राणमय शरीर को योगिक शरीर कहना उचित होगा। आज **बाबा रामदेव, सद्गुरू जग्गी, आर्ट ऑफ लिविंग के श्री श्री रविशंकर, जगद्गुरू महेशानंद आदि** योग के प्रचार–प्रसार में लगे हुए

है और यू.एन.ओ. ने भी 21 जून को योग दिवस घोषित कर रखा है। अतः अब पुनः प्राणमय शरीर के जागरण एंव विकास के संतुलन हेतु प्रयास हो रहे है।

कौन व्यक्ति कितना ऊर्जावान है? कितना उत्साहित है? कौन कितना दृढ़निश्ची है? यह सब उसके अंदर जो प्राण शक्ति है, उसी के कारण है।

इस प्राण शक्ति के बिना जीवन टूटा–टूटा रहता है, दिशाहिन रहता है और दीन–हीन व्यक्ति अपने को महसूस करता है।

इस प्राण शक्ति को बढ़ाने हेतु निम्न प्रयोग किये जाते रहे हैः–

1. प्रतिदिन 15 मिनट के लिऐ अपने श्वासों पर ध्यान करना, गौर करना कि श्वांस आ रही है, जा रही है। **अल्बर्ट आइंस्टिन** कहते है कि Where is your intention, there goes energy. यानी कि जहां आपका ध्यान है, वहीं पर ऊर्जा अपना काम करती है। जब  आपने श्वांस के आने–जाने को Take it for Granted ले लिया तो फिर इसका महत्व ही नदारद हो गया। जिस चीज पर आप गौर करते हो, दोस्ती करते हो, वो चीज आपको लाभदायक होती है। आमतौर पर औसत व्यक्ति अपनी प्राण शक्ति के बारे में अन्जान है। लेकिन अब समय आ गया है कि इसको बढ़ाकर व्यक्ति को अपनी प्रतिभाओं का जागरण करना चाहिये।

2. **प्राणायामः–** स्वतः श्वांस आते है, जाते है। लेकिन समझदारी से श्वांसो को लम्बा लिया जाना अथवा लयबद्ध तरीके से लिया जाना, प्राणायाम कहलाता है। **बाबा रामदेव** ने  प्राणायाम को काफी लोकप्रिय बनाया है। **आर्ट ऑफ लिविंग के श्री श्री 108 रविशंकर** के द्वारा बताई गई **सुदर्शन विधि** भी प्राणायाम की एक प्रभावी विधि है। अन्य योगाचारियों ने भी अपने–अपने तरीके से प्राणायाम करवाना आरम्भ किया है। प्रयास करने पर एक सर्वमान्य विधि भी प्रचलित हो जायेगी जो सबके लिये लाभकारी होगी।

3. **योगिक नाड़ियाँ:–** पातंजल ऋषि के द्वारा इंसान के शरीर में 72 हजार योगिक नाड़ियाँ बताई गई है।

4. **ईड़ा व पिंगला नाड़ी:–** इन नाड़ियों की जानकारी करके पहले नाड़ी वैद्य हुआ करते थे, जो रोगों का निदान करते थे।

5. **स्वरोदय विज्ञान:–** अपने देश में स्वरोदय विज्ञान भी लम्बे समय तक लोकप्रिय रहा है। चरणदास कृत **'स्वरोदय विज्ञान'** पुस्तक में अनेक प्रकार के श्वांस लेने की प्रक्रियाएं बताई गई जिससे न केवल स्वास्थ्य ठीक होता था, बल्कि कई प्रकार की विभूतियां भी जीवन में उतर आती थी। मैनें भी मेरे जीवन में एक **रामेश्वर माटोलिया** नामक व्यक्ति जो कि एस.डी.एम. सबडिविजनल मजिस्ट्रेट के पद पर थे, वो स्वर विज्ञान के बड़े जानकार थे। उन्होंनें **'तेज स्वरोदय विज्ञान'** नाम की पुस्तक भी लिखी।

श्री माटोलिया जी में अद्भुत क्षमता थी। जैसे कि अगर जयपुर में कोई आदेश जारी हो गया तो वो बीकानेर बैठे हुए बता देते थे कि उस आदेश में क्या लिखा हुआ है? इसका कारण वो स्वर साधना बतलाते थे। यद्यपि वो ऊंचे पद पर थे और वो अंधविश्वासी बातों में बिल्कुल नही अटकते थे। उनका कहना था कि जब तक कोई आदेश जारी नही होता है, मैं नही बता सकता। लेकिन जब कोई आदेश जारी हो जाता है तो वो मुझें दिखाई देने लग जाता है।

स्टीफन आर कोवी कहते है कि हर वस्तु की दो स्तर पर रचना होती है, प्रथम मानसिक स्तर पर और दूसरी भौतिक स्तर पर।

जोब सिल्वा (यू.एस.ए.) ने अल्ट्रा माइंड एक्टिवेशन के 20 वर्षो तक किये गये प्रयोगों के आधार पर अमेरिकी सरकार को यह बतलाया कि अगर कोई मानसिक रूप से संरचना बन गई है तो उसे अल्फा माइंड की तकनीक द्वारा जाना जा सकता है। अमेरिकी सरकार **जोब सिल्वा** के प्रयोगों से इतनी प्रभावित हुई कि डिफेंस हेतु उसके पुत्र से उनके शोध कार्य को खरीद लिया।

इस तकनीक का प्रयोग भारतीय सेना में भी आतंकवादियों के मनसूबों पर पानी फेरने हेतु किया जाता है तथा अनेक बार आतंकवादियों ने आक्रमण नही किया, उससे पूर्व ही उनकी योजना को धराशायी कर दिया गया और उनको पकड़ लिया गया।

1. प्राणमय शरीर की जो चेतना है, उसे पितृलोक की चेतना भी कहा जाता है। यानी कि जो लोग इस दुनियां को छोड़ कर चले गये है, वो भी इस प्राणिक ऊर्जा से जुड़े हुए रहते है। कई बार पुर्नजन्म के किस्से सुनने में आते है, उनके पीछे प्राणमय शरीर का रूपान्तरण ही होता है।

2. छाया पुरूष/हमजाद शरीर से कार्य लेने के जो तरीके प्रचलित है, वो भी इस प्राणमय के जागरण द्वारा ही सम्भव होते है।

कुछ लोग दर्पण के आगे बैठकर अपने प्रतिबिम्ब को देखते है और उसका अभ्यास करते है। फिर वो अपने प्रतिबिम्ब को अपने निर्देशों के अनुसार चलाने में कामयाब हो जाते है।

कुछ लोग दोपहर में अपनी छाया को देखते है और उस पर ध्यान केन्द्रित करते है तो कई महिनों के अभ्यास से वह छाया भी उनके मार्गदर्शन से चलने लगती है।

यह बातें आज झूंठी लगती है, कल्पना मात्र लगती है। लेकिन कभी अपने देश में छाया पुरूष सिद्धि आम बात रही है।

छाया पुरूष सिद्धि का एक उदाहरण

मुझें मेरे बचपन के दिन याद आते है, जब मैं 10–12 साल का था और एक सरोवर के पास एक व्यक्ति रहते थे, जो अपनी पूजा–आराधना करते थे, खुद ही खाना बनाते थे, उनकी पत्नी आदि नही थी। हम बच्चें उनकी थोड़ी बहुत मदद कर देते थे। इसलिए वो हमें बड़ा प्यार करते थे। धीरे–धीरे मेरी उम्र 14 की हो गई। मैं 10वीं क्लास में पढ़ता था।

एक दिन तालाब के पास में वो व्यक्ति तालाब में डूबने जा रही महिला को निकाल कर लाया था, इसलिए वहां पर भीड़ इकट्ठी हो रही थी। भीड़ को देखकर मैं भी वहां चला गया। वो औरत कौन थी? पानी में डूबने से वो

बेहोश हो गई थी लेकिन थोड़ी देर बाद वो होश में आ गई। पुलिस को समाचार किया गया तो पुलिस आ गई। दो–तीन घंटे बाद ढूंढते–ढूंढते उस महिला के परिवार वाले भी पहुंच गये।

पुलिस वालों ने उस व्यक्ति से पूछा कि आपने इस महिला को क्यों बचाया? आपको कैसे पता चला कि यह डूबने जा रही है? उसने कहा मैं तो मेरी कुटियां में बैठा हुआ अपनी साधना कर रहा था। अचानक मुझें एक दृश्य दिखाई दिया कि एक औरत तालाब में डूबने जा रही है। मैं कुटिया से बाहर आया तो देखा कि वाकई में एक औरत दूर तालाब में डूबने जा रही है। मैं एक लूंगी ले गया ताकि उस औरत को कपड़े में बांधकर बचा सकू।

पुलिस वालों ने कहा कि आपको कैसे पता चला? उसने कहा कि मेरे पास छाया पुरूष की सिद्धि है। आस–पास कोई घटना घटती है तो मुझें पता चल जाता है। चूंकि मैनें 10वीं कक्षा में साइंस ले रखी थी। इसलिए मुझें यह बात पूरी तरह ढकोसला नजर आई। पुलिस वाले भी मजाक करने लगे और छाया पुरूष सिद्धि को मजाक में लेने लगे।

एक पुलिस वालें ने मजाक में कहा कि तुम्हे अगर आस–पास का पता चल जाता है। पास में एक मिठाई की दुकान है। उससे गर्म–गर्म जलेबी मंगवा दो। हम सब का नाश्ता भी हो जायेगा और तुम्हारी छाया पुरूष सिद्धि की जांच भी हो जायेगी। अन्यथा हम समझेंगे कि सब आडम्बर है अन्यथा तुम्हारे खिलाफ भी जांच होगी।

उस व्यक्ति ने उस पुलिस वाले से कहा कि आप मेरी कुटिया में जाओं। वहां पर एक बाल्टी व थाली रखी है, उन्हे उठा कर ले आओं। उसने वो बाल्टी अपने सामने रखवाई, फिर उसे थाली से ढक कर छाया पुरूष का आह्वान किया कि इस बाल्टी को गर्म जलेबी से भर दो तथा उस फलां दुकान से लेकर आओं।

फिर उसने थाली को उठाया तो अंदर गर्म जलेबियों से बाल्टी भरी हुई थी। सभी को उसने जलेबी खिलाई। वहां पुलिस बैठी हुई थी तो एक आदमी भागता हुआ आया। पुलिस से बोला कि गजब हो गया, आंखो के सामने से मेरी जलेबी का पूरा भरा हुआ धामा उठा ले गया। सब लोग जलेबियां खा रहे थे। उन्हें देख कर बोला कि साहब यहीं वो जलेबियां है।

पुलिस वाले तो खा–पीकर चले गये। लेकिन मुझें जिज्ञासा हुई कि यह सब कैसे हुआ? जब सब लोग चले गये तो मैनें अकेले में उस महापुरूष से पूछा कि यह सब आप कैसे कर लेते हो? तो उन्होनें कहा कि यह छाया पुरूष की सिद्धि से होता है। लेकिन हम उस व्यक्ति को जिस की जलेबियां लेकर आये, उसको अपनी जेब से भुगतान करते है और क्षमा मांगते है कि हमने चोरी से आपकी जलेबियां उठवा ली।

यद्यपि यह सब बातें आज के समय शोध का विषय है। लेकिन जब प्राणायाम व योगासन पर कार्य आरम्भ होने लगा है तो प्राणायाम की जो चरम सीमाएं पातंजल ने बताई है, वो भी अवश्य प्राप्त होगी। उन्होनें योग सूत्र में लिखा है कि प्राणायाम के जरिए अनेक विभूतियां प्राप्त होती है। जैसे इन्फ्रारेड़, अल्ट्रा वाईलेट व क्वांटम फिजिक्स द्वारा अदृश्य तरंगो के विज्ञान की नई शाखाएं बनी है। इसी तरह से इथिरियल साइंस भी अवश्य निकट भविष्य में विकसित होगी।

NOTES (जो बातें आपके ह्रदय को छू गई है)

1. ____

2. ____

3. ____

4. ____

5. ____

6. ____

7. ____

8. ____

9. ____

10. ____

11. ____

12. ____

13. ____

14. ____

15. ____

16. ____

17. ____

18. ____

19. ____

20. ____

21. ____

22. ____

23. ____

24. ____

25. ____

NOTES (जो निर्णय आपने अपने जीवन में लेने हेतु तय किये है)

26. ____

27. ____

28. ____

29. ____

30. ____

31. ____

32. ____

33. ____

34. ____

35. ____

36. ____

37. ____

38. ____

39. ____

40. ____

41. ____

42. ____

43. ____

44. ____

45. ____

46. ____

47. ____

48. ____

49. ____

50. ____

अध्याय – 27

मनोशरीर का प्रशिक्षण – एक रोचक कहानी

इंसान के पांचो शरीरो में इस मनोशरीर को केन्द्र में रखा गया है। कुछ आध्यात्मिक लोगों का तो कहना है कि मन ही सभी दुःखों का कारण और मन ही सभी दुखों से मुक्ति का हेतु है।

मन ही बंधन में बांधता है और मन ही मोक्ष दिलाता है। मन प्राण से अधिक सूक्ष्म ऊर्जा है। मन और कुछ नही विचारों/कल्पनाओं का पूंज है। लेकिन मन की एक अनूठी विशेषता है कि यह घटनाओं का याद रख लेता है, रिकॉर्ड कर लेता है और उसे गहराई में स्टोर कर लेता है। मन का यह जो स्टोरेज हाऊस है, इसको चित्त कहा है।

पातंजलि ने अपने योग सूत्र में लिखा है कि–

'योगःचित्त वृति निरोधः'

यानी कि चित्त के अंदर उठने वाली वृतियां जो है, जिनसे कि विचार पैदा होते है, उनका निरोध कर दिया जाये तो व्यक्ति योग की स्थिति में आ जाता है।

वर्तमान मनोवैज्ञानिक कहते है कि व्यक्ति के जीवन में जो घटनाएं घटती है, उनके कुछ फोटोग्राफ्स मन एकत्रित कर लेता है और उन्हें चित्त के अंदर स्टोर कर लेता है, जिसे वह पैटर्न कहते है। इन पैटर्न्स को बदलने की क्रिया ही मन को प्रशिक्षित करना है।

योगानन्द ने अपनी पुस्तक में अनेक प्रकार की मन की शक्तियों का वर्णन किया है। तिब्बत में भी ऐसे अनेक लामाज हुए है जो मन की शक्तियों का विकास कर लेते थे और टेलीपेथी आदि से काम करते थे।

मन को धोखा देकर लोग अनेक चमत्कारिक काम कर देते है

मैं एक बार रेकी आचार्य के प्रशिक्षण में गया। वहां पर हमे रेकी का प्रशिक्षण दिया गया। अचानक मुझें यह कहा गया कि आगे की सीट पर आकर बैठ जाओं। उस समय मेरा वजन करीब 110 किलो था। मैं कुर्सी पर बैठ गया। दो लड़कियां एक तरफ कुर्सी के पास खड़ी थी, और दो लड़के दूसरी तरफ खड़े थे। उन्होनें अपनी तर्जनी उंगली एक ने मेरे घूटनों के नीचे लगाई, दूसरों ने जांघो के नीचे लगाई और अचानक मुझें 5 फिट ऊंचा कर दिया गया। यद्यपि इस क्रिया को करने से पहले उन्होनें यह निर्देश दिये थे कि कुर्सी पर बैठे हुए व्यक्ति बिल्कुल फूल की तरह हल्के है। हमें हनुमान की शक्ति दी हुई है और इन्हें हम ऊंचा उठा सकते है। इस दृश्य की रेकी में जो पार्टीशिपेन्ट्स थे, उन्होनें देखा थे और फोटो भी खींच ली जो मेरे पास आज भी मौजूद है।

मैं एक गाजियाबाद में एक प्रशिक्षण में गया तो वहां पर भी एक व्यक्ति ने इसी तरह का प्रयोग करके दिखाया था। जिसमें मैनें भी उस व्यक्ति के घूटनों नीचें अंगुली रखी थी और वो व्यक्ति 5 फुट ऊंचा हवा में उठ गया था। मजेदार बात यह रही कि मुझें भार उठाने का अनुभव भी नही हुआ।

मैनें दोनों ही व्यक्तियों को यह पूछा कि यह कैसे हुआ? तो दोनों ने एक जैसी ही बात की कि हमने सबकोन्सियस माइंड को धोखा दे दिया। ज्योंही धोखा दिया, त्योंही लोगों में जो सीमित शक्तियों की जो भावना है, वो खत्म हो गई। अतः सबकोन्सियस माइंड को यदि कोई इन्स्ट्रक्शन्स दे दिये जाते है और वो अगर उन्हे स्वीकार कर लेता है तो ऐसी घटनाएं घट सकती है। सबकोन्सियस माइंड अबोध बच्चे की तरह है। वो आसानी से धोखा खा जाता है।

सबकोन्सियस माइंड को सकारात्मक तरीके से पुर्नविन्यासित (Re Constitution of Subconscious Mind) पर मैनें कार्य करना आरम्भ कर दिया।

मन को प्रशिक्षण करने की विधि – एक ध्यान की प्रक्रिया

आंखे बंद करके एक सामान्य आसन से बैठ जाएं और परमात्मा अथवा जिस ईष्ट में आपका विश्वास हो, उसका ध्यान करें। कोई विचार आये, उसको हटा दे और इस बात पर विश्वास करें कि मेरे ईष्ट मेरे सामने मौजूद है। इस अभ्यास को प्रतिदिन करीब 20 मिनट तक करें।

1. **प्रशिक्षण का प्रथम चरणः–** जब आप में एकाग्रता बढ़ने लगेगी तो धीरे–धीरे आपको अनेक प्रकार के अच्छे–बुरे विचार आयेंगे। जब आप प्रत्याहार करेंगे यानी कि बुरे विचारों को गुड़बॉय कहेंगे तो धीरे–धीरे आपको मन के अंदर की दिव्य बातें दिखाई देने लग जायेगी, जैसे देवताओं के दर्शन, दिव्य मंत्रो को सुनाई देना, किसी मंदिर विशेष के दर्शन होना। यह मात्र खयालात है लेकिन अच्छे ख्याल है। मन की इस स्थिति को मांडुक्य उपनिषद के अनुसार **'जागृत समाधि'** कहा जाता है।

2. **प्रशिक्षण का चरण द्वितीयः–** जब आपको तीन–चार महिने अभ्यास करते हुए हो जायेंगे तो आप पायेंगे कि जैसे आपको नींद आ गई। आप स्वप्न में चल रहे है। स्वप्न में आप अपने किसी मित्र को देख रहे हो, अपने माता–पिता को देख रहे हो, किसी देवता को देख रहे हो, तीर्थ स्थानों को देख रहे हो, अपने पूर्वजों को देख रहे हो, किसी अन्जानी जगह को देख रहे हो, जिसे आपने कभी देखा ही नही।

    सम्भव है आपकी कल्पनाओं में आपके पुर्नजन्म की घटनाएं दिख जाए। यह भी सम्भव है कि जो कल्पनाएं आपको दिखाई दे वो भविष्य में वैसी की वैसी आपके जीवन में घटित हो। इसको उपनिषदों में 'स्वप्न समाधि' कहा है। लेखक को ये दिव्य अनुभव अनेक बार हुए है कि भविष्य की घटनाओं को स्वप्न समाधि के समय देख पाना और वो बाद में जीवन में वैसी ही घटित होती रही है। हमने जिन लोगों को यह विधि बताई, उन लोगो ने की, उनके भी अनुभव ठीक इसी प्रकार के रहे है। इसका अर्थ यह है कि आइंस्टिन की क्वांटम फिजिक्स की थ्योरी बिल्कुल सही है कि सभी घटनाएं एक साथ घट रही है। आप किस फ्रिक्वेंशी का बटन दबातें

हो, वही दिख जायेगी। जैसे एफ.एम. रेड़ियों पर अथवा टी.वी. पर सभी तरह के चेनल्स है। आप जो बटन दबातें हो, आपको वही दिखाई देने लग जाता है।

3. **प्रशिक्षण का तृतीय चरण:–** उपरोक्त *स्वप्न समाधि* व्यर्थ नही है बल्कि आपके चित्त में जो इकट्ठे हुए संस्कार है, उनका पैटर्न बदलता है और चित्त शुद्ध होता है। अब आप इसमें जो अच्छी बात ड़ालना चाहे, वो ड़ाल सकते है। यानी आपके सबकोन्सियस माइंड का पुर्नविन्यास कर सकते है। लेकिन धीरे–धीरे आप गहरी नींद में चले जायेंगे, स्वप्न आने बंद हो जायेंगे और एक गार्ड नीद्रा की स्थिति आ जायेगी। ना कोई कल्पना है ना ही कोई विचार है। जैसे कि गहरी नींद से उठते हो, ऐसा महसूस होगा। इसे मांडूक उपनिषद में **'सुसुप्ति की अवस्था'** कहा है।

वर्तमान मनोवैज्ञानिक इसे **अल्फा मांइड स्टेट** कहते है।

4. **प्रशिक्षण का चतुर्थ चरण:–** जब यह सुसुप्ति की अवस्था गहरा जाती है तो मन, विचार शून्य हो जाता है और उस अवस्था को 'निरोधा अवस्था' कहते है। यही वो अवस्था है जिसको पातंजलि **'योग:चित्त वृत्ति निरोध:'** कहते है।

5. **प्रशिक्षण का पंचम चरण:–** जब मन निरोधावस्था के अंदर आ जाता है तो मन में दो प्रकार की शक्तियां विकसित हो जाती है जिन्हें **'कल्पवृक्ष व कामधेनु'** कहा गया है। ऐसी स्थिति में ऐसे समझियें जैसे कल्पवृक्ष के नीचे बैठे है। जो कल्पना की वही घटना तत्काल घट जाती है। कामधेनु से तात्पर्य है कि जो कामना की, वही पूरी हो जाती है।

जिन लोगों ने मन के प्रशिक्षण की साधनाएं की है, उन्होनें इन बातों का अनुभव किया है।

यद्यपि आध्यात्मिक लोग इस प्रकार की शक्तियों के विकास के लिए मना ही करते है।

योग में मन की इन समाधियों का कोई महत्व ही स्वीकार नही किया गया है। इसे दुनियादारी कहकर इससे बचने का उपदेश दिया गया है।

लेकिन अब समय आ गया कि मन की इन शक्तियों का सकारात्मक उपयोग किया जायें ताकि हर भारतीय की प्रतिभाओं का विकास हो और हर भारतीय अरबपति बने। दोष पैसे में नही है, उसके दुरूपयोग में है। अतः साधनों का सदुपयोग किया जाये तो योग की शक्तियों का भरपूर लाभ मिल सकता है।

बड़े वैज्ञानिक, बड़े चिन्तक, बड़े सामाजिक सुधारक, इस सभी अपने मन को प्रशिक्षित करने हेतु अभ्यास किया। परिणाम यह रहा कि वो बहुत बड़े–बड़े काम कर पाये।

मन की शक्तियों का अलौकिक और अद्भुत प्रयोग जिन्होनें किया वो **'हनुमान'** कहलाते है। समुद्र को लांघ गये, सूक्ष्म रूप बना लिया, कभी बहुत बड़ा रूप बना लिया। हनुमान एक प्रतीक है, बाकि रामायणकाल में इस तरह के मन का प्रशिक्षण दिया जाना आम बात थी। लंका में लगभग सभी सैनिकों को इस विद्या से दीक्षित व प्रशिक्षित किया जाता था।

विभीषण द्वारा मन की शक्तियों का प्रशिक्षण भालुओं व बंदरों को देना

अयोध्या में भी मन की शक्तियों के प्रशिक्षण दिये जाते रहे है। राम व लक्ष्मण को विश्वामित्र द्वारा मन के प्रशिक्षण की शिक्षा दी गई थी। सूर्य के द्वारा हनुमानजी को भी यह मन के प्रशिक्षण की शिक्षा दी गई थी। लेकिन भगवान राम जब समुद्र पार करके लंका जाना चाह रहे थे तो सबसे बड़ी दिक्कत यही थी कि रावण के योद्धा तो सभी मानसिक शक्तियों से प्रशिक्षित थे।

जब **विभीषण श्रीराम** की शरण में आये तब वो न केवल इन सब मन की शक्तियों से प्रशिक्षित थे बल्कि आचार्य थे। उन्होनें ने श्रीराम की सेना के सभी बंदर व भालुओं को इन मानसिक शक्तियों से प्रशिक्षित किया।

एक बार रावण से युद्ध के समय 18 योद्धा ऐसें उपस्थित हुए जो कि अमर थे। उन्हें अमरता की सिद्धि प्राप्त थी। उनकी मृत्यु नही हो सकती थी। अतः उनको समाप्त करने की योजना बनाई गई और विभीषण के द्वारा हनुमान को यह विद्या सीखाई गई कि उन 18 महायोद्धाओं की मृत्यु नही हो

सकती। इसलिए विवेक से काम लिया जायें और हनुमान को प्रशिक्षित किया गया कि वो अपनी पूंछ पर बैठा कर इन योद्धाओं को इतनी दूर अंतरिक्ष में फेंक दे ताकि वो पृथ्वी के गुरूत्वाकर्षण क्षेत्र से बाहर जा सके ताकि वो फिर कभी लौट कर नही आ पायें।

विभीषण के द्वारा जब इस तकनीक को सीखा दिया गया तो हनुमानजी ने इस तकनीक का प्रयोग किया और उन 18 योद्धाओं को पूंछ से लपेट कर पृथ्वी के गुरूत्वाकर्षण से बाहर फेंक दिया।

रामायणकाल में मन के प्रशिक्षण को मायावी प्रशिक्षण कहा गया है। लंका के सभी योद्धा मायावी शक्तियों से प्रशिक्षित थे।

महाभारतकाल में भी **भीम** के द्वारा हाथियों को इतनी तेज गति से फेंका गया था कि वो पृथ्वी के गुरूत्वाकर्षण के क्षेत्र से बाहर चले गये जो आज तक लौट कर नही आये।

मन को प्रशिक्षित करके आम आदमी क्या लाभ उठा सकता है?

1. व्यक्ति अपने विश्वासों को बदल सकता है।
2. व्यक्ति भूतकाल की बातों को गुड़बॉय कह सकता है।
3. व्यक्ति वर्तमान में बीज बोकर भविष्य में उसकी फसल ले सकता है।

चेतन मस्तिष्क / अर्द्ध चेतन मस्तिष्क को पुर्न विन्यासित (Re Constitution) करने की प्रक्रिया

हर इंसान के मस्तिष्क में एक सोफ्टवेयर है। उसमें इंसान के तर्कसंगत विचार व विश्वास रहते है। लेकिन अच्छी बात यह है कि इस सोफ्टवेयर का प्रोग्रामर स्वंय इंसान है। इंसान को जो निम्न चार शक्तियों दी गई है, उनका उपयोग करके इंसान अपने चेतन मस्तिष्क व अर्द्ध चेतन मस्तिष्क में अपनी इच्छानुसार पैटर्न तैयार कर सकता है। फिर उसकी इच्छानुसार उसके जीवन में घटनाएं घटेंगी।

1. आत्म अवलोकन की शक्ति (Power of Self Awareness)
2. कल्पना शक्ति (Power of Imagination)

3. विवेक शक्ति (**Power of Discrimination**)

4. स्वतंत्रता चुनाव की शक्ति (**Power of Independent Will**)

1. **आत्म अवलोकन की शक्ति:–** इंसान थोड़ी देर बैठे, अपनी आंखे बद करें, उचित समझे तो खुली रखें और अपने सोफ्टवेयर की जांच करें, अवलोकन करें। ये सेल्फ अवेयरनेस की शक्ति सिर्फ इंसानो के पास है, पशुओं को नही दी गई है। इस सेल्फ अवेयरनेस की शक्ति के कारण ही इंसानो ने इतनी उन्नति की है। आप भी बैठे, अपने सोफ्टवेयर का अवलोकन करें। फिर जो–जो चीजें आपको पसंद नही है, उनको डिलिट बटन दबा दे तथा जो–जो चीजें आपको नई ड़ालनी है, उनको एंटर कर दे। इससे आपके चेतन मस्तिष्क और अव चेतन मस्तिष्क, दोनों में आप जो पैटर्न करोगे, वही आप बन जायेंगे। आप ही अपने भविष्य के रचयिता है। आपके चुनाव से ही आपके जीवन में घटनाएं घटती है।

2. **कल्पना शक्ति:–** चूंकि आपको चुनाव करने का अधिकार है। इसलिए आप अपने सोफ्टवेयर में चुन–चुनकर अच्छी चीजें डाले और अपनी कल्पना शक्ति का प्रयोग करके अपने जीवन की प्रथम रचना को तैयार करें।

3. **विवेक शक्ति:–** इंसान में विवेक शक्ति विशेष रूप से दी गई है। अतः वो अपनी कल्पनाओं को, विचारों को देख सकता है और विवेक पूर्वक छानबीन के बाद अपने चित्त में रख सकता है। लेकिन इसके लिए जिम्मेदारी स्वंय को अपने हाथ में लेनी होगी।

4. **स्वतंत्र इच्छा शक्ति:–** हर व्यक्ति को अपने जीवन में जो भी इच्छा हो, उसका चुनाव करने का अधिकार है। यह चुनाव करने का अधिकार इंसान का कभी छिना नही जाता है। भगवान कृष्ण ने गीता में अर्जुन से कहा है कि **'मैनें तुझें सारा ज्ञान दे दिया, गुप्त से गुप्त बातें बतला दी है। अब तू इन पर विचार विमर्श कर। फिर जो तुझें उचित लगे, वही निर्णय कर'**। यानी भगवान कृष्ण ने भी अर्जुन के निर्णय करने के चुनाव करने की शक्ति को नकारा नही है।

इति, ते, ज्ञानम्, आख्यातम्, गुह्यात्, गुह्यतरम्, मया,

विमृश्य, एतत्, अशेषेण, यथा, इच्छसि, तथा, कुरु।।63।।

अनुवादः (इति) इस प्रकार (गुह्यात्) गोपनीयसे (गुह्यतरम्) अति गोपनीय (ज्ञानम्) ज्ञान (मया) मैंने (ते) तुझसे (आख्यातम्) कह दिया (एतत्) इस रहस्ययुक्त ज्ञानको (अशेषेण) पूर्णतया (विमृश्य) भलीभाँति विचारकर (यथा) जैसे (इच्छसि) चाहता है (तथा) वैसे ही (कुरु) कर। (63द्व

मन प्रशिक्षित किया जाये तो अच्छा नौकर है। अगर खुला छोड़ दिया जाये तो यह मालिक बन जाता है और यह मालिक के रूप में इंसान को चलाता है। यदि प्रशिक्षित कर दिया जाये तो मालिक का सेवक बनकर सेवा करता है।

जन्म से ही हमने मन को स्वतंत्र छोड़ रखा है। अतः यह स्वछन्द हो गया और अपने को ही नियंत्रित करने लगा। अतः प्रोएक्टिवली इसे प्रशिक्षण देने की जरूरत है। जो कुछ यह कर रहा है, उसका उल्टा कराने का अभ्यास की जरूरत है। यानी कि यह जो अपने आप ऐजूकेटेड़ हो गया है, उसे डी-एजुकेट करने की जरूरत है और फिर इसे अपने अनुसार री-एजुकेटेट करने की जरूरत है।

चेतन मस्तिष्क और अर्द्धचेतन मस्तिष्क का पुर्नप्रशिक्षण कोई मुश्किल काम नही है। यदि आप प्रशिक्षण करेंगे तो आपको सफलता अवश्य मिलेंगी। आप अपने सबकोन्सियस माइंड में बीलिनियर होने के निर्देश डाल सकते है। किसी भी क्षेत्र में सफल होने के निर्देश डाल सकते है। अपने तमाम गोल्स के निर्देश डाल सकते है। अच्छी बात यह है कि जो निर्देश आप अर्द्ध चेतन मस्तिष्क में डाल देंगे, वही आपके जीवन में घटेंगे।

आप यदि स्वंय जिम्मेदारी लेकर अपने मन को री-एजुकेट नही करोंगे तो जो हो रहा है, वही होता रहेगा।

NOTES (जो बातें आपके ह्रदय को छू गई है)

1. ____
2. ____
3. ____
4. ____
5. ____
6. ____
7. ____
8. ____
9. ____
10. ____
11. ____
12. ____
13. ____
14. ____
15. ____
16. ____
17. ____
18. ____
19. ____
20. ____
21. ____
22. ____

23. ____

24. ____

25. ____

NOTES (जो निर्णय आपने अपने जीवन में लेने हेतु तय किये है)

26. ____

27. ____

28. ____

29. ____

30. ____

31. ____

32. ____

33. ____

34. ____

35. ____

36. ____

37. ____

38. ____

39. ____

40. ____

41. ____

42. ____

43. ____

44. ____

45. ____

46. ____

47. ____

48. ____

49. ____

50. ____

अध्याय – 28

बुद्धि/भाव शरीर की अद्भुत कहानी

जब मन निरोधावस्था में आ जाता है तो मन के क्रियाकलाप बंद हो जाते है। जिन मन रूपी बादलों ने बुद्धि को घेर रखा था, वो छंट जाते है और बुद्धि में स्फूरण होने लगता है और धीरे–धीरे बुद्धि का विकास होने लगता है। इस समय अनेक भाव आते है, जाते है।

बुद्धि का पैनापन ही भाव संसार है। बुद्धि में दोनों बातों की अहमियत है। विचार शून्यता और विचारशीलता। बुद्धि का मंजन होने से बुद्धि पैनी हो जाती है और धीरे–धीरे सामान्य बुद्धि बदलकर प्रज्ञा बन जाती है और ऐसी स्थिति में समाधियां आना आरम्भ हो जाता है।

जब बुद्धि सूक्ष्म बनती है तो समाधि की अवस्था बनती है। उसे सम्प्रज्ञात समाधि कहते है। धीरे–धीरे प्रज्ञा भी गायब होने लगती है और गहराई में आत्मा प्रकट होने लगती है, तब इसे असम्प्रज्ञात समाधि कहते है।

इसी तरह से सविचार समाधि, निर्विचार समाधि, शून्य समाधि, महाशून्य समाधि यह सब उच्च भावों की अभिव्यक्ति है। यह सब भाव संसार है।

रामकृष्ण परमहंस की कहानी

बेलूर मठ, बंगाल में एक महात्मा हुए है जिनका नाम **रामकृष्ण परमहंस** था। वो ज्यादा पढ़े–लिखे नही थे। उनके गुरू तोतापुरी, वो वेदान्त के प्रकांड विद्वान थे।

रामकृष्ण परमहंस साधना में संलग्न हुए तो मनोशरीर की समाधियों से जब वो ऊपर उठे तो बुद्धि/भाव क्षेत्र की समाधियों में वो वर्षा तक स्थापित रहे। उनकी भाव समाधि की स्थिति यह थी कि वो काली मंदिर में पुजारी

रखे गये और जब वो प्रसाद लगाते थे तो पहले चख लेते थे। जब फूल मंदिर में अर्पित करते तो पहले उनको खुद सूंघ लेते थे।

इस बात की तो अफवाह उड़ गई कि पुजारी प्रसाद को झूठा करके मां काली को चढ़ाता है। फूलों को भी सूंघकर अपवित्र करके मां काली को चढ़ाता है। लोगों ने मंदिर की मालकिन से शिकायत कर दी। मंदिर की मालकिन ने रामकृष्ण को बुलाया और स्पष्टीकरण मांगा तो रामकृष्ण ने कहा कि यह सही है, वो भाव समाधि में थे। वो अपने आपको शरीर मान ही नही रहे थे। तो दक्षिणेश्वर मंदिर की मालकिन ने कहा कि तुम ऐसा क्यों करते हो?

रामकृष्ण ने उत्तर दिया मेरी आदरणीय मां को मैं प्रसाद बिना चखे कैसे चढ़ा सकता हूं? क्या पता उसमें क्या मिला हो? पहले जांच तो कर लू। इसी तरह फूलों को सूंघ तो लू कि उनमें खुशबु है भी या नही? आप चाहें तो मुझें पुजारी के पद से हटा सकती है, किसी और को रख सकती है। पर मैं मेरी अराध्य देवी को बिना चखे प्रसाद नही चढ़ाऊंगा।

दक्षिणेश्वर मंदिर की मालकिन ने देखा कि रामकृष्ण के शरीर से तो साक्षात मां काली के दर्शन हो रहे है। मंदिर की मालकिन ने कहा जाओं तुम वही करों, जिसमें तुम खुश हो। यह भाव समाधि की स्थितियां है।

हनुमान उपासना

एक बार रामकृष्ण को सूझा कि हनुमान की उपासना की जायें और वो हनुमान का ध्यान करने लगे। कुछ महिने हुए थे कि एक दिन पेड़ पर चढ़ गये और जैसे बंदर उछलता है, वैसे ही पेड़ पर उछलना आरम्भ कर दिया। वो ऐसे भाव समाधि में खोये कि लोग उन्हें बंदर ही समझ बैठे।

आश्चर्य की बात तो जब हुई जब भाव समाधि में रामकृष्ण स्त्री बन गयें

मथुरा के ईर्द–गिर्द बृजभूमि में कृष्ण को पुरूष माना जाता है और बाकि सब गोपिया है, कृष्ण की पत्नियां है। यानी कि अपने को स्त्री मानकर पुरूष

लोग भी कृष्ण की आराधना करते है। गोपी साधना प्रेम की अनन्यता कही जाती है। महारास में श्रीकृष्ण गोपियों के साथ अनन्य प्रेम में प्रकट हुए थे। ऐसा भागवत में उल्लेख है।

रामकृष्ण परमहंस ने भी गोपी साधना को आजमाना चाहा और स्त्री के कपड़े पहनने लगे और स्त्रियों की तरह ही मांग निकालने लगे। उन्होनें तीन साल तक स्त्री बनकर गोपी साधना की। अद्भुत बात तो यह हुई कि उनकी चाल–ढाल स्त्री की तरह हो गई। इससे भी आश्चर्य बात तो यह हुई कि उनके सीने पर उभरे हुए स्तन आ गये। उनमें पूरी तरह परिवर्तन हो गया और वो पुरूष से स्त्री बन गये।

एक बार वो अस्वस्थ हुए तो उन्हें अस्पताल में भर्ती करवाया गया। जब डॉक्टरों ने जांच की तो एक और अद्भुत आश्चर्य प्रकट हुआ कि उन्हें मासिक धर्म होने लगा। यह भाव समाधि की चरम स्थितियां है।

तोतापुरी का आगमन

एक बार रामकृष्ण परमहंस के गुरू तोतापुरी दक्षिणेश्वर के मंदिर में पधारें और कहा कि रामकृष्ण हम तुम्हे वेदान्त की शिक्षा देना चाहते है। रामकृष्ण ने कहा कि मैं मंदिर के अंदर जाकर मां काली को पूछ कर आता हूं।

गुरू तोतापुरी ने कहा कि नही, इसकी कोई जरूरत नही है। तुम मेरे सामने बैठों और अपनी आध्यात्मिक स्थिति का बखान करों। रामकृष्ण ने कहा कि मुझें साक्षात मां काली बैठी हुई दिखाई दे रही है। तो तोतापुरी ने एक चाकू उनके हाथ में पकड़ाया और कहा कि तुम इसकी गर्दन को काट ड़ालो। एक बार तो रामकृष्ण की हिम्मत नही हुई कि अपनी ईष्ट मां काली पर कैसे प्रहार करें? पर गुरू ने जब थोड़ा क्रोधित होकर कहा तो रामकृष्ण ने चाकू से वार किया।

बस वार करते ही रामकृष्ण की दृष्टि खुल गई और ज्ञानमय समाधि में प्रविष्ट हो गये, दृष्टा बन गये, साक्षी भाव में आ गये। स्वंय को स्वंय ही अनुभव करने लगे।

विचारशील अवस्थाएं

समाधि जब ज्ञानमय होती है तो उसमें बुद्धि सूक्ष्म मगर प्रखर हो जाती है, जिसे कि ऋतम्भरा बुद्धि कहा जाता है। वेदांत की यही समाधि है। इसमें व्यक्ति अपने आपको ब्रह्म समझने लगता है और दूसरे को भी ब्रह्म समझने लगता है।

इस सम्बंध में उपनिषद का एक महावाक्य है 'श्वेतकेतु तत्वमसि' यानी कि वह तत्व तुम खुद ही हो। अहम् ब्रह्मस्मी–वो ब्रह्म मैं ही हूं। एकोहम द्वितीयोंनास्ती– मैं एक ही हूं, दूसरा कोई नही है। एकोहम बहुस्याम – मैं एक ही हूं, बहुतेरे रूपों में प्रकट होता हूं।

भगवान कृष्ण ने भगवद्गीता के दूसरे अध्याय के 49 वें श्लोक में कहा है कि –

दूरेण , हि, अवरम्, कर्म, बुद्धियोगात्, धनजय,

बुद्धौ, शरणम्, अन्वि च्छ, कृपणाः, फलहेतवः।।49।।

अनुवादः (बुद्धियोगात्) अपने आप निकाला भक्ति मार्ग का निष्कर्ष अर्थात् मनमाना आचरण अर्थात् अपनी बुद्धियोगसे (कर्म) भक्ति कर्म (दूरेण) अत्यन्त ही (अवरम) निम्न श्रेणीका है इसलिये (धन×जय) हे धन×जय। तू 

(बुद्धौ) एक पूर्ण परमात्मा का ज्ञान देने वाले संत की(शरणम्) शरण (अन्विच्छ) ढूँढ़ अर्थात् तत्वदर्शी संतों द्बा बताया एक प ूर्ण प्रभु की भक्ति साधन का ही आश्रय ग्रहण कर (हि) क्योंकि (फलहेतवः) फलके हेतु बननेवाले (कृपणाः) अत्यन्त दीन हैं। (49)

उच्च बुद्धि की शरण में जाना ही बुद्धियोग है। जो लोग बिना बुद्धिपूर्वक कार्य करते है, वो तो कृपण है, दीन–हीन है। भगवान कृष्ण ने बुद्धियोग को सबसे ऊंचा योग बताया है और यह भी कहा है कि जिस पर मैं प्रसन्न होता हूं, उसे बुद्धियोग देता हूं।

वर्तमान समय में बुद्धियोग का अर्थ किया जा सकता है कि हम अपनी विजन स्पष्ट करें। परमात्मा को स्पष्टता पसंद है। हमें जीवन में क्या करना है। कौन से उच्च मूल्य है? जो हमें प्राप्त करने है। इन उच्च मूल्यों को एक जगह लिखकर विजन डोक्यूमेंट तैयार करें और फिर विजन डोक्यूमेंट के मूल्यों को प्राप्त करने हेतु योजना बनाए। फिर उन पर निरंतर कार्य करें ताकि हमारे उच्च लक्ष्यों को हम प्राप्त कर सके। उच्च लक्ष्यों में समृद्ध होना पूरी तरह शामिल है। बीलिनियर होना पूरी तरह शामिल है। अपने क्षेत्र में परचम लहराना पूरी तरह शामिल है।

बुद्धि योग से व्यक्ति का मन व शरीर उच्च बौद्धिक गुणों प्रकट करने लगता है। शरीर और मन ईश्वर ने इसीलिये दिया है कि इससे परमात्मा की अभिव्यक्ति हो सकती है।

भगवद्गीता के बुद्धियोग को विजन डोक्यूमेंट के रूप में देखा जाना चाहिये और व्यक्ति जीवन में विवेकशील होकर कार्य करें तो वो अपने भौतिक क्षेत्र में भी सफल होगा और आध्यात्मिक रूप से भी समृद्ध हो सकेगा।

बुद्धियोग का महत्व

भगवद्गीता में मुख्य बात एक ही है कि अपने विवेक को जाग्रत करें। जब अर्जुन युद्ध के मैदान में गांड़ीव नीचें रखकर कायरता रूपी दोष से भर गया तो उसके सामने एक ही समस्या थी। वह समस्या इतनी विकराल थी और वही समस्या आज हम सभी लोगों के सामने है।

अर्जुन के सामने समस्या यह थी कि कल तक जो मेरे पितामह आदरणीय थे, मेरे गुरूजन जो आदरणीय थे। वो सब सामने युद्धभूमि में शत्रु सेना में रणनीति बनाये खड़े है और मेरे प्राण लेने को आतुर है।

अर्जुन समझ नही पा रहा था, संशय की स्थिति में था कि मैं मेरे गुरूजनों व पितामह पर कैसे धनुष चलाऊ? यह अर्जुन की ही समस्या नही है, हम सब की समस्या है। यह बड़ा भाई है, इसका विरोध मैं कैसे करू? यह छोटा भाई है, इसको मैं कैसे नाराज करू? यह मेरे रिश्तेदार है, यह कही शादी में नही आयेंगे। अतः इनकी बात माननी चाहिये। यह मेरा सीनियर अफसर है। मैं बेअदबी भी कैसे कर सकता हूं? यह मेरे पिता है।

दूराचारी है या भ्रष्टाचारी है, पर हैं तो पिता। ऐसी शंकाए, दुविधायें जीवन में हर पल आती रहती है। 'संशयात्मा विनश्यति'। जहां संशय है, वहां सर्वनाश है।

शंकाओं का समाधान जब तक नही होगा, व्यक्ति की बैचेनी खत्म नही होगी। कृष्ण ने अर्जुन को कहा कि युद्ध की घोषणा हो चुकी है। सामने जो वीर खड़े है, वो सब दुश्मन सेना के सेनापति अथवा योद्धा है। तू आज की तारीख में देख, इसी क्षण देख, इस क्षण के धर्म को देख। वर्तमान में अपने मन को ठहरादे। भूतकाल से पीछा छूड़ा ले। भूतकाल में यह तेरे पितामह और गुरूजन रहे होंगे। अभी तो वर्तमान में यह शत्रु सेना के सेनापति है।

हतः, वा, प्राप्स्यसि, स्वर्गम्, जित्वा, वा, भोक्ष्यसे, महीम्,

तस्मात्, उत्तिष्ठ, कौन्तेय, युद्धाय, कृतनिश्चयः।।37।।

अनुवाद: (वा) या तो तू युद्धमें (हतः) मारा जाकर (स्वर्गम्) स्वर्गको (प्राप्स्यसि) प्राप्त होगा (वा) अथवा संग्राम में (जित्वा) जीतकर (महीम्) पृथ्वीका राज्य (भोक्ष्यसे) भोगेगा। (तस्मात्) इस कारण (कौन्तेय) हे अर्जुन! तू (युद्धाय) युद्धके लिये (कृतनिश्चयः) निश्चय करके (उत्तिष्ठ) खड़ा हो जा। (37)

तू जीत जायेगा तो राज्य को भोगेगा, हार जायेगा तो स्वर्ग में जायेगा, वर्तमान में तेरा कर्तव्य है, दुश्मन से लड़ और युद्ध कर।

क्लैब्यम्, मा, स्म, गमः, पार्थ, न, एतत्, त्वयि, उपपद्यते,

क्षुद्रम् हृदयदौर्बल्यम्, त्यक्त्वा, उत्तिष्ठ, परन्तप।।3।।

अनुवाद: ;पार्थ) हे अर्जुन! (क्लैब्यम्) नपंुसकताको (माए स्मए गमः) मत प्राप्त हो (त्वयि) तुझमें (एतत्) यह (नए उपपद्यते) उचित नहीं जान पड़ती। (परन्तप) हे परंतप! (क्षुद्रम् हृदयदौर्बल्यम्)हृदयकी तुच्छ दुर्बलताको (त्यक्त्वा) त्यागकर (उत्तिष्ठ) युद्धके लिये खड़ा हो जा। (3द्ध

वर्तमान मनोवैज्ञानिक कहते है कि अगर वर्तमान में बीज बायेंगे तो भविष्य की फसल आपके अनुकूल मिलेगी। अगर आप जिम्मेदारी के साथ वर्तमान में बीज नही बोयेंगे यानी कि कर्म, वाणी, भाव, विचारों के जरिये

आप वर्तमान में बीज लगातार नही बायेंगे तो यूनिवर्स आपके अतीत में से आपके भविष्य को पैदा कर देगा।

आपका भूतकाल तो खराब हो ही गया। वर्तमान भी भूतकाल के बीजों के कारण बना है तो वो भी कोई श्रेयस्कर नही है। अब कम से कम भविष्य को तो खराब मत होने दो।

स्टीफन आर कोवी अपनी पुस्तक **'7 हेबिट्स ऑफ हाईली पीपुल'** में पहली आदत **'प्रोएक्टिव'** को बतलाते हुए कहते है कि You are the creator of future. आप में अपने भविष्य को बनाने की हर शक्ति मौजूद है तथा दूसरी हेबिट 'Begin with end in mind' में बतलाते है कि हर वस्तु की रचना दो स्तरों पर होती है। पहली बौद्धिक स्तर पर दूसरी भौतिक स्तर पर।

प्रायःकर प्रथम रचना की जिम्मेदारी हम स्वंय नही लेते, यानी बुद्धि योग का कोई प्रयोग नही करते और यह रचना या तो भूतकाल के अनुभव से बन जाती है या आस–पड़ौस के लोग बना देते है या माता–पिता आदि बना देते है। यानी इस प्रथम रचना की जिम्मेदारी स्वंय को लेनी होगी। वर्तमान में यही बुद्धि योग है। प्रथम रचना की जिम्मेदारी स्वंय को लेनी होगी और यह Re-scripting की तरह होगा। यानी कि पहले वाली रचना को निरस्त कर दूसरी रचना स्थापित करनी होगी।

जैसे कि किसी मकान को बनाने हेतु ब्ल्यू प्रिंट (प्रथम बौद्धिक रचना) बनाया जाता है। यही महत्वपूर्ण है। फिर तो अनपढ़ मिस्त्री और मजदूर ही मकान को खड़ा कर देते है।

जो लोग बीलिनियर बनना चाहते है, आध्यात्मिक रूप से समृद्ध होना चाहते है। किसी क्षेत्र विशेष में कीर्तिमान स्थापित करना चाहते है, उनको मेरा परामर्श है कि वो अपनी प्रथम रचना को पुनर्स्थापित करें ताकि जीवन में वही भौतिक घटना घटे जो आप चाहते है। आज के संदर्भ में यही बुद्धि योग है।

NOTES (जो बातें आपके हृदय को छू गई है)

1. ______________________________

2. ______________________________

3. ______________________________

4. ______________________________

5. ______________________________

6. ______________________________

7. ______________________________

8. ______________________________

9. ______________________________

10. ______________________________

11. ______________________________

12. ______________________________

13. ______________________________

14. ______________________________

15. ______________________________

16. ______________________________

17. ______________________________

18. ______________________________

19. ______________________________

20. ______________________________

21. ______________________________

22. ______________________________

23. _______________________________

24. _______________________________

25. _______________________________

NOTES (जो निर्णय आपने अपने जीवन में लेने हेतु तय किये है)

26. _______________________________

27. _______________________________

28. _______________________________

29. _______________________________

30. _______________________________

31. _______________________________

32. _______________________________

33. _______________________________

34. _______________________________

35. _______________________________

36. _______________________________

37. _______________________________

38. _______________________________

39. _______________________________

40. _______________________________

41. _______________________________

42. _______________________________

43. _______________________________

44. ____

45. ____

46. ____

47. ____

48. ____

49. ____

50. ____

अध्याय – 29

शारीरिक बुद्धिमत्ता की अद्भुत क्षमता – एक कहानी

इंसान का शरीर एक जबरदस्त संगठनात्मक इकाई है। उसमें खरबों सेल्स है। बीसियों तंत्र है। जैसे पाचन तंत्र, रूधिर परिवहन तंत्र, उत्सर्जन तंत्र आदि–आदि। जबरदस्त समन्वित टीम है। संवाद कौशल सेल्स के बीच, टिश्यूज के बीच, ओर्गन्स के बीच, जबरदस्त है।

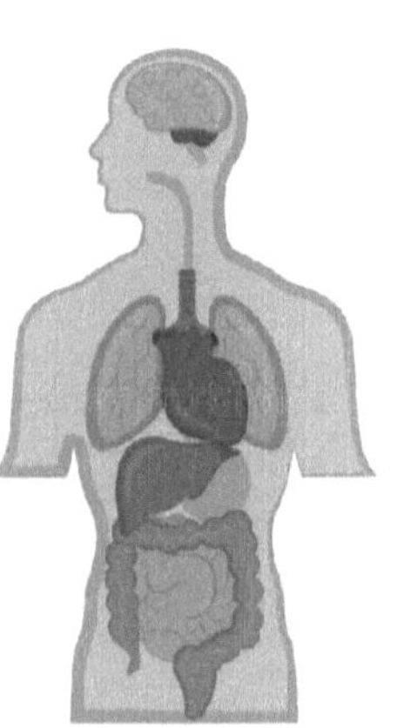

शरीर के रोम–रोम में मेमोरी बसती है और मेमोरी के ट्रांसफिरेन्स में जबरदस्त महारत है।

शरीर के सेल्स की व टिश्यूज की बनने, टूटने, खत्म होने की अपनी एक प्रक्रिया है। शरीर के सेल्स कुछ तीन महिने बाद समाप्त हो जाते है, कुछ छः महिने बाद तो कुछ बारह महिने बाद। लेकिन कुछ बीमारियां व्यक्ति के लम्बी अवधि तक चलती है। जब वो सेल्स ही खत्म हो गये, जिनकी उपस्थिति में बीमारी बनी थी तब फिर वो बीमारी शरीर में मौजूद कैसे रहती है?

अद्भुत प्रक्रिया है कि सेल्स मरने से पहले अपनी मेमोरी नये सेल्स को ट्रांसफर करते जाते है। इसलिए बीमारी शरीर से विदा नही होती।

मस्कुलर मेमोरी

बचपन में जिन लोगों ने साईकिल चलानी सीखी, वो जीवन भर साईकिल चलाना नही भूलते। क्योंकि साईकिल चलाना उनकी मस्कुलर मेमोरी में आ गया। जब अभ्यास के कारण कोई चीज मसल्स में आ जाती है तो फिर व्यक्ति उसे कभी भूलता नही है।

शारीरिक बुद्धिमत्ता को बढ़ाने के उपाय

इंसान के शरीर को मंदिर कहा जाता है। इसके अंदर परम पिता परमात्मा रहते बताते है। अतः अलग–अलग समय पर शारीरिक बुद्धिमत्ताओं को बढ़ाने हेतु अलग–अलग प्रकार के प्रयास किये गये, जिनमें निम्न कुछ इस प्रकार हैः–

1. **हठयोगियों द्वारा शारीरिक बुद्धिमत्ता का विकासः–** कुछ लोग शारीरिक व्यायाम, आसन आदि करते है। हठयोगियों ने अनेक आसन बताये है, जिनसे शरीर की लचक, शरीर की स्टेमिना बढ़ जाती है व बीमारियां दूर हो जाती है। हठयोगी इन आसनों का इतना अधिक अभ्यास कर लेते है कि वो चमत्कार की तरह नजर आते है।

जैसे कि आपने **बाबा रामदेव** को टी.वी. आदि पर देखा होगा कि वो अनेक प्रकार के आसनों को इस तरह से करते है कि बिल्कुल चमत्कारिक बातें नजर आती है।

वर्तमान योग आसन आदि से ही सम्बंधित है।

वर्तमान समय में जो योग किये जा रहे है, उनमें शारीरिक व्यायाम, आसन तथा प्राणायाम से सम्बंधित क्रियाएं ही है।

श्री श्री 108 रविशंकर जी भी सुदर्शन क्रिया के नाम से एक प्राणायाम की क्रिया करवाते है।

राम मूर्ति की कहानी

अंग्रेजों के समय की बात है। एक गांव में एक बच्चा अपनी विधवा मां के साथ रहता था। उनके एक गाय थी। गाय ब्याई तो बछड़े को जन्म दिया। गाय दूध देती थी। कुछ दूध को वो विधवा बेच देती थी, कुछ बछड़ा पी लेता था, तो कुछ अपने बेटे राम मूर्ति को पीला देती थी।

छोटे बच्चे को बछड़ा बड़ा प्रिय था। वो बछड़े को दूध पीलाता, फिर स्वंय पीता। फिर बछड़े को गोद में उठाता, एक बार, दो बार, तीन बार। बच्चे ने कई प्रकार के आसन आदि करके और बछड़े को गोद में उठाता था। धीरे–धीरे बछड़ा भी बड़ा हुआ और बच्चा भी बड़ा हुआ।

बच्चा करीबन 16 साल का हो गया और बछड़ा अब पूरा सांड बन गया 12 साल का। लेकिन बालक राम मूर्ति अब युवक राम मूर्ति बन गया और वो उस सांड को वैसे ही उठाता था जैसे बचपन में उठाता था। सांड को उठाकर कई प्रकार के आसन आदि करता था।

एक दिन उसके गांव से एक अंग्रेज सैनिक गुजरा। उसने राम मूर्ति को सांड को उठाते हुए देखा और कई तरह के आसन करते हुए देखा। वो तो दंग रह गया। उस लड़के से पूछा कि तुम कौन हो? तुम्हारे परिवार में कौन है? उसने कहा कि मेरे परिवार में मैं हूं, मेरी मां है और एक यह सांड है।

वो अंग्रेज राम मूर्ति की मां से बातचीत करके राम मूर्ति को ट्रेनिंग देने हेतु अपने साथ ले गया। अंग्रेज ने कहा कि यदि तुम सांड को इस तरह आसानी से उठा सकते हो तो तुम ट्रेन को भी रोक सकते हो। अतः अंग्रेज ने एक समारोह करवाया जिसमें चलती हुई ट्रेन के आगे राम मूर्ति को खड़ा किया गया और राम मूर्ति ने उस मालगाड़ी के डिब्बे व इंजन को आगे बढ़ने से रोक दिया।

इंसान के शरीर में इतनी ताकत है कि यदि उसको अभ्यास कराया जाये तो वो ट्रेन को रोकने में भी सक्षम हो जाता है। इसीलिये मनोवैज्ञानिक कहते है कि इस शरीर में अनंत क्षमताएं व अनंत सम्भावनाएं है।

2. **खेलों में प्रशिक्षित किया जानाः–** विभिन्न प्रकार के शरीरिक खेलों में व कुश्ती, बॉक्सिंग आदि में भी लोग अपनी शारीरिक क्षमताओं को बहुत अधिक बढ़ा लेते है।

हमारा यहां आशय सिर्फ सामान्य व्यक्ति अपनी बुद्धिमत्ता को किस तरह से बढ़ाये? वही तक सीमित है।

शारीरिक बुद्धिमत्ता को बढ़ाने हेतु एक सामान्य व्यक्ति निम्न उपाय फिर सकता है।

1. प्रतिदिन 20 मिनट व्यायाम आदि करें ताकि बदन लचीला बना रहे तथा स्टेमिना बढ़ जायें और बदन आलसी ना बने।

2. शरीर को संतुलित आहार दे। इसके बारे में काफी जागरूक होने की जरूरत है कि समझदारी व विवेक के साथ शरीर को भोजन देना चाहिये। इसकी जानकारी डॉयटिशियन आदि से की जा सकती है।

3. **रिलेक्सेसनः–** शरीर को थोड़ी देर रिलेक्स दिया जाये, तनाव रहित किया जाये और हेतु कोई ध्यान की प्रक्रिय। की जा सकती है।

शारीरिक रिलेक्सेसन की एक विधि मैं सुझा सकता हूं जो बड़ी प्रभावकारी है।

जमीन पर आराम से लेट जायें अथवा कुर्सी पर आराम से बैठ जायें। आंखे बंद कर ले। एक गहरी सांस ले और छोड़ दे। दुबारा फिर एक गहरी सांस ले और छोड़ दे। फिर बंद आंखो से अपने पांव के अंगूठों को देखें और मन ही मन कहें कि मेरे अंगूठे शिथिल हो रहे है, तनाव रहित हो रहे है। उसके बाद मेरी पगथलियां शिथिल हो रही है व तनाव रहित हो रही है। मेरी पिण्डलियां रिलेक्स हो रही है और तनाव रहित हो रही है। मेरे घुटने रिलेक्स हो रहे है और तनाव रहित हो रहे है। मेरी जांघे रिलेक्स हो रही है और तनाव रहित हो रहे है। मेरा पेट व सीना रिलेक्स हो रहा है और तनाव रहित हो रहे है। मेरे दाहिने हाथ का पंजा रिलेक्स हो रहा है और तनाव रहित हो रहा है। मेरी दाहिने हाथ की बाहें, कंधे रिलेक्स हो रहे है और तनाव रहित हो रहे है। मेरे बायें हाथ का पंजा रिलेक्स हो रहा है और तनाव रहित हो रहा है। मेरे दांये हाथ का पंजा और कंधा रिलेक्स हो रहा है और तनाव रहित हो रहा है। मेरी कमर, पीठ रिलेक्स हो रही है और तनाव रहित हो रही है। मेरा गला रिलेक्स हो रहा है और तनाव रहित हो रहा है। मेरा चेहरा रिलेक्स हो रहा है और तनाव रहित हो रहा है। मेरा सिर रिलेक्स हो रहा है और तनाव रहित हो रहा है। मेरा पूरा बदन पूरी तरह रिलेक्स हो गया है और तनाव रहित हो गया है। इस अवस्था में थोड़ी देर शव (मृत शरीर) की तरह रहे। फिर धीरे–धीरे बांई करवट लेते हुए उठे और बैठ जाये तथा धीरे–धीरे आंखे खोले। थोड़ी देर खुली आंखों से अपने पूरे शरीर को देखे और रिलेक्स्ड शरीर पाकर गर्वित हो, प्रसन्नचित हो।

इस अभ्यास को यदि 10 मिनट प्रतिदिन किया जाये तो शरीर के सारे स्ट्रेस दूर हो जायेंगे। सम्भव है कि असाध्य बीमारियां भी शरीर को छोड़ जाये।

4. **निद्राः–** प्रतिदिन 6–7 घंटे रिलेक्स होकर सोयें। सोने से पहले ऐसा ख्याल करें कि आप पूरी तरह शांत है और ईश्वरीय प्रकाश में अपने आपको सोया हुआ पा रहे है और इसी आनन्ददायक स्थिति में नींद में चले जायें।

उपरोक्त चारों तरीके से शरीर को स्वस्थ रखा जा सकता है। यदि जिम आदि में एक्सरसाईज की जाती है अथवा हठयोगियों आदि के आसन किये जाते है तो उनसे अतिरिक्त लाभ मिलने की सम्भावना है।

योग में इंसान के भौतिक शरीर को सबसे अधिक महत्वपूर्ण बताया है। जीवन में शरीर का महत्व तो है ही। जो लोग बीमार रहते है, जिनके शरीर दुर्बल है, वो प्रायकर परावलम्बी होते है।

जो व्यक्ति अपने शारीरिक कार्यों को स्वतः कर सकता है व अपनी जीवन चर्या को ठीक प्रकार से चलाता है तो ऐसे व्यक्ति को शारीरिक रूप से आत्म निर्भर कहा जा सकता है।

परस्पर शारीरिक रूप से आत्म निर्भरता

एक व्यक्ति शारीरिक रूप से आत्म निर्भर है। वो यह बात जानता है। लेकिन वो यह चाहता है कि दूसरा व्यक्ति भी आत्म निर्भर हो तो दोनों की शारीरिक क्षमताएं मिलकर कार्य करें तो कार्य दुगुना अथवा उससे कई गुना अधिक हो सकता है।

स्टीफन आर कोवी ने अपनी छठी आदत में इसको सिनर्जी के रूप में बताया है। यानी कि जब दो शरीर मिलकर काम करेंगे तो एनर्जी कई गुना ज्यादा बढ़ जाती है।

आत्म अनुशासन

यदि शरीर को नियमित व्यायाम आदि कराया जाये तो शरीर में व्यायाम आदि करने की आदत बन जाती है और शरीर में अनुशासन बन जाता है। इस विश्व में जितने बड़े लोग हुए है, जितने बड़े कार्य किये है, उन सबने अनुशासन को अपने अंदर विकसित किया।

Alignment of Physical Bodies

जब कई व्यक्ति मिलकर शारीरिक रूप से कोई कार्य करते है तो उनकी कार्य क्षमताएं कई गुना बढ़ जाती है। इसी से टीम का निर्माण होता है और इसी से संगठन बनता है।

विश्व में जिन लोगों ने बड़े कार्य किये है, उन्होनें लोगों को जोड़ा और संगठन बनाया। कहावत भी है कि **'संघे शक्ति कलयुगे'** यानी कलयुग में संगठन में ही शक्ति है।

शरीर की संरचनाः– इंसान का शरीर अद्भुत संरचना है। यह एक फौजी ब्रिगेड़ की तरह है। इसमें हर सेल के अंदर एक डी.एन.ए. है। वैज्ञानिकों का कहना है कि इंसान के 90 प्रतिशत डी.एन.ए. तो सोयें पड़े रहते है।

यदि आसन आदि के जरिये इन चंद डी.एन.एज को जाग्रत कर लिया जाये तो व्यक्ति की शारीरिक क्षमता कई गुना बढ़ जाती है।

अब तो अर्न्तराष्ट्रीय स्तर पर यू.एन.ओ. ने व्यक्ति की शारीरिक क्षमता को बढ़ाने व कायम रखने हेतु 21 जून को 'योग दिवस' के रूप में स्वीकार किया है।

जो व्यक्ति बीलिनियर बनना चाहते है, अपने जीवन के किसी क्षेत्र विशेष में सफल होना चाहते है अथवा किसी क्षेत्र में कीर्तिमान स्थापित करना चाहते है तो उन्हें अपनी शारीरिक बुद्धिमता को कायम रखना चाहिये तथा इसको बढ़ाना भी चाहिये ताकि अपनी सफलता में शारीरिक बुद्धिमत्ता भी अपना योगदान कर सके।

NOTES (जो बातें आपके ह्रदय को छू गई है)

1. ____

2. ____

3. ____

4. ____

5. ____

6. ____

7. ____

8. ____

9. ____

10. ____

11. ____

12. ____

13. ____

14. ____

15. ____

16. ____

17. ____

18. ____

19. ____

20. ____

21. ____

22. ____

23. _______________________________

24. _______________________________

25. _______________________________

NOTES (जो निर्णय आपने अपने जीवन में लेने हेतु तय किये है)

26. _______________________________

27. _______________________________

28. _______________________________

29. _______________________________

30. _______________________________

31. _______________________________

32. _______________________________

33. _______________________________

34. _______________________________

35. _______________________________

36. _______________________________

37. _______________________________

38. _______________________________

39. _______________________________

40. _______________________________

41. _______________________________

42. _______________________________

43. _______________________________

44. ____

45. ____

46. ____

47. ____

48. ____

49. ____

50. ____

अध्याय – 30

आत्मिक बुद्धिमत्ता की अद्भुत कहानी

एक बार भगवान बुद्ध एक पेड़ के नीचे अपने बहुत से भिक्षुओं को शिक्षा दे रहे थे। तभी एक व्यक्ति आया जो नास्तिक था, जबकि बुद्ध के पास बैठे हुए सभी भिक्षुक आस्तिक थे। आस्तिक का अर्थ है जो ईश्वर की विद्यमानता को स्वीकार करें और नास्तिक वो है जो ईश्वर की विद्यमानता को अस्वीकार करें।

वो व्यक्ति भी नास्तिको के एक बड़े समूह का नेता था। लेकिन उसे अंदर ही अंदर एक भय खाये जा रहा था कि यदि मैं गलत हो गया तो नर्क में डाला जाऊंगा। यद्यपि मुझें पूरा विश्वास है कि ईश्वर नही है। लेकिन हो गया तो फिर बख्शा नही जाऊंगा। इसलिए क्यों नही मैं गौतम बुद्ध से यह बात पूछू? अतः पेड़ की ओट में खड़े होकर जोर से बोला कि बताये ईश्वर नही है ना? मैं नास्तिक हूं, मैं ईश्वर को नही मानता।

गौतम बुद्ध ने उत्तर दिया कि बिल्कुल नही है। ईश्वर है ही नही। तुम नास्तिक हो, बिल्कुल ठीक हो। अपने पक्ष में बात सुनकर वो व्यक्ति खुश हो गया। क्योंकि उसे गौतम बुद्ध का भी समर्थन मिल गया। लेकिन जो भिक्षु गौतम बुद्ध के यहां बैठे हुए थे, वो भी अधरझूल में थे कि ईश्वर है या नही है। अतः गौतम बुद्ध की वाणी सुनी कि ईश्वर नही है, यह सुनकर खुश हो गये और संशय रहित हो गये।

अगले सप्ताह फिर गौतम बुद्ध का सत्संग हुआ जिसमें अनेक भिक्षु बैठे हुए थे। एक ऐसा व्यक्ति जो आस्तिक था जो बरसों से ईश्वर की आराधना करता था। उसके दिमाग में आया कि हो सकता है कि ईश्वर नही हो? अतः मेरा बरसो आराधना करना व्यर्थ हो गया हो। इसलिए मुझे भी गौतम बुद्ध से पूछ लेना चाहिये।

वो व्यक्ति आस्तिकों के समूह का नेता था। अतः गौतम बुद्ध के पास में जाने से उसका रूतबा कम होता था। इसलिए वो पेड़ के पीछे जाकर छिप गया और बोला कि बताईये क्या ईश्वर है? मैं आस्तिक हूं। गौतम बुद्ध ने जवाब दिया कि बिल्कुल है। तुम आस्तिक हो तो अच्छी बात है।

गौतम बुद्ध के पास बैठे हुए भिक्षुक लोग पुनः भ्रमित हो गये कि फिर सत्य क्या है? ईश्वर है या नही है?

गौतम बुद्ध का अंतिम संदेश

गौतम बुद्ध को जब ज्ञान प्राप्त हो गया और प्रचार करते समय काफी समय हो गया तो एक जगह उनसे यह प्रश्न पूछा गया कि आपको सत्य का दर्शन हो गया, तो क्या हुआ? आपके पास धन की वृद्धि हुई? गौतम बुद्ध ने कहा बिल्कुल नही। क्या आपके शिष्यों में वृद्धि हुई? गौतम बुद्ध ने कहा बिल्कुल नही। तो फिर ज्ञान प्राप्त करने से हुआ क्या?

गौतम बुद्ध ने उत्तर दिया। मैं जग गया, मैं होश में आ गया। ईश्वर होना या नही होना इन दोनों से उपर उठ गया। महानिर्वाण की स्थिति में आ गया।

इस सम्बंध में एक मोटिवेशनल स्पिकर का कथन है कि आप अपने लक्ष्य को पूरा करने में समर्थ हो सकते हो अथवा नही हो सकते हो, दोनों सही है। जो लक्ष्य पूरे करने के विश्वास के साथ लक्ष्य पूरे करने में लगेगा, वो सफल होगा और प्रतिबद्ध होकर सफलता हेतु नही लगेगा, प्रकृति उसे स्वतः ही असफल कर देगी। अतः सफल होंगे या नही होंगे, चुनाव आपका है।

आत्मिक बुद्धिमत्ता का महत्व

1. हर इंसान को आत्म अवलोकन की शक्ति मिली हुई है। इसके तहत व्यक्ति अपने अंदर झांकता है तो उसे मालूम चलता है कि उसके विश्वासों में, आज की भाषा में कहे तो उसके सोफ्टवेयर में जो–जो

पैटर्न है, उन्ही के अनुरूप वो कार्य करता है। जिसकी आत्मिक बुद्धि बढ़ जाती है, वो व्यक्ति अपने आपको अंदर से समझता है। वो अपनी छवी अपने आंतरिक विश्वासों से बनाता है।

2. आत्मिक बुद्धिमत्ता वाला दूसरो से मान्यता प्राप्त करने में दिलचस्पी नही रखता। उसको मान्यता अंदर से प्राप्त होती रहती है।

3. आत्मिक बुद्धि वाला व्यक्ति बाह्य सुरक्षा के के भरोसे नही रहता, बल्कि उसकी सुरक्षा उसको अंदर से मिलती है।

4. आत्मिक बुद्धि वाला व्यक्ति बाहर से मार्गदर्शन प्राप्त करने के बजाय अंदर से मार्गदर्शन प्राप्त करता है।

5. आत्मिक बुद्धि वाला व्यक्ति बाह्य संसाधनों से शक्ति प्राप्त करने के बजाय अपने अंदर से शक्ति प्राप्त कर शक्तिवान होता है।

आत्मिक कृपा हर वक्त बरसती रहती है

कुछ लोग अपने अंतःकरण को पवित्र कर लेते है तो उन्हें अहेतु की कृपा जो सर्वत्र बरसती रहती है, उसका अहसास होने लगता है और वो पूरी तरह कृपा से अभिभूत हो जाते है। आत्मिक बुद्धिमत्ता से सम्पन्न व्यक्ति प्रसन्नचित रहता है, प्रफुल्लित रहता है और शांत रहता है। यद्यपि उसके जीवन में भी तुफान आते है, लेकिन बिना उसे प्रभावित किये चले जाते है, समस्याएं आती है, चली जाती है, लेकिन उसका केन्द्र जो है वो शान्ति, आनंद, समृद्धि, उत्साह से भरा रहता है।

क्या दूसरों को दूषित विचार इंसान को प्रभावित करते है
इस विषय में मैं आपको तीन दिलचस्प घटनाएं सुनाना चाहूंगा।

घटना नं. 1:– एक आत्म पुरूष थे। वो सत्संग में ध्यानादि करवा रहे थे। हजारों लोग उस समय सत्संग में बैठे हुए थे। वो आत्म पुरूष अंतःकरण से शान्ति व आनंद की तरंगो को आकर्षित करते और अपने सत्संगियों पर बारिश करते थे।

एक दिन उन्होनें अपने सत्संग में पाया कि बराबर प्रयत्न करने के बावजूद भी शान्ति व आनंद की स्थिति नही बन रही थी। लोगों ने आंखे बंद कर रखी थी, ध्यान में लगे हुए थे लेकिन किसी का भी ध्यान नही लग रहा था।

आत्म पुरूष उठे और सत्संगियों के बीच में जाकर देखने लगे तो एक सत्संगी के पास में उन्हे ए.के.–47 दिखाई दी। उन्होनें अपने लोगों से कहा कि इसको उठाकर सत्संग के प्रांगण से बाहर रख दो। फिर आकर ध्यान कराने बैठ गये। पूरे सत्संग मण्डल में अनायास ईश्वर की कृपा व शान्ति की अनुपम बारिश होने लगी।

जब सत्संग खत्म हो गया तो आत्म पुरूष ने उस व्यक्ति को बुलाया जिसके पास ए.के. 47 रखी हुई थी। उससे पूछा कि यह ए.के. 47 तुम्हारे पास कहां से आई? और क्यों ले रखी है? उसने कहा कि यह मेरी नही है। एक व्यक्ति आया था। उसने मुझसें कहा कि इसकी सुरक्षा करना और इसे मेरे पास छोड़ कर चला गया। बाद में वहां पुलिस आई और पता चला कि वह बड़ा हत्यारा था।

यानी कि अगर दूषित लोगों की चीज भी अगर कही रह जाती है, तो वो भी व्यक्ति के आंतरिक स्तर को प्रभावित करती है।

घटना नं. 2:– ऋषिकेश की बात है। एक साधिका थी जो कई वर्षों से लड़कियों को आध्यात्मिक शिक्षा दे रही थी। सभी लड़कियां पवित्रता के साथ शिक्षा ले रही थी। जो प्रशिक्षिक साधिका थी, वो शादीशुदा थी, उसके दो बच्चे भी थे। कई दिन हो गये थे, पति से अलग रह रही थी। एक दिन अचानक पति का पत्र मिला और वो उस पत्र को पढ़कर खो गई।

प्रातःकाल सभी लड़कियां ध्यान में बैठी तो एक लड़की अलग से अपनी प्रशिक्षिका के पास आई और बोली मैं पूरी तरह पवित्रता से यहां रहती हूं लेकिन रात्रि में मुझें ऐसा महसूस हुआ कि किसी लड़के के साथ मैं विहार कर रही हूं।

प्रशिक्षक साधिका तत्काल समझ गई और वो अपने कमरे में गई। अपने पति का पत्र निकाल कर उसे फाड़ा और उसे जला दिया। फिर बाहर आकर उस लड़की से बोली कि जाओं अब यह सब नही होगा। अब दुबारा यह घटना नही घटेगी।

जब लड़कियों की दीक्षा पूरी हो गई तो दीक्षांत समारोह के दिन प्रशिक्षिका ने ये बात बतलाई कि विचारों का प्रभाव पड़ता है। मेरे पति के पत्र आने से मैं कामुक हुई और मेरी कामुकता का प्रभाव मेरी छात्राओं में भी अदृश्य में हो चला।

घटना नं. 3ः– एक सूफी संत थे। बड़े पहुंचे हुए थे। उनके कई शिष्य थे। लेकिन एक शिष्य था। वो किसी अन्य गोरख सम्प्रदाय के संत के यहां भी जाता रहता था। एक दिन वो आया और बोला कि मुझें लगता है कि मेरी सारी आध्यात्मिक शक्ति छीन ली गई है। मैं बेचेन हो रहा हूं और आम आदमी की तरह दुःखी हो रहा हूं।

सूफी संत ने कहा कि क्या तुम किसी साधु, सन्यासी या योगी से इन दिनों में मिले हो क्या? तो वो बोला कि हां, मैं हमारे पारिवारिक गोरख सम्प्रदाय के गुरू से मिलने गया था।

सूफी संत ने कहा कि आप बैठो, आंखे बंद करके यह ख्याल करों कि आप नही हो। मात्र आत्मा बैठी हुई है। अपने आपको शरीर से, प्राणों से, बुद्धि से और अहंकार से परे कर लो। आत्मस्वरूप होकर बैठ जाओं। वो व्यक्ति 10 मिनट तक ऐसे ही बैठा रहा और फिर उसकी पुनः आध्यात्मिकता लौट आई।

उधर गोरख सम्प्रदाय के योगी के यहां सुनने में आया कि वो बेहोश हो गये। जब समय आदि मालूम किया तो पता चला कि जब वो व्यक्ति अपने आपकों आत्ममय कर रहा था। तभी उसमें से एक काला धुआं निकला और उस गोरख व्यक्ति के अंदर जाकर घुस गया और उसे बेहोश कर दिया।

इस पर सूफी संत के शिष्य ने पूछा कि इसका अर्थ यह है कि हम किसी अन्य दूसरे संत, सन्यासी आदि से मिल ही नही सकते। वो हम पर निगेटिविटी डाल देते है। नही मिलने में कोई बुराई नही है लेकिन जब मिलो, तो अपने आपको होश में रखो, जगे हुए रहों।

प्रायःकर लोग आत्म लोक तो क्या सामान्य जीवन में भी बेहोशी में ही काम करते रहते है। भगवद्गीता में **श्रीकृष्ण** ने एक श्लोक कहा है–

ईश्वरः, सर्वभूतानाम्, हृद्देशे, अर्जुन, तिष्ठति,

भ्रामयन्, सर्वभूतानि, यन्त्रारूढानि, मायया।।61।।

अनुवाद: ;अर्जुन) हे अर्जुन! (यन्त्रारूढानि) शरीररूप यन्त्रामें आरूढ़ूत्र(सर्वभ ूतानि) सम्पूर्ण प्राणियोंको (ईश्वरः) अन्तर्यामी ईश्वर (मायया) अपनी मायासे उनके कर्मोंके अन ुसार (भ्रामयन्) भ्रमण करवाता हुआ (सर्वभूतानाम्) सब प्राणियोंके (हृद्देशे) हृदयमें (तिष्ठति) स्थित है। (61द्ध

यहां ईश्वर से तात्पर्य आपके सोफ्टवेयर की संरचना से है। आपके सोफ्टवेयर में जो पैटर्न है, वो आपको जबरन यंत्रवत चलाते रहते है।

आत्मिक बुद्धिमत्ता सम्पन्न व्यक्ति इन पैटर्न्स को अपने हिसाब से पुर्नविन्यासित कर लेता है।

आत्म बुद्धमत्ता पूर्ण व्यक्ति अंतरीय जगत से आनंद, शान्ति, समृद्धि के परमाणुओं को खींचता है और इस जगत में प्रसारित करता है। उसका यही काम है व आर्शीवाद प्रदान करना।

पातंजल ने योग सूत्र में लिखा है कि **'वीतरागविषयं वा चित्तम्'** ऐसे वीतरागी पुरूष जो राग–अनुराग यानी कि प्रेम और नफरत दोनों से ऊपर उठे हुए है। ऐसे वीतरागी पुरूष का चिंतन करने से साधक भी वीतरागी बन जाता है। यहां पर वीतराग का अर्थ वैराग्य नही है बल्कि अध्यात्म व दुनियां दोनों में भरा पूरा होना है। यानी दुनियां में समृद्ध, समर्थ तथा अध्यात्म में मुकम्मिल ।

जो लोग बीलिनियर बनना चाहते है, अथवा जीवन में सफल होना चाहते है अथवा किसी क्षेत्र विशेष में कीर्तिमान स्थापित करना चाहते है। वो ऐसे आत्म पुरूष से सम्पर्क कर अपनी बुद्धिमत्ता के स्तर को ऊंचा कर सकते है और सफलताएं सुगमता से पा सकते है।

NOTES (जो बातें आपके हृदय को छू गई है)

1. ______________________________
2. ______________________________
3. ______________________________
4. ______________________________
5. ______________________________
6. ______________________________
7. ______________________________
8. ______________________________
9. ______________________________
10. ______________________________
11. ______________________________
12. ______________________________
13. ______________________________
14. ______________________________
15. ______________________________
16. ______________________________
17. ______________________________
18. ______________________________
19. ______________________________
20. ______________________________
21. ______________________________
22. ______________________________

23. _______________________________

24. _______________________________

25. _______________________________

NOTES (जो निर्णय आपने अपने जीवन में लेने हेतु तय किये है)

26. _______________________________

27. _______________________________

28. _______________________________

29. _______________________________

30. _______________________________

31. _______________________________

32. _______________________________

33. _______________________________

34. _______________________________

35. _______________________________

36. _______________________________

37. _______________________________

38. _______________________________

39. _______________________________

40. _______________________________

41. _______________________________

42. _______________________________

43. _______________________________

44. ____

45. ____

46. ____

47. ____

48. ____

49. ____

50. ____

अध्याय – 31

मेरे अपने अद्भुत अनुभव

मेरी परवरिश ऐसे परिवार में हुई जहां भक्ति भाव का माहौल था और मेरे स्व. पिताजी नित्य प्रातःकाल व सांयकाल गायत्री की उपासना करते थे। भगवद्गीता का रोजाना अध्ययन करते थे। मेरी स्व. माताजी भी भगवद्गीता की हिन्दी टीका का रोजाना पठन करती थी।

मैनें अपने पिताजी को एक भी दिन ऐसा नही देखा कि उन्होनें प्रातःकाल नहा–धोकर गायत्री संध्या, उपासना व भगवद्गीता का पठन ना किया हो। लेकिन मैनें उनके व्यवहार में ऐसा कोई परिवर्तन नही पाया। अतः मुझें यह लगता था कि गायत्री मंत्र व गीता पढ़ने से जीवन में कोई बदलाव नही आता है। मैं उनसे कई बार गीता आदि के श्लोकों पर चर्चा करता लेकिन वो सामान्य व्यक्ति की तरह अर्थ बतला देते।

लेकिन एक दिन मैं उनके पास बैठा था और मैनें उनसे पूछा कि **श्रीकृष्ण** का क्या अर्थ। उन्होनें **श्रीकृष्ण** का ऐसे वर्णन किया जैसे कि साक्षात उन्हें देखा हो। भगवद्गीता के श्लोंको पर भी उन्होनें मार्मिक विवेचन किया। मुझें लगा कि यह कैसे हुआ? अचानक यह परिवर्तन। उनके जीवन में भगवद्गीता खुल गई व भगवद्ता दिखाई देने लगी। लेकिन फिर वो अधिक दिन जीवित नही रहे। कुछ सप्ताह बाद ही उनका स्वर्गवास हो गया।

इससे मैं यह समझ पाया कि भगवद्गीता में जो लिखा हुआ है कि मृत्यु के समय जैसे गति होती है, वैसी आगे आपको योनी मिलती है। मैं उनके व्यवहार में हुए परिवर्तन से इतना प्रभावित हुआ कि मैनें भगवद्गीता को

कंठस्थ करने की ठान ली। कुछ श्लोक तो मैनें जीवन में उतार लिये। जैसे—

तम्, एव, शरणम्, गच्छ, सर्वभावेन, भारत,

तत्प्रसादात्, पराम्, शान्तिम्, स्थानम्, प्राप्स्यसि, शाश्वतम्।।62।।

अनुवाद: (भारत) हे भारत! तू (सर्वभावेन) सब प्रकारसे (तम्) उस परमेश्वरकी (एव) ही (शरणम्) शरणमें(गच्छ) जा। (तत्प्रसादात्) उस परमात्माकी कृपा से हीत ू (पराम्) परम (शान्तिम्) शान्तिको तथा (शाश्वतम्) सदा रहने वाला सत (स्थानम्) स्थान/धाम/लोक को अर्थात् सत्लोक को (प्राप्स्यसि) प्राप्त होगा। (62द्ध

इस श्लोक को मैनें ह्यंदगम कर लिया। परिणाम यह रहा कि मेरे जीवन में शान्ति और प्रसन्नता रहने लगी।

एक बार एक महापुरुष किसी शंका का समाधान कर रहे थे। वो बोले कि मैनें सबकुछ बतला दिया है लेकिन आपको सही लाभ तो 'मामेकम शरणम् बृज' से होगा। उनकी आवाज सुनकर मुझें ऐसे लगा कि वो मेरे शरीर के रोम–रोम में 'मामेकम शरणम् बृज' वाक्यांश उतर गया। पूरा श्लोक निम्न प्रकार है—

सर्वधर्मान्, परित्यज्य, माम्, एकम्, शरणम्, व्रज,

अहम्, त्वा, सर्वपापेभ्यः, मोक्षयिष्यामि, मा, शुचः।।66।।

अनुवाद: गीता अध्याय 18 श्लोक 62 में जिस परमेश्वर की शरण में जाने को कहा है इस श्लोक 66 में भी उसी के विषय में कहा है कि (माम्) मेरी (सर्वधर्मान्) सम्पूर्ण पूजाओंको (माम्) मुझ में (परित्यज्य) त्यागकर तू केवल (एकम्) एक उस अद्वितीय अर्थात् पूर्ण परमात्मा की(शरणम्) शरणमें (व्रज) जा। (अहम्) मैं (त्वा) तुझे (सर्वपापेभ्यः) सम्पूर्ण पापोंसे (मोक्षयिष्यामि)छुड़वा दूँगा तू(मा,शुचः)शोक मत कर। (66)

इस श्लोक से मुझें बड़ी राहत मिली। मैं राज्य सरकार में बड़े पद पर था। हम अहंकारवश कई गलत काम कर देते थे अथवा भूलवश गलत काम हो जाते थे। यानी हम कभी फुरसत में बैठकर विचारते तो लगता कि हम पाप ही पाप बटोर रहे है। लेकिन इस श्लोक ने मुझें उचित समाधान दिया कि तुम कितना ही पाप करों, मैं तुम्हे शुद्ध कर दूंगा, तुम निश्चिंत रहो, बस

मेरी शरण में आ जाओं यानी मेरे पक्ष में खड़े रहे, मुझें अपने साथ देखों, मेरी संगत में रहो। इस श्लोक ने मेरी काया पलट दी और मैं पाप–पुण्य से ऊपर उठ गया। जब **श्रीकृष्ण** ने वादा कर दिया तो मैं पूरी तरह आश्वस्त हो गया कि कुछ भी करों पर तुम्हारी नीयत अच्छी होनी चाहिये। नीयत करके पाप भी करोंगे तो वो पुण्य में गिने जायेंगे।

जैसे कि एक शल्य चिकित्सक बीमार व्यक्ति के शरीर को चाकू से काटता है तो उसे पाप के बजाय पुण्य ही मिलता है।

कृतज्ञता

मैं अच्छे संस्कारों वाले परिवार में पैदा हुआ था लेकिन कृतज्ञता के महत्व से मैं अन्जान था। हो सकता है कि मेरी बुद्धि ने इस महत्वपूर्ण सिद्धांत को पकड़ा ना हो। लेकिन एक बार मैं **'आकषर्ण के सिद्धांत'** पर दिल्ली में वर्कशॉप में भाग लेने गया। वहां पर 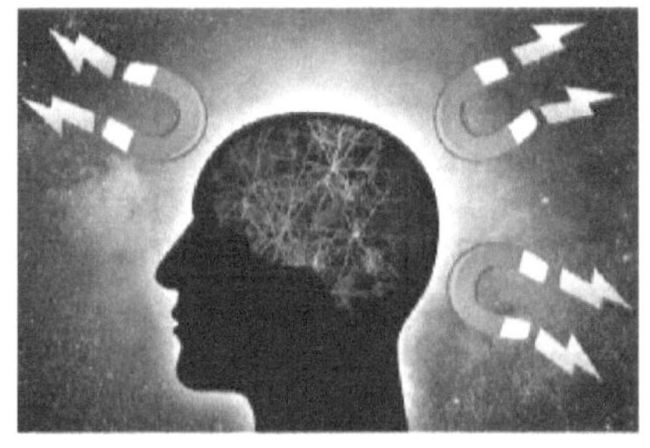 नीदरलैंड की एक महिला ने ट्रेनिंग दी थी। उसने कृतज्ञता के बारे में कई अद्भुत बातें बतलाई। उसी दिन से मैनें उनके बताये अनुसार कृतज्ञता का अभ्यास करना आरम्भ कर दिया।

जो मैनें अभ्यास किया, वो मैं आपके लाभार्थ मैं यहां वर्णन कर रहा हूं:–

नीदरलैंड की मेम ने कहा था कि आपके जीवन में जो हैप्पी इवेन्टस हुए है, उनको अपनी नोट–बुक में लिख ड़ालों और आंख बंद करके उनको एक बार एन्जोय करों। फिर उसने कहा वर्तमान समय में जो हैप्पी इवेन्ट्स आपके जीवन में घट रहे है, उनको अपनी नोट–बुक में लिख लो।

तीसरी बात उन्होनें कही जो मुझें बड़ी विस्मयकारी लगी। उन्होनें कहा कि जो जिंदगी के गोल्स है, जो भविष्य में पाना चाहते हो तथा जो भविष्य में बनना चाहते हो, दोनों को लिख लो और कृतज्ञता प्रकट करों कि यह सब जीवन में घटित हो रहे है। इसका मुझें आंतरिक शान्ति और प्रसन्नता प्राप्त करने में बड़ा लाभ रहा।

फिर मैं एक बार **रोनाल्ड रोन्डा ब्राईन** की पुस्तक **'द मेजिक'** में पढ़ा कि जो घटनाएं आपके जीवन में अप्रिय हुई, उनको भी अपनी नोट—बुक में लिख लों और कृतज्ञता प्रकट करों तथा विचार करो कि यदि वो निगेटिव घटनाएं नही घटती तो क्या आप वर्तमान के खुशनुमा माहौल में आ पाते?

मेरी समझ में आया कि जैसे कोई बीज लगाकर हम पेड़ तैयार करते है तो उसमें गोबर, खाद आदि ड़ालते है। बरा निगेटिव घटनाएं गोबर की खाद है जो आपके वृक्ष को ज्यादा फलदार बनाने हेतु आवश्यक है।

मैं लगातार कृतज्ञता प्रकट करने का अभ्यास करता हूं। प्रतिदिन प्रातःकाल उठते ही 10—15 बातों के लिए कृतज्ञ हूं, ऐसा लिखता हूं। खासकर उन बड़ी उपलब्धियों को जो मेरे जीवन में हुई है। ज्यों—ज्यों मेरा कृतज्ञता का अभ्यास बढ़ा, मुझें और ज्यादा उपलब्धियां मिलनी आरम्भ हो गई। भौतिक व आध्यात्मिक तथा मनोवैज्ञानिक तीनों प्रकार की उपलब्धियां मिलती रही है।

मैं **कृतज्ञता के सिद्धांत** से इतना अभिभूत हूं कि मैनें **'कृतज्ञता की संजीवनी'** नामक पुस्तक भी लिखी है। यह पुस्तक मैं लोगों को निःशुल्क बांट रहा हूं। क्योंकि मैनें **'द सिक्रेट'** बुक में पढ़ा है कि जितना यूनिवर्स को दिया जायेगा, वो कई गुणा होकर वापिस आपके पास लौट कर आयेगा।

मैं यह बात आपको इसलिए लिख रहा हूं कि यह जो यूनिवर्स को बांटने का सिद्धांत है, उसका मैनें परिणाम देखा है। मैनें 6 पुस्तके जो लगभग 380 पेज की है, को प्रकाशित करवाने में कामयाब हुआ हूं।

आर्शीवाद / कृपा

जब कृतज्ञता घनीभूत हुई तो मैनें पाया कि शास्त्रों में जो जीव की स्थिति लिखी है कि जो कुछ ईश्वर ने दिया है, उसके प्रति शतप्रतिशत कोई व्यक्ति कृतज्ञ हो जाये, यानी जो मिले उसे खुशी—खुशी स्वीकार करें तो उसका जीव भाव समाप्त हो जाता है। क्योंकि जीव की चरम स्थिति ही कृतज्ञता से अभिभूत होना है।

इसका परिणाम मुझें बड़ा अद्भुत नजर आया। मुझें अनंत बुद्धिमत्ता यानी परमात्म तत्व की बारिश होती हुई अनुभव होने लगी। इसको मैनें कई शंकाओं से देखा, लेकिन मुझें लगा कि पैराडाईम ही बदल गया। अब मेरी मांगने की ईच्छा, प्राप्त करने की इच्छा ही नही रही। जो मिल रहा है वो इतना ज्यादा है कि मेरी सारी मांगे छोटी पड़ गई।

मैनें कभी नही सोचा था कि मैं कभी अमेरिका में सम्मानित होऊंगा। लेकिन यह ईश्वर ने बोनस के रूप में दिया। मैनें गीता आदि में पढ़ा अवश्य था कि ईश्वर कृपा करता है, लेकिन मेरे यह बात कभी समझ में नही आई और ना ही गले उतरी। लेकिन जबसे कृतज्ञता का अभ्यास करने लगा, उसके पश्चात कृपा का निरन्तर अनुभव होता है। ये अद्भुत योग है कि कृपा/आध्यात्मिकत्ता का अनुभव बौद्धिक व आत्मिक दोनो स्तरो पर होता है।

छठी इन्द्री का विकसित होना

मैनें **'करोड़पति कैसे बने?'** पुस्तक लिखी है। उसमें मुख्यरूप से छठी इन्द्री विकसित करने की क्रियाएं बताई गई है। मैनें कई सालों पहले किसी महापुरुष से छठी इन्द्री का नाम सुना था, लेकिन मुझें कोई खास बात समझ में नही आई। मैनें **नेपोलियन हिल** द्वारा लिखी हुई पुस्तक **'थिंक एण्ड ग्रो रिच'** को कई बार पढ़ा। उसमें छठी इन्द्री का विशद विवेचन किया गया है। लेकिन मेरे यह बात गले नही उतरी क्योंकि मैं विज्ञान पढ़ा हुआ हूं। इसलिए जब तक कोई वैज्ञानिक आधार नही मिले, मैं बातों से सहमत नही होता।

लेकिन जब कृपा की बारिश अनुभव होने लगी, तब मुझें छठी इन्द्री के जागरण का पैराडाईम महसूस होने लगा। कई महिनों तक मैनें इस पर विचार विमर्श किया और आंतरिक दृष्टि से इसको परखा–निरखा। इसके बाद जब छठी इन्द्री का कायम होना और उससे लाभ होना, मुझें बार–बार स्पष्ट हुआ, तब फिर मैनें अन्य लोगों के हितार्थ छठी इन्द्री को जागृत करने की प्रक्रियाएं उक्त पुस्तक में बतलाई है।

ये मेरे अनुभव कोई अनोखे नही है। अगर आप लोग गम्भीरता से इनका अभ्यास करोंगे तो आपको भी मालामाल कर देंगे। क्योंकि ईश्वर समदर्शी है। उसके लिये सब समान है। जैसे गुरूत्वाकर्षण सबके लिए समान है। यदि

कोई अमीर व्यक्ति किसी ऊंची ईमारत से गिरेगा तो भी नीचे आयेगा और कोई गरीब गिरेगा तो भी नीचे आयेगा।

मैनें पाया और मेरी समझ में ईश्वर दृश्य और अदृश्य नियमों का समुच्चय है। कई बार कई लोगो के जीवन में कुछ चमत्कार घटित होते है। मैं चमत्कारों के पक्ष में नही हूं। लेकिन इस यूनिवर्स में घटनाएं कई सुक्ष्म व गूढ़ सिद्धांतों के अनुसार घट जाती है, जिसको इंसानी दिमाग समझ नही पाता। इसलिए उसे चमत्कार कह कर तर्कशील व्यक्ति अपना पल्ला झाड़ लेते है।

जबकि ईश्वरीय कृपा सर्वत्र बरसती रहती है। आपको क्यों नही महसूस होती? क्योंकि आपकी संवेदनशीलता व ग्रहणशीलता परमात्मा की कृपा की और नही है बल्कि उसका मुंह किसी अन्य दिशा में होता है।

एक अच्छी बात है कि आप जब भी चाहों अपनी ग्रहणशीलता, अपनी संवेदनशीलता को परमात्मा की बरसती हुई कृपा की और मोड़ सकते हो और इसका तत्काल लाभ उठा सकते हो और अपने जीवन को धन्य बना सकते हो।

NOTES (जो बातें आपके ह्रदय को छू गई है)

1. _______________________________________

2. _______________________________________

3. _______________________________________

4. _______________________________________

5. _______________________________________

6. _______________________________________

7. _______________________________________

8. _______________________________________

9. _______________________________________

10. ______________________________

11. ______________________________

12. ______________________________

13. ______________________________

14. ______________________________

15. ______________________________

16. ______________________________

17. ______________________________

18. ______________________________

19. ______________________________

20. ______________________________

21. ______________________________

22. ______________________________

23. ______________________________

24. ______________________________

25. ______________________________

NOTES (जो निर्णय आपने अपने जीवन में लेने हेतु तय किये है)

26. ______________________________

27. ______________________________

28. ______________________________

29. ______________________________

30. ______________________________

31. ____

32. ____

33. ____

34. ____

35. ____

36. ____

37. ____

38. ____

39. ____

40. ____

41. ____

42. ____

43. ____

44. ____

45. ____

46. ____

47. ____

48. ____

49. ____

50. ____

MANIFESTATION OF DIVINITY

MEMBERS OF TEAM 360 GROUP

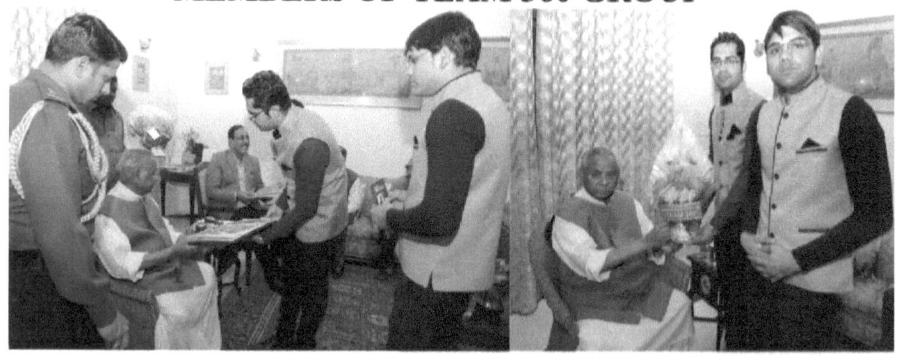

HON'BLE GOVERNOR OF RAJASTHAN & FORMER
CHIEF MINISTER U.P SHRI. KALYAN SINGH JI INVITED
SHRI VINEET & VIPUL SHARMA OF TEAM 360
TO DISCUSS THEIR INNOVATIVE PROJECTS.

Receiving Gold Star Award in USA

SHEKHAWATI GROUP OF INSTITUTIONS, SIKAR

IITERAVALLI SCHOOL, PATNA

Address by Vipul Sir

Core Group of Team 360

Franchisee Training Ceremony

TV Channels पर Support

टीम 360 ग्रुप का मिशन व उसकी उपलब्धियाँ

1. गत 10 वर्षो से छात्राओं की आंतरिक प्रतिभाओं को विकसित करने व उनको केरियर गाइडेन्स देने के क्रम में डी.एम.आई.टी., मिडब्रेन एक्टिवेशन व एडवांस वर्कशॉप्स का आयोजन किया जा रहा है।

2. 2 लाख से अधिक छात्राओं/व्यक्तियों को डी.एम.आई.टी. व मिडब्रेन के कन्सेप्ट से परिचित कराया गया।

3. 300 से अधिक प्रतिष्ठित स्कूलों के अंदर डी.एम.आई.टी. व मिडब्रेन एक्टिवेशन के वर्कशॉप्स आयोजित किये गये। वर्कशॉप्स के परिणाम अत्यंत उत्साहवर्धक रहे है।

4. 1350 से अधिक विडियोज, डी.एम.आई.टी. व मिडब्रेन आदि से सम्बंधित यूट्यूब चैनल पर ड़ाले गये है ताकि आम आदमी इन कन्सेप्ट्स का लाभ उठा सके।

5. टीम 360 ग्रुप के **चेयरमैन व सी.ई.ओ.** को डेटोना बीच (औरलेण्डो, यू.एस.ए.) में 'गोल्ड स्टार अवार्ड' से सम्मानित किया गया है।

6. सी.ओ. क्लब, दुबई द्वारा टीम 360 के **चेयरमैन व सी.ई.ओ. व डॉयरेक्टर्स विनीत शर्मा व विपुल शर्मा** को भी 'बुर्ज सी.ओ. अवार्ड' से सम्मानित करने हेतु नामांकित किया गया है।

7. 5 शानदार, सुसज्जित टीम 360 ग्रुप के ऑफिसेज है।

8. टीम 360 ग्रुप द्वारा 700 से अधिक ऑथोराईजेशन सेन्टर्स दिये गये है, जिनमे से कुछ विदेशों में भी है।

9. टीम 360 ग्रुप द्वारा 8 पुस्तकें **'माईंड सेट चेंज, स्किल सेट चेंज व टूलसेट चेंज'** हेतु लिखवाई गई है व प्रकाशित करवाई गई है ताकि आम आदमी को टीम 360 के प्रोजेक्ट का लाभ मिल सके। इसके अलावा 4 पुस्तकें इसी साल और प्रकाशित करवाई जा रही है। डी.एम.

आई.टी. व मिडब्रेन विषयों पर एकमात्र टीम 360 ग्रुप ने ही लोगों के हितार्थ पुस्तकें प्रकाशित करवाई है।

10. टीम 360 ग्रुप अपने ऑथोराईजेशन सेन्टर्स की मदद करने हेतु जाना जाता है और यह इसकी यू.एस.पी. भी रही है।

11. टीम 360 ग्रुप 2012 में **360 Degree Change Transformation Pvt. Ltd.** की निजी कम्पनी से आरम्भ हुआ और अब एक विशाल ग्रुप बन गया है तथा **Team 360 Global Abundance Ltd.** नामक पब्लिक कम्पनी का रजिस्ट्रेशन करवा कर कार्य आरम्भ कर दिया गया है।

12. टीम 360 के कार्यों की अनेक आई.ए.एस., आई.पी.एस. अधिकारियों द्वारा सराहना की गई है। अनेक मंत्रियों द्वारा भी प्रसंशा की गई है। प्रतिष्ठित स्कूल प्रधानों द्वारा भी टीम 360 के कार्यों को देश में शिक्षा व्यवस्था हेतु एक नवीन क्रान्ति बतलाई है।

13. टीम 360 ग्रुप के कार्यक्रम ई.टी.वी., डी. न्यूज टी.वी. व दूरदर्शन आदि पर अनेक बार प्रकाशित हुए है।

मिशन

डी.एम.आई.टी. एवं मिडब्रेन का लाभ भारतवर्ष के प्रत्येक बच्चे को मिले। चूंकि मिडब्रेन को मीलिनियर्स ब्रेन कहा है। अतः बच्चों में आर्थिक चेतना का जागरण आरम्भ से ही हो। टीम 360 का मिशन है कि हर भारतीय को हक है कि वो आर्थिक रूप से सम्पन्न बने। भारत कभी सोने की चिड़िया कहलाता रहा है। यहां पर दूध–दही की नदियां बहती रही है। अतः इस देश में आर्थिक सम्भावनाओं व संसाधनों की कोई कमी नही है तथा यहां के लोग भी पर्याप्त परीश्रमी है। लेकिन उचित विजन का अभाव है।

अतः टीम 360 ने 'अरबपति बनने का हर भारतीय का हक है। अब समय आ गया है, इसे प्राप्त करों' का आन्दोलन आरम्भ कर रखा है तथा इस विषय पर एक पुस्तक भी प्रकाशित करवाई गई है ताकि अरबपति बनने का मॉडल आम आदमी की जानकारी में आ सके।

(डी.डी. शर्मा)

चेयरमैन एवं सी.ई.ओ.

टीम 360 ग्रुप

PROGRAM ORGANISED BY
TEAM 360 GROUP
TO MAKE YOU A MILLIONAIRE

1. To provide authorization centres for DMIT, Midbrain, Advance Courses (QSR, ESP, Photographic Memory, Dynamic Memory, Brain Engineering and Training for Intensive Marketing)

   Two days full time training is given to every authorization centre.

   After care support is also given.

2. To change your mindset, skill set and toolset – 12 very effective books are published now available to sale.

3. To make you professional – New Mindset Development Program.

   It is very effective six day online (3 hours each day) followed by monthly webnire for 6 months.

   Program includes theoretical easy demonstrations and practical training both.

4. To make you master trainer for New Mindset Development Program:-

   a) It is very effective 15 days online program (3 hours each day)

   b) Toolkits are also provided.

c) Theoretical simple demonstrations and practical training.

5. Authorization centre for New Mindset Development Program:-

   a) 15 days online (3 hours a day) followed by monthly webnire for 6 months.

   b) Easy demonstrations and simple techniques and complete practical training.

   c) Intensive marketing training.

You may contact:-

Vineet Sharma	**Vipul Sharma**
Director	**Director**
Mob.: 8209022168	**Mob.: 8209998409**
Anjali Ajadiwal	**Anju Jangid**
M.D.	**Project Director**
Mob.: 6377709370	**Mob.: 6376779062**

खण्ड – 5

FEEDBACK FORM

1.   Anything touched your art and you like to share with us:-

....

....

....

....

....

2.   Any suggestion to improve the book:-

....

....

....

....

....

After filling the Feedback Form you may Whatsapp on this number:-

Vineet Sharma

Director Team 360

Mob.: 8209022168

NOTE

You may e-mail :- dds.ceo.team360@gmail.com